名·师·教·育·坊

追求更好的教学

——"大单元整体教学"的行与思

顾　问：匡世联　李建萍　郑　蕾
主　编：杜　琳　曾　亮
副主编：周　波　廖　敏　何　江　王晓明
编　委：贺文敏　阳建怡　汤小婷　李高慧
　　　　钟　砚　周　婷　徐周亚　肖维肖
　　　　李思维　张小容　杜　玉

四川大学出版社
SICHUAN UNIVERSITY PRESS

图书在版编目（CIP）数据

追求更好的教学："大单元整体教学"的行与思 / 杜琳，曾亮主编． -- 成都：四川大学出版社，2025.1
（名师教育坊）
ISBN 978-7-5690-6418-6

Ⅰ．①追… Ⅱ．①杜… ②曾… Ⅲ．①小学数学课—教学研究 Ⅳ．① G623.502

中国国家版本馆 CIP 数据核字（2023）第 199733 号

书　　名：追求更好的教学——"大单元整体教学"的行与思
　　　　　Zhuiqiu Genghao de Jiaoxue——"Da Danyuan Zhengti Jiaoxue" de Xing yu Si
主　　编：杜　琳　曾　亮
丛 书 名：名师教育坊
丛书策划：梁　平　唐　飞
选题策划：梁　平
责任编辑：李　梅
责任校对：叶晗雨
装帧设计：裴菊红
责任印制：李金兰

出版发行：四川大学出版社有限责任公司
　　　　　地址：成都市一环路南一段 24 号（610065）
　　　　　电话：（028）85408311（发行部）、85400276（总编室）
　　　　　电子邮箱：scupress@vip.163.com
　　　　　网址：https://press.scu.edu.cn
印前制作：四川胜翔数码印务设计有限公司
印刷装订：成都金龙印务有限责任公司

成品尺寸：170 mm×240 mm
印　　张：16.5
字　　数：316 千字
版　　次：2025 年 1 月 第 1 版
印　　次：2025 年 1 月 第 1 次印刷
定　　价：78.00 元

本社图书如有印装质量问题，请联系发行部调换

版权所有 ◆ 侵权必究

前　言

以《义务教育课程方案和课程标准（2022年版）》的颁布与实施为标志，我国的课程改革站在了新的历史起点上。学校教育目标已从单纯的知识传授转向核心素养的培育。新课标进一步明晰了学科核心素养的内涵，学校教育正式迈入"素养时代"，这为教师的课堂教学带来了新挑战。如何通过有效的课程建设、教学设计和课堂实施发展学生的学科核心素养，成为每一位小学教师必须思考和实践的重要课题。

本书《追求更好的教学——"大单元整体教学"的行与思》正是在这样的背景下应运而生。本书以小学数学学科为例，旨在通过对"大单元整体教学"的深入探讨，帮助一线教师更好地理解并实施小学数学大单元整体教学，从而在课堂教学中有效促进学生学科核心素养的落地。

本书聚焦"大单元整体教学"的设计与实施，致力于构建相关的理论框架与实践路径，通过对系统化教研培训与教学实践经验的总结，旨在帮助一线教师更好地理解和实施小学数学"大单元整体教学"，从而有效促进学生数学核心素养的培育。通过大量的理论研究与实践，我们发现，要实现以"大单元整体教学"促进学生数学核心素养发展的目标，首先需要引导教师建立对教学内容的结构化认知，其次应探索国家课程校本化实施的有效途径，最后结合本校学生的实际学习情况，实现教学内容在功能定位上的升华。

在过去几年，成都高新区教研团队精心设计并组织开展了以"小学数学大单元整体教学研究"为主题的系列培训课程。通过对文献研究、教研培训、教学实践等成果的积累与反思，逐步完成了本书的撰写。

本书由上、中、下三个篇章组成。上篇"三个追问：解密'大单元整体教学'"，围绕"为什么做'大单元整体教学'""怎样进行'大单元整体教学'""如何开展'大单元整体教学'评价"三个核心问题展开，力图从理论层面阐述"大单元整体教学"的研究背景、研究方法等内容。

中篇"建构与实践：'大单元整体教学'的探索"，分别从"自然单元的'大单元整体教学'""跨自然单元的'大单元整体教学'""基于数学思想方法的'大单元整体教学'""基于项目式学习的'大单元整体教学'"四个层面展开，介绍了开展"大单元整体教学"的方法与路径，并提供了丰富的实践案例，供读者参考。

下篇"激活三力：'大单元整体教学'的成效"，从"激活学生学习力""激活教师生长力""激活区域教研领导力"三个维度总结教研培训与教学实践开展后，学生、教师的成长变化，并对教研成效进行深度提炼。

"大单元整体教学"作为培育学生学科核心素养的一种创新形式，一方面强调"整体性"与"关联性"，要求教师从整体上把握教学内容，注重知识间的内在联系与逻辑结构；另一方面强调"情境性"与"任务驱动"，要求教师设计出真实的问题情境与任务，开展大量的学科实践活动，培养学生的问题解决能力，激发其创新思维。

"大单元整体教学"的发展与完善，仍有待更多深入的研究与实践，在"追求更好的教学"的路上，我们期待有更多同行者与我们共同努力。我们坚信，心怀热忱，万事可期。

目　　录

上篇　三个追问：解密"大单元整体教学"

第一章　为什么做"大单元整体教学" ………………………………… 3
　第一节　"大单元整体教学"的研究背景……………………………… 3
　第二节　"大单元整体教学"的实践意义……………………………… 13

第二章　怎样进行"大单元整体教学" ………………………………… 18
　第一节　需要确立的新理念…………………………………………… 18
　第二节　需要遵循的原则与流程……………………………………… 25
　第三节　主要策略……………………………………………………… 35

第三章　如何开展"大单元整体教学"评价 …………………………… 46
　第一节　评价原则……………………………………………………… 46
　第二节　评价维度、内容与标准……………………………………… 48
　第三节　评价工具……………………………………………………… 55
　第四节　评价实施……………………………………………………… 66

中篇　建构与实践："大单元整体教学"的探索

第四章　自然单元的"大单元整体教学" ……………………………… 77
　第一节　自然单元的"大单元整体教学"概述………………………… 77
　第二节　自然单元的"大单元整体教学"设计策略…………………… 79
　第三节　自然单元的"大单元整体教学"案例………………………… 88

第五章　跨自然单元的"大单元整体教学" …………………………… 106
　第一节　跨自然单元的"大单元整体教学"概述……………………… 106
　第二节　跨自然单元的"大单元整体教学"案例……………………… 111

第六章　基于数学思想方法的"大单元整体教学" …………………… 121
　第一节　基于数学思想方法的"大单元整体教学"概述……………… 121

第二节　基于数学思想方法的"大单元整体教学"案例……………… 135

第七章　基于项目式学习的"大单元整体教学"…………………………… 152
　　第一节　基于项目式学习的"大单元整体教学"概述……………… 152
　　第二节　基于项目式学习的"大单元整体教学"案例……………… 161

下篇　激活三力："大单元整体教学"的成效

第八章　激活学生学习力……………………………………………………… 181
　　第一节　学习力培养的困境与缺失…………………………………… 181
　　第二节　学习力的积淀与生长………………………………………… 183
第九章　激活教师生长力……………………………………………………… 196
　　第一节　困惑与突破…………………………………………………… 197
　　第二节　自悟与成长…………………………………………………… 208
第十章　激活区域教研领导力………………………………………………… 221
　　第一节　聚焦关键人物：激活区域教研领导力……………………… 221
　　第二节　聚焦培训转型：激活区域教研领导力……………………… 229

附　录……………………………………………………………………………… 244
　　附录一　成都高新区大单元理念下的主题教学设计案例…………… 244
　　附录二　成都高新区大单元理念下的主题教学设计（案例）表…… 251

参考文献………………………………………………………………………… 253

后　记…………………………………………………………………………… 257

上篇

三个追问：解密「大单元整体教学」

第一章　为什么做"大单元整体教学"

教育深刻影响着一个社会的未来。未来社会需要怎样的公民？为了回答这个问题，国内外教育界围绕未来公民核心素养的研究层出不穷。在这一背景下，学科核心素养日益受到人们的关注。培育学生核心素养这一宗旨贯穿义务教育的所有学段，服务于所有学生。

核心素养关系学生想事、做事的能力，是国家立德树人根本任务的体现，指引着教育改革和教学实践的方向。如何发挥不同学科特有的育人价值，推进学科核心素养培育的连续性和进阶性，是教育教学改革对一线教师提出的重要挑战。

第一节　"大单元整体教学"的研究背景

一、"大单元整体教学"的理论基础

科学的理论为研究"大单元整体教学"的必要性奠定了坚实的理论基础，也为提炼"大单元整体教学"的内涵及特征提供了丰富多样的视角。"大单元整体教学"的理论基础主要涉及结构主义思想、格式塔心理学、建构主义学习理论。

（一）结构主义思想

《教育过程》的作者、美国著名教育家布鲁纳提出，无论我们选教什么学科，务必使学生理解该学科的基本结构。学科基本结构即各门学科的基本概念、基本原理和规律。布鲁纳明确提出了掌握学科基本结构的要求。他认为要掌握该学科的基本结构，首先，需要掌握一般的概念和原理，这也是学科最基本的组成部分；其次，要掌握学科知识的内在联系，学习事物之间的关联性；

最后，学生应具有一定的学习态度和学习方法，通晓某一学科领域的基本概念。

结构主义思想对"大单元整体教学"研究的指导意义主要有两点。

1. 以结构化视角开展教学

教师在进行教学时，应厘清概念群的本质，以核心概念统领知识点，架构系统的知识结构，形成少而精且覆盖全面的学习主题。教师在教学中，应从纵向上延伸知识的广度和深度，注重知识的产生和发展，思想方法的积累和优化；横向上增强知识的黏度和厚度，注重知识与知识之间的联系和区别，经验的迁移和调整。这样的教学便于学生了解本单元知识技能、思想方法之间的联系，形成关于单元基本结构的意识。

2. 促进学生深度理解

"大单元整体教学"倡导在理解迁移和潜移默化中教给学生正确的学习方法和态度，革除传统单课时教学知识碎片化、思维浅表化等弊端。学习不是将知识做点状分解记忆，而是要从整体上掌握知识结构，理解知识之间的内在联系。将单一知识置于整体性、系统性的关系网中，促进学生深度理解，可以优化学生的学习方法和思维方式。

（二）格式塔心理学

格式塔心理学强调经验和行为的整体性。这种整体性体现在整体不等于并且大于部分之和。首先，现象的各个组成部分是互相关联的，因此整体并不被局部元素所决定，且完整的现象具有其自身的完整性，不能被分解为简单的要素，也不包括在要素中。其次，格式塔心理学提出"顿悟"学习理论，认为学习的过程是知觉重组的"完形"突然出现。相较而言，一般情况下学习的发生是学习者自主感知情境各因素之间的内在联系；如果学习者能够对情境和问题之间的关联进行察觉，并且在了解、领悟了情境后，将知觉进行重新组合（也就是"顿悟"），真正有意义的学习将会就此产生。因此，学生能够看清一个整体现象包含的各个部分之间的关系。

格式塔心理学对"大单元整体教学"研究的指导意义主要有两点。

1. 使学生形成整体感知

格式塔心理学理论的整体性原则强调了整体概念对把握各部分要素的重要

性，教师需通盘考虑，将教学内容以整体结构的形式展现在学生面前，使学生形成对学习内容的整体感知。传统的单课时教学则很难使学生产生这种整体的意识。在进行"大单元整体教学"时，先呈现本单元完整的教学框架，让学生在头脑中把握整体的概念之后，教师再循序渐进地介绍各部分组成要素之间的关联，最后，学生在学完一个单元后，重温本单元的整体结构框架，这样学生就可以完整地在头脑中形成知觉概念。

2. 完成对概念的理解迁移

格式塔心理学的"顿悟"学习强调了元认知学习的重要性。在进行"大单元整体教学"活动及评价任务设计时，教师应给学生留足反思空间。学生在对自己的思考进行再思考时，也是在对整体概念各要素之间、概念与实际情境之间的联系做梳理，从而将对概念的理解迁移至新情境中，完成真正意义上的学习。

（三）建构主义学习理论

建构主义学习理论提出，学习者是以自身经验为基础来构建或解释现实的，学习是学生自己主动建构意义的过程。具体来说，学习不是学生简单、被动地接收信息，而是在特定的情境下，学生通过参与某个共同体的实践活动，在与教师、同学的协作互动中进行意义建构。这里的意义建构是双向的，其实质是学习者把新知识用同化或顺应的方式纳入自身原有的认知结构中，从而引发原有认知结构的重组和改造，最终形成新的意义，保持新的认知平衡[①]。可见，建构主义学习理论对学习的研究重视情境、知识之间的联系以及协作与对话在学习过程中的重要性，以此帮助学习者达成最终的学习目标——意义建构。

建构主义学习理论对"大单元整体教学"研究的指导意义主要有两点。

1. 创设真实的学习情境

教师应创设以解决问题为目的的真实学习情境，呈现整体性的挑战任务。在"大单元整体教学"设计上，教师应重视联系学生的生活，创设与现实情境类似的问题情境，将学习置于问题解决的过程中。学生需要在与同伴的协作交

---

① 陈琦，张建伟. 建构主义学习观要义评析[J]. 华东师范大学学报（教育科学版），1998(1)：61-68.

流中探索出解决问题需要完成的子任务，从而调用解决问题所需的工具：学科基础知识和基本技能。

2. 充分体现学生的主体地位

教师在"大单元整体教学"的活动设计上，应基于学生的"最近发展区"创设具有层次性的学习任务，给予学生独立探索的空间，以驱动学生的高阶思维，并发挥小组协作的作用，促进学生的深度参与及积极的情感投入。

二、"大单元整体教学"的研究历程

（一）国外研究历程

19世纪末20世纪初，整体教学作为一项教学原则受到一些教育家的关注。欧洲新教育运动倡导者之一、科学教育思想的代表人德可乐利提出了教学的整体化和兴趣中心两项原则。他打破了传统的分科体系，以学习内容为单位组成统一的教学大单元，结合儿童可能遇到的问题及其兴趣领域，将相关知识综合起来，依照一定的程序进行教学。德可乐利的单元教学方式的提出，为"大单元整体教学"的萌芽播下了种子。

20世纪初，美国教育界开始着重培养学生适应社会生活的能力。在教学方面，学校要求教师以生活需要为主题，组织"大单元整体教学"。杜威也提出了实用主义的"大单元整体教学"模式。虽然他没有明确提出"大单元整体教学"的概念，但他提出的"教育即生活"的主张及其课堂程序结构，对"大单元整体教学"的发展有着深远的影响。随后，杜威的弟子克伯屈提出了"设计教学法"，即采取"学习大单元"的制度，以学生的兴趣为中心组织和开展所有的教学活动。"大单元整体教学"的内涵随着学者们研究的深入呼之欲出。

20世纪30年代，莫里逊提出"单元教学法"，计划把教材归纳为有包容性的、有意义的整体。莫里逊的单元教学法对美国教育影响颇深。该教学法认为：指导学生学习的目的，不只是帮助学生学习教科书中的零碎知识，还要帮助其获得完整的生活经验。该教学法认为，帮助学生解决一个问题或者学习一项内容的过程是需要很长时间的。同一时期，"大单元整体教学"法的理论分类被学者们多次探讨，其中最普遍的分类法是：以教材为中心构成的"教材大单元"和以经验为中心的"经验大单元"。

20 世纪 40 年代,"大单元整体教学"成为世界各国教育教学改革和探索的热点,随着众多理论如系统论、信息论、控制论的出现和各国学者研究的推进,"大单元整体教学"的基础理论逐步走向科学化,但"大单元整体教学"的分类问题仍备受关注。

20 世纪 50 年代,部分学者再一次探讨了"大单元整体教学"的二分法,区分了"过程大单元"与"教材大单元"。至此,"大单元整体教学"的理论研究开始逐渐偏重单元内容的设置,认可以学生为本的"兴趣单元""经验单元""过程单元"的划分标准。

20 世纪 60 年代,美国教育家布鲁姆提出了掌握学习的教学理论,并将其应用于实践,进一步丰富、发展了"大单元整体教学"思想。掌握学习的教学理论强调通过多次的反馈和及时的矫正来保证学生完全掌握每次接触的知识,强调从整体上掌控教学,在一定程度上可以提高教学效率。

综上所述,国外对"大单元整体教学"的研究经历了萌芽、发展、丰富的过程,其间受社会变革、经济发展的影响,其研究对象逐步转向以学生为主体,研究内容涉及理论学说、教学模式、单元内涵及分类、实施原则及流程等方面。

(二)国内研究历程

国内对"大单元整体教学"的研究起步较晚。虽说早在 20 世纪初,梁启超就在《中学以上作文教学法》中提出"分组比较"这样的单元教学方法,认为文章要以星期为单位,一组一组地讲,但直到 20 世纪 80 年代,国内才正式开始就语文学科的"大单元整体教学"进行系统研究,并在随后将其逐渐推广应用于其他学科。目前,国内对"大单元整体教学"的研究重点在于对某学科进行"大单元整体教学"设计,解析"大单元整体教学"的基本过程,分析其优势、特点、作用等。

钟启泉提出单元设计的"ADDIE 模型",该模型包括分析(Analysis)、设计(Design)、开发(Development)、实施(Implement)、评价(Evaluation)五个阶段[①]。在 2015 年全国第十届有效教学理论与实践研讨会上,钟启泉指出,单元设计是撬动课堂转型的一个支点,他呼吁教师理解单元设计的价值和作用,鼓励教师基于学科核心素养打破课时的束缚,整合不同的教学内容进行单元

---

① 钟启泉. 学会单元设计 [J]. 新教育,2017(14):1.

追求更好的教学
——"大单元整体教学"的行与思

设计[①]。

李润洲提出,学科核心素养指学生通过某学科的学习而形成的关键能力、正确价值观和必备品格,指向学科核心素养的教学设计应以育人为本、"转识成智"。这种教学设计的路径至少有三:一是按照学习思路,对教学内容进行逆向设计;二是深入理解知识的含义,践行教学设计;三是在实践单元教学设计的过程中创设问题情境[②]。

崔允漷强调大单元的确定最少要考虑三个问题:首先是研读、思考相关教材内容的结构和逻辑,深入研究和分析课程标准的要求及学情,按照规定课时确定某学科的单元数。其次是根据学科核心素养的要求,确定大单元的逻辑和大单元名称。最后是每个大单元至少要对应一个学科核心素养,根据学科核心素养的要求,结合教材并依照一定的逻辑,将相关的教学内容结构化[③]。

在实践研究方面,学者则以某学科为背景,设计并实施"大单元整体教学",提炼"大单元整体教学"设计的流程、策略、实施原则、效果、建议,以进行作业和评价设计等。

吕世虎、吴振英等人深入研究了"大单元整体教学"设计,主要探讨单元教学设计的特性以及单元教学的实用价值,如讨论三维教学目标的落实、课程的整合与开发、核心素养的培养等。他们认为单元教学设计具有整体性、层序性、生本性、创造性等特征,单元教学设计对促进教师专业发展具有重要作用:能帮助教师从整体上把握学科课程,提升教学实践能力;能帮助教师形成团队协作能力,提升反思意识[④]。

朱芳毅探讨了语文单元作业设计的原则,认为作业设计应突出应用性、差异性、多元化以及体验性。朱芳毅指出,在单元整体教学改革的背景下,教师进行作业设计和布置时要做出充分的考虑,作业不仅要对应课本上的内容,还要与社会实际情况相互联系。作业类型也应该丰富,教师可以布置基础性作业、整体性作业、实践性作业等三种类型的作业[⑤]。

学者们对单元评价的研究相对较少,曹俊以物理学科的杠杆单元为例,对学生的表现性评价进行了研究。他在教学时,根据学生解决杠杆问题的程序,

---

① 钟启泉. 单元设计:撬动课堂转型的一个支点[J]. 教育发展研究,2015,35(24):1—5.
② 李润洲. 指向学科核心素养的教学变革[J]. 教育科学研究,2019(9):5—10+23.
③ 崔允漷. 学科核心素养呼唤大单元教学设计[J]. 上海教育科研,2019(4):1.
④ 吕世虎,杨婷,吴振英. 数学单元教学设计的内涵、特征以及基本操作步骤[J]. 当代教育与文化,2016,8(4):41—46.
⑤ 朱芳毅. 语文单元整体教学作业的设计[J]. 教学与管理,2018(17):54—56.

确定了3个层次19个观察评价点,尝试对学生程序性知识的学习过程和应用能力展开表现性评价[1]。

国内对"大单元整体教学"的研究虽早,但各时期发展不均衡,研究热潮出现在新课程改革后。随着一线教师研究意识的觉醒和研究能力的提升,他们也更多参与到"大单元整体教学"研究中。这些研究大多以发展学生核心素养为目的,研究内容偏向具有可操作性的单元整体教学策略等。

总体来说,当前国内外对"大单元整体教学"的研究热度逐年增加,相关研究也不再局限于大单元划分和单元教学设计,而是朝着更为多样化的方向发展,在研究中,研究者多将"大单元整体教学"与学科核心素养联系起来。

三、"大单元整体教学"的内涵

(一)单元

《现代汉语词典》(第7版)关于"单元"的解释是:"整体中自成段落、系统,自为一组的单位"。不同学者对单元的理解和分类逻辑是不同的:钟启泉将单元定义为基于一定目标和主题构成的教材与经验的模块、单位[2],并将单元分为基于学术与艺术等文化遗产、以系统化的学科为基础构成的教材单元(学科单元)与以学习者的生活经验为基础构成的经验单元(生活单元)。

刘晓玫将单元分为核心内容类单元、方法类单元、问题类单元,并根据核心内容的范围大小提出"大单元""中单元""小单元",其中,教材单元属于"中单元"[3]。

综合以上各位学者对单元的解释,本书将"单元"定义为:基于特定的教学目标,根据学科特点和知识结构,将教材内容融入环境、社区等其他教学资源,重新组合成的系统、完整的单位。单元可分为基于学科逻辑编排的教材中的自然单元和跨自然单元、基于学生能力发展的素养单元、基于学生兴趣需求的项目单元。

---

[1] 曹俊. 以杠杆单元学习为例谈基于学习过程的表现性评价[J]. 物理教师,2019,40(4):46—48+52.

[2] 钟启泉. 学会单元设计[J]. 新教育,2017(14):1.

[3] 刘晓玫. 单元设计,整体把握知识本质[N]. 中国教育报,2017-05-10(11).

（二）大单元

大单元的"大"主要体现在两方面。

1. 教学容量和学习时长有所增加

教师在研读课标要求、分析教材、厘清相关教材的编排逻辑和内容结构的基础上确定的单元教学的内容不能局限于教材自然单元的知识技能，还需在思想方法、能力素养等维度深挖或补充教学资源，从而打破传统规定课时内的教学模式，转向以学生需求为主的教学。

2. 以大任务驱动学习活动

"大单元整体教学"应学科核心素养的要求而生，是为了完成一个大任务而关联学科知识、思想方法、个体元认知的完整学习过程。

崔允漷指出，"大单元整体教学"是以单元为单位，以教材为导向，在"大任务"驱动之下组织各单元围绕目标、内容、实施与评价形成的"完整"的学习事件[①]。

（三）整体教学

人的全面发展和核心素养养成的整体性呼吁教育的整体性。为克服片面追求对教学系统（教学对象、教学目标、教学内容、教学过程、教学方法、教学评价等）各个方面极度具体的探察而忽视教学系统的关联性的研究取向，实现整体教育的理想——教师在教学中运用整体的思维理解学科内容、结合学生实际组织教学，整体教学应运而生。

整体教学注重知识的关联性、整体性及学习者的参与性，遵循"整体—部分—整体"[②]的模式开展专题或单元教学。教师用整体思维钻研教材，从纵向和横向维度建立概括性的知识结构，再结合学生实际（学情分析）设置真实有效的问题情境或挑战性任务以驱动教学，最后帮助学生形成具体清晰而联系紧密的知识结构。

[①] 崔允漷. 如何开展指向学科核心素养的大单元设计[J]. 北京教育（普教版），2019（2）：11—15.

[②] 查有梁. 科学方法与教育理论[J]. 中国社会科学，1990（1）：79—98.

（四）"大单元整体教学"

基于前文相关讨论，本书将"大单元整体教学"定义为以下的教学实施过程：在整体思维指导下，培养学生核心素养，按特定目标将教学内容重组优化、进行大单元划分，再进行整体教学设计，实施教学设计并对其进行改进。

四、"大单元整体教学"的特征

"大单元整体教学"指向学生核心素养的习得，指向学科核心内容和核心任务的完成，教学设计视野高于传统单课时，教学实施过程由以往的线性课时教学改为动态循环教学。基于以上对"大单元整体教学"内涵的理解，我们可归纳出"大单元整体教学"的主要特征。

（一）统整性

统整性是指将具有内在联系的两部分或几部分整合在一起，组成一个新的整体。"大单元整体教学"最突出、最本质、最优于传统单课时教学的特征便是统整性。以数学学科为例，数学教学内容结构化整合的目的在于体现学习内容之间的关联，抓住核心概念（大观念、大概念）将零散的内容联系起来，形成少而精且覆盖全面的主题，减轻学生学习负担，实现知识方法更大程度的迁移。

"大单元整体教学"的统整性首先体现在知识内容方面。客观上，学习单元是将教材知识和教学资源进行模块式整合，划分为大单元，这种从整体到局部的教学规划能够将碎片化的知识串联起来，增加知识间的关联，确保知识结构的完整性，使学生在学习中知其然也知其所以然，对知识的发生、发展了然于胸，从整体上把握学习内容。

其次，"大单元整体教学"的统整性还体现在教学活动设计方面。"大单元整体教学"是在系统思维指导下，将单元目标、单元评价、单元活动、单元作业及资源等环节融为一体进行系统的教学设计。

最后，"大单元整体教学"的统整性也体现在学情分析方面。"大单元整体教学"设计关注的不仅是初次学习某一知识内容的学生，还应考虑前一衔接学段和下一继承学段的学生，在三个学段学生群体中展开学情调查，更有利于教师把握学生的认知起点、特点、障碍点及生长点。

（二）关联性

"大单元整体教学"的整体性是通过广泛的关联实现的，它关联着学科本质、关联着学生认知、关联着学生的真实生活。

仍以数学学科为例，首先，就数学学科的本质属性而言，它是一门关系学，关联性是数学的天然属性，高度结构化的数学学习自然离不开关联的思维。数学学科的纵向关联表现为每个学生在数学知识结构建构上，需要经历知识点、线、面、体的不断累积，同时，每个学段的学生群体的认知水平、数学素养也随学段提升呈螺旋上升的态势。数学学科的横向关联表现为，学生数学知识的学习面临着不同领域知识的相互渗透、学习方法的转化和数学思想的融通，随着学习过程的推进，学生数学素养也能随之成长。

其次，学生的任何一次学习都不是从零开始的，正向迁移学生在学习、生活等方面的经验有助于学生探究新知。虽然大多数单元教学内容是以教材为基础，但充分链接学生的生活经验，使学生主动迁移运用所学知识，将学习置于更广的时空和资源场域中，可以缩短抽象数学与形象生活之间的距离，从而激发学生内在学习动力。

最后，"大单元整体教学"立足于学生核心素养培养，而学习迁移能力是学科核心素养习得的一个显要表征。能否将学到的知识或经验用于解决真实问题是检验学生核心素养达成与否的重要标准，这也是"大单元整体教学"设计中开放型大任务的确定以及建构、解构和重构学习序列活动的关键之处。

（三）动态性

"大单元整体教学"的设计和实施都不是一次性完成的，需要不断地修正和完善，体现了"大单元整体教学"的动态性，这种动态性主要体现在两个阶段：一是在实施单元教学时，由于实施主体不同而呈现出阶段教学目标的不一致，相较于标准的课时，这样的教学设计留给教师规划的空间相对较多，教师具有课时节奏掌握权，可以调整教学内容时序，及时改进教学问题，让"大单元整体教学"设计的完善、迭代更具个性、更丰富。二是在单元教学设计实施后，教师个人和教研团队都需要对教学设计及时进行反思。这种反思更多发生在教研团队之间，通过教研团队的分析、论证，改进后的典型设计案例既可重复使用，也可成为教学实践的日常研究载体，从而推动单元教学设计不断完善。

第二节 "大单元整体教学"的实践意义

一、重视真问题，发展学生核心素养

基于单元视角，对单元核心结构的梳理可以帮助我们找出单元核心问题。在实际教学中，真问题的提出及大任务的引领可以促进学生的真实学习、深度学习。

以北京师范大学出版社2013年出版（后文简称"北师大版"）的数学教材五年级上册第五单元"分数的意义"为例，分析该教材对分数的介绍不难发现，教材介绍了分数产生的三种方式，即分物、度量和计算，教材基于儿童视角，由最容易被儿童理解的分物内容为起点情境，帮助学生认识分数。在五年级"分数的再认识"中，学生将进一步经历分物、度量和计算等产生分数的情境，理解分数的三种意义：表示部分与整体的关系、分数单位及其累加、除法运算的需要。

为帮助学生理解度量情境下分数的产生，在"分数的再认识（二）"，教材给出如图1-1的情境。

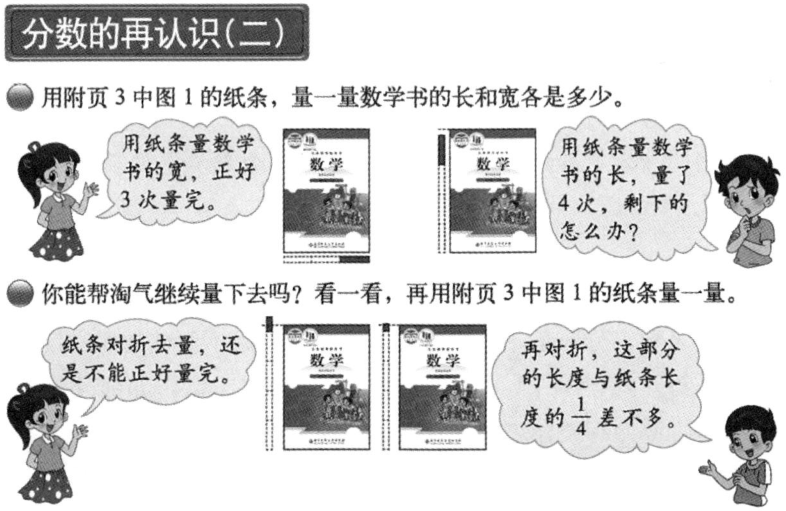

图1-1 "分数的再认识（二）"教材情境

追求更好的教学
——"大单元整体教学"的行与思

在测量物体的长度时，学生的直接经验是用直尺测量。如果将该教材情境直接抛给学生，而未能在单元视角下理解分数的"度量"本质，这样的任务就会显得别扭生硬。如果我们站在单元视角，理解度量情境下产生的分数是用一个标准的量去度量另一个量，因不能恰好量完就产生了新的度量单位，即分数单位，再通过度量次数的累加产生新的分数。作出这样的分析后，教师便能以真问题直击教材核心，激发学生产生新的学习体验。

【教学实例】

师：同学们，你们知道什么是分数吗？

（从学生的回答中了解学生对分数的已有认识和生活经验。）

师：说得真不错，分数还可以当尺子用，你们相信吗？

以这样的方式引导学生用分数度量物体的长度，非常自然，符合学生的理解能力，将学生对度量结果的认识从"比4张纸条多一些"提升到"4张纸条加上$\frac{1}{4}$张纸条"。

在学习活动后总结：像这样用一个标准量去度量另一个量，没法刚好量尽时，就产生了新的单位，即分数单位。

同时，在"分数的再认识（二）"教学中，教师可进行"三问分数是什么"活动，以帮助学生加深对分数意义的理解。

第一次问"什么是分数"，是在开课时，唤醒学生的已有经验，"以学定教"。

第二次问"什么是分数"，是在学生理解了分数单位的意义时，实现学生对分数"度量"意义的理解。

第三次问"什么是分数"，是在学生研究完"分数墙"之后，帮助学生体会分数是"先分后数"，数出来的数。

教师以"什么是分数"这样的真问题，带领学生对分数形成"由面到体"的认识：整体来看，分数是一个数，一个符号，但又不像整数那样仅仅是计数单位的累加；拆开其"零件"，每个部分的含义都很丰富，如部分与部分之间存在并列关系，部分与整体之间存在包含关系等。

如前所述，"大单元整体教学"是以素养培养为指向的真情境、大任务的教学设计模式。每一次"大单元整体教学"设计都要锚定至少一个学科核心素养，创设契合学科核心素养的真实生活情境，分解解决真实问题所需的子问题，明确安排具体课时任务和活动，依据任务选择，补充适当的教学资源。教师在设计任务时也要考虑用哪种方式可以有效开展任务。教师应从真实问题或大任务开始，将后续子问题或课时活动、教学资源、教学评价均与学科核心素养关联，用统整思维整合单元目标、任务、情境与内容（如图1-2）。

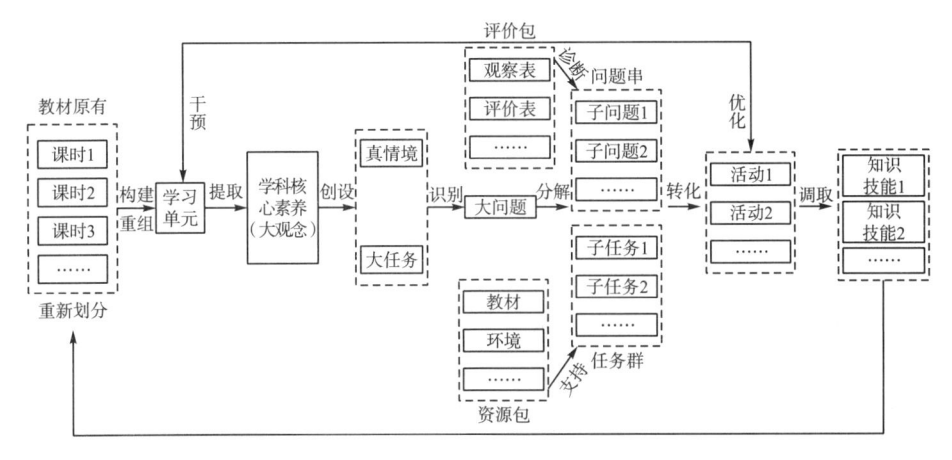

图1-2 "分数的再认识（二）""大单元整体教学"设计过程

总之，采用"大单元整体教学"有利于提升学生在复杂的现实情境中解决问题的能力，使学生完成学科知识结构的自主建构，丰富学生对学科的认知，真正发展学生的学科核心素养。

二、增强教师改革意识，促进教师专业发展

伴随发展学生核心素养框架的提出，基础教育课程改革更偏重学生核心素养的学科转化以及教学实践研究，以素养发展为导向的"大单元整体教学"便是这场教学实践改革的一条路径。"大单元整体教学"虽然不是新生事物，但于一线教师而言，他们需要将教学的各要素进行系统考量，也需要有将单元目标、评价、内容、资源融于一体的整体视野，这并不容易。即便如此，许多一线老师仍义无反顾地开启"大单元整体教学"的学习与实践，足见"大单元整体教学"的力量。以下是几位探索"大单元整体教学"的教师的感言。

自暑期项目班单元教学理论阶段培训启动后，我们便全员行动，开启了模仿、融合、优化、创新的单元教学研究历程。三个月后，各项目小组才形成了基于自然单元的"大单元整体教学"设计案例。都说新生之物，其形必丑。参

追求更好的教学
——"大单元整体教学"的行与思

照《小学数学单元教学设计指南》一书，大家在课程标准分析、教材分析、学情分析、单元目标设定、教学活动设计、单元作业设计、单元评价与资源设计七个板块中一一填充内容，按照指南上的表格一一修改，依样画葫芦地生成了"沉甸甸"的单元设计初稿。

模仿之路看似容易——只需更换内容，实则需要精读教材，筛选、删减、补充相应板块的内容，这样的经历对教师们来说是必不可少且弥足珍贵的。单元教学设计摒弃经验、倒逼思考、推翻重来的学习和研究样态，让我们真正认识和理解了"在游泳中学会游泳"的体验式学习，系统地了解了"大单元整体教学"设计的开展流程。

——成都高新区"大单元整体教学"研究项目班教师甲

通过对一些单元教学成功案例的学习，我对单元教学设计和实施有了一些体会，并且在日常教学中思考和实践单元教学，对自己的课堂教学进行了新的尝试，在不断思考和实践中提升教学能力。

首先，我学习分析哪些内容适合单元整体教学，由此对数学知识的本质、数学知识之间的联系有了新的认识，对小学数学教学内容有了整体认识。

其次，教学活动从创设情境转变为创设真实的问题情境。一定要跟着教材情境走吗？可以不设置情境吗？实施"大单元整体教学"即是在培养学生的学科核心素养，必须将学生置于真实的情境中。

最后，在开启一个单元的教学前，我已经习惯了先分析这个单元每课时的主要内容，课时与课时之间的联系与区别，该单元内容与学生之前学过的内容之间的联系与区别，以及这些内容的学习价值。

——成都高新区"大单元整体教学"研究项目班教师乙

可见，"大单元整体教学"有利于教师转变角色认知，改变以往教学活动中注重教师的"教"而忽视学生的"学"的倾向，改变以往教师作为既定知识"二传手"的形象，发展学生学科核心素养，落实以学生为本的教学设计理念，注重学生内在体验和参与主动性，实现立德树人的教育目的。

"大单元整体教学"也有利于教师转变教学设计的思维，不再固守单个课时，而是在研习单元目标、单元评价、单元活动、单元作业及资源等一系列要素后，整体思考"要将学生带到哪里去""怎样判定学生已经实现教学目标"以及"如何才能实现教学目标"，用系统思维凸显教学目标、评价、内容的一致性。这种"既见森林又见树木"的教学设计思维克服了原有教学设计可能存在的弊端，让"大单元整体教学"意识助力教师单元教学设计能力的提升。

"大单元整体教学"亦可促进教师群体专业共同体的形成。单元设计对单个教师的专业能力和精力形成了很大的挑战，因而在单元设计实践中，各学校常常以教研组或备课组为单位，开展教学设计；又因单元设计的科学性，这种教研活动也需要教研员、专家的论证与引领。"大单元整体教学"设计是团队合作的产物，也是汇合不同专业力量的产物，有利于教师群体专业共同体的形成。

三、重构学校课程，优化学校课程改革

单元设计既是课程开发的基本单位，也是课时设计的背景条件和指引。单元设计处于宏观课程开发的下游，微观课时设计的上游，是介于课程规划与课时设计之间的中观层面的教学设计。单元设计是"核心素养—课程标准（学科素养、跨学科素养）—单元设计—课时设计"这条课程发展与教学实践链条的中间环节。遵循这样的设计逻辑，单元设计向上承接课程目标，向下统领单元内的课时目标、内容、评价、资源等。单元设计具有细分课程目标、组织课程内容、落实课程目标的作用，为课程执行理出清单。同时，单元设计统整单元内所有课时目标、各种教学要素（如任务、活动、评价、资源等），是对教学内容的一种结构化处理方式。

"大单元整体教学"设计具有的统整性、关联性和动态性，是学校学科课程结构化、整体性设计和实践的重要探索方向，为国家课程校本化实施提供了具体可操作的方案，也能滋养孕育出丰富的校本化课程。在学校课程设计开发的下沉单位——教研组，"大单元整体教学"同样意义重大：它既是教研组发展建设的重要抓手，成为各教研组教研活动的一项核心内容，也聚焦于在教研活动中切实提高教师队伍的课程意识和课程领导力。

"大单元整体教学"设计基于学生核心素养的发展，是一个统合不同学科核心素养的"教学方略"。宏观层面的国家课程是一个理想的课程系统，而实现理想教育教学行动的子系统便是中观层面的大单元设计，在其统整之下形成的单元教学目标、单元教学任务、单元教学评价等是子系统中的关键要素。教师在进行大单元设计时，要对各要素进行优化组合，重新审视课堂教学的方式，重视课堂教学的整体规划，打破教材章节的束缚，组建有利于学生核心素养发展的教学单元。大单元设计能从重组课程的角度，促使学校建立适宜本校学生学情的多样化、个性化的校本课程，优化学校课程改革。

第二章　怎样进行"大单元整体教学"

第一节　需要确立的新理念

一、突破课时思维的局限

教师在教学中如果只是按照教材的编排和教学用书的建议来进行课时安排，备课时不太注重各课时之间的联系，则很可能导致学生的学习"只见树木不见森林"。随着学科核心素养的提出以及新课程标准的实施，教师应该从关注知识本身过渡到关注学生核心素养发展，以结构化的视角深入解读教材。"大单元整体教学"是发展学生核心素养与教师专业能力的不错选择。

（一）突破课时目标的局限

如果教师在进行教学设计时，仅仅根据课时教学内容来设计课时目标，认为单元内所有课时目标加在一起就是单元目标，并没有对单元目标进行整体架构，那么这样的认识就会浮于表面，没有厘清单元目标与课时目标之间的逻辑关联，忽略了单元目标的统领作用与价值。在"大单元整体教学"理念下，教师需要跳出课时目标的局限，从单元整体出发，深入思考单元目标的设计以及如何分解单元目标，避免让单元教学目标设计流于形式。

（二）突破课时内容的局限

教师如果过度关注课时的知识点，局限于详细的课时内容而"就课论课"，长此以往，会导致学生学到的知识过于零碎，不清楚知识的整体架构。因此，教师需要由关注知识本身转向关注学生核心素养发展，帮助学生建立全面的思维，促进学生知识的系统化。在"大单元整体教学"的理念下，教师需要突破教材中每个课时的内容限制，跳出"内容即教材、教材即内容"的认识误区，在核心素养的引领下，对单元的整体内容重新进行梳理与整合，创造性地将教学内容进行合理扩充与优化。

（三）突破课时学习方式的局限

在主题单元中，学习过程是由多样化的学习专题组成的，每个学习专题又采用了多样的学习活动。各个专题及其对应的学习活动是在充分考虑主题单元的学习目标和课程标准的基础上设计的，多样的学习活动体现了中观层面的教学设计思想。教学活动的设计，需要突破教室空间、课时设计的局限，从单元的角度出发实现全空间、全时间的专题学习活动设计。

以主题单元方式开展学习活动，能使教师获得更大的操控教学时空资源的自由度，从而优化教学方法，合理协调课时之间的教学逻辑，兼顾课程整体目标和知识结构；能帮助学生走出课时学习的限制，形成纵贯单元的思维习惯和思维品质。以主题单元方式开展的学习活动突破了单个课时学习活动的局限，拓宽了学生学习的空间和时间。

（四）突破课时作业设计的局限

实施"大单元整体教学"必然需要与之相适应的作业设计。教师应以"大观念""大任务"为统领，走出课时作业思维，进行单元作业的设计与实施，对单元内零散的、单一的作业进行删减、增补、重组，形成一个个互相关联且围绕特定主题的作业。从单元角度设计作业，可以有效地弥补教学中的不足，增强单元知识间的联系。学生可以围绕一个或多个结构化的主题开展有意义的学习，在完成系列任务的亲身体验中，对每个单元的学习形成整体性认识。同时，学生可以将静态的书本知识与生动的现实生活相联系，有效运用所学知识进行深度思考，促进自身的全面发展。

二、建立教育目标体系

我国的教育目标体系主要包括教育方针、教育目的、培养目标、课程目标和教学目标（如板块教学目标、单元教学目标、课堂教学目标），这是一个由整体到局部、由概括到具体、由宏观到微观的体系结构（如图2-1）。在国家教育方针、教育目的以及培养目标的宏观引领下，课程目标就是总体教育目标在课程中的具体化。单元教学目标是联系课程目标和课堂教学目标的中间桥梁，起到了承上启下的作用，是沟通课时目标、学科核心素养和课程标准的关键。课堂教学目标处于教育目标体系的最底层，是最微观、最具体和最接近实际教学的目标，其设计需要明确、具体、可操作、可检测。

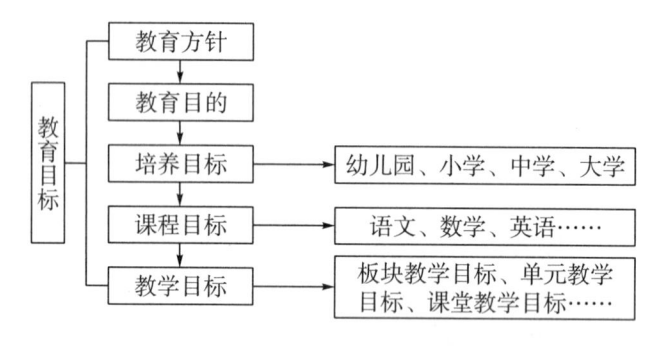

图 2-1 教育目标体系

在教育目标体系中，如何将上层目标和纲领分解并体现在每一课时的教学目标之中，是实施"大单元整体教学"设计时的重要考量。在 2015 年全国第十届有效教学理论与实践研讨会上，钟启泉提出了教学活动的基本环节：核心素养—课程标准—单元设计—课时计划。在进行单元设计以及课时教学设计时，教师需要牢牢地把握住各层级教育目标，将学科核心素养、课程标准等总体目标和纲领对接到单元目标设计之中，综合制订出一个有机的课堂教学目标。在进行单元教学目标设计时，如果教师依据教科书或者是个人经验来确定教学目标，则容易割裂具体教学内容与核心素养、课程标准之间的联系。在"大单元整体教学"理念下，教师应该从培养学生学科核心素养的角度出发，基于课程标准进行教学目标设计，实现从课程标准到教学目标的多重转化。

三、关联学习内容

（一）基于生活情境，沟通知识的外在联系

20 世纪 80 年代兴起的具身认知理论认为，认知过程具有具身性、体验性与情境性的特点，强调学习的发生是认知、身体、环境的有效结合，认知活动是在个体与情境的相互作用中发生的。因此，沟通知识与学生生活环境的联系，在生活中找到问题原型，会让学生对知识的认知更加深刻。

"大单元整体教学"将单元作为由大任务或大项目驱动的完整教学事件，其中的大任务和大项目需要与学生的经验世界密切相关。只有这样，学生才能

将课堂上学习的知识自主地迁移到生活情境之中，学以致用。

（二）基于知识结构，强调知识的内在关联

知识本身是立体的，知识与知识之间相互关联。沟通学科内知识的相互联系，可以让学习更具深度；打通跨学科知识之间的联系，可以拓宽学习的广度。因此，教师的教学必须沟通这些联系，将学习置于网状的知识体系之中，让学生的学习更具深度和广度。

结构主义思想认为，要掌握一门学科的基本结构必须掌握该学科知识的内在联系，学习结构就是学习事物之间的关联性。传统的课时教学设计将知识分割成一个个独立的知识点，割裂了知识之间的内在联系，不利于学生系统化学习。"大单元整体教学"强调从单元整体出发，深入分析单元内容与学生已学、后续知识之间的关联，打破课时教学的壁垒，对单元知识进行统整和重构。

"大单元整体教学"是在"大任务"的驱动下组织单元教学，因此，对单元内容的选择必须基于大任务、大项目、大观念的背景。教师在选择这些"大任务"时，自然会与其他学科的知识有所交叉，这时，教师需要整合其他学科的有效资源来开发有利于学生核心素养形成的综合课程。

综上所述，我们在进行单元教学设计时，要认识到教学内容与教育目标、学生生活实践以及其他学科知识之间的各种联系，充分挖掘学科知识内在的关联，将其与学生的生活经验进行连接，让不同学科的知识联系起来。这些网状的学习资源使学习内容与学生的生活世界发生种种联系，让学生对学习材料产生亲切感，从而激发他们的好奇心，使其从被动的受教育者变成积极的自主学习者。

四、从整体出发设计教学活动

完整的学习体验更有利于学生成长。这里的"完整"既包括学习知识的完整，也包括学习过程的完整，如教学目标的整体确立、教学内容的整体设计、教学设计的整体把握以及学习过程的整体感知。

（一）教学目标的整体确立

教学目标的确立是教学设计中最为重要的一个环节。课时目标的叠加不等于单元的整体教学目标。在"大单元整体教学"中，单元教学目标的确立需要从单元的整体出发，引领各课时教学目标的确立。单元教学目标上承核心素

养，下接单元内容，具有承上启下的特殊作用，教师需要高瞻远瞩，以确立单元教学目标。

（二）教学内容的整体设计

1. 知识与情感态度的融合

何为完整知识？波兰尼在《个人知识：朝向后批判哲学》中将知识分为两类，其中以口头、书面，或地图、数学公式来表达的知识为显性知识，而不能系统表述的知识为缄默知识（或称默会知识）。完整知识既包括可以直接进行系统学习与传授的显性知识，也包括那些难以说明、只可意会不可言传的缄默知识[①]。

在小学数学教学中，显性知识可以理解为学生需要习得的知识、技能等；缄默知识则包括学生在学习中感受到的情感态度、思维品质。学习不再只是认知的过程，而是一个让学习者全身心投入的过程。小学生学习数学的目的不仅是学到数学知识，还包括学会思考问题的方法。在以往的数学课时教学中，许多教师只关注知识技能目标是否达成，忽视了学生情感态度价值观的养成；即使在教学设计中将情感态度价值观目标表述出来，在实际教学过程中也多是流于形式，没有真正落实。

教师在进行"大单元整体教学"设计时，不仅要思考教学内容里的显性知识，还需要思考由学习显性知识带给学生的情感体验，将知识的学习、能力的培养与情感的体验相融合，组成一个完整的有层级的学习体系。

2. 知识的整体性

"大单元整体教学"强调知识结构的整体性。结构主义思想认为，知识之间的相互联系体现了知识的整体性，教师在教学中需要帮助学生组合零散的知识碎片，形成知识网络。教师在进行单元教学时，要把单一的知识点放入完整的单元知识结构中并以单元知识为原点，沟通新旧知识，帮助学生构建知识网络，了解知识间的本质联系。

"大单元整体教学"指向了学科学习的方法体系，强调学生在理解知识系统、建构知识结构的同时形成方法体系，引导学生把习得的方法迁移运用到新的问题情境中，通过主动类比内化学科的关键能力。"大单元整体教学"主张

---

① 李艳. 赫尔巴特与杜威的教师观对学习完整知识的启示［J］. 林区教学，2019（9）：25—26.

引导学生将现实问题抽象成学科问题,并进行模型化建构、拓展与运用,最终解决现实问题[①]。

综上所述,"大单元整体教学"绝不仅仅是将原有的课时知识进行合并,而是教师从整体视角出发系统地解读教材,将知识结构、方法体系以及学科思想有机融入单元教学内容之中。这样的教学,注重使学生以整体、综合的视角去感知、探索问题,使其在掌握学科知识的同时,获得学科思维和核心素养的提升。

(三)教学设计的整体把握

对于教学设计的每个环节教师都需要从整体进行把握。一般来说,小学数学单元的教学设计主要由以下要素组成(见表2-1)。

表2-1 小学数学单元教学设计的要素组成

小学数学单元教学设计的要素	确定单元教学内容
	进行单元教学分析,对教材、学情进行分析
	确定单元教学目标,重点、难点以及单元课时安排
	分课时教学设计
	教学评价设计

教学设计需要对上述要素进行综合全面的思考,用整体的视角把握教学设计每个环节。例如,以往教师们在对学情进行分析时,大多仅仅分析了学生的"认知起点",或者用以往的经验代替了学情分析,但在进行"大单元整体教学"设计时,教师应该从整体上分析学生的认知状况与学习状态,以此为依据设计出更有效的教学策略和流程。

(四)学习过程的整体感知

"大单元整体教学"本身是一个完整的学习事件,这里的"完整"不仅意味着教师需要完整地设计教学目标、内容、实施与评价,更意味着学生要完整地参与学习过程。

1. 全身心地参与学习过程

人获取知识的过程是由多个器官共同参与完成的。学生思维的培养不仅需

[①] 王素旦. 小学数学大单元教学的建构策略 [J]. 江苏教育,2021(26):45-48.

要借助整体、真实的学习情境呈现，更需要学生本人以整体、综合的视角去感受和探索学习内容。学生的学习不能仅依靠倾听和观看，更需要在实践中感知和内化学习内容。

2. 经历完整的问题解决过程

问题的解决是一个复杂而连续的过程，完整的问题解决包括从发现问题开始至问题解决的整个过程。在"大单元整体教学"设计中，学生可以有效参与教师根据教学内容创设的"大问题""大项目"等真实的问题情境，发现其中的问题，并针对问题展开自主探究和合作交流。在学生有效参与学习过程、遇到新问题时，他会对已有的知识进行搜索，在此基础上对新知识展开自主探索。在问题得到解决后，学生还需要对整个过程进行回顾，总结和积累经验，使解决问题的"元能力"得到提高。如果学生经常经历这样的完整过程，其原有的认知结构会不断得到刺激，头脑中的知识网络会更健全。

五、结构化推进教学实施

不管是哪一门学科的学习，都要使学生理解该学科的基本结构框架以及知识之间的联系。学习不是碎片化的知识积累，而是基于自身的学习经验促进新知识与其已有的认知结构建立紧密的关联、不断同化与顺应新的认知结构的过程。

以往教师们的课时教学多以教材编排为依托，分单元、分课时进行教学设计与实施，割裂了知识的内在联系，不利于学生知识结构的构建。21世纪以来，各学科教材的编排同样也是按单元划分，每个单元聚焦同一知识内容，根据知识点将一个单元拆分成几个课时。教材的编排体现了知识本身的逻辑性，每课时的知识点都很清晰，对新教师来说根据教材的编排进行教学能较好地完成教学任务。

对知识点的逐一"了解""识记""理解"已不再能满足培养学生核心素养这一重大改革需求。新的教学目标应关注学生如何运用知识做事、持续做事、正确做事，强调知识点的理解与应用，重视知识点之间的联结。为了适应学生学科核心素养发展要求，教师应该从单元知识结构的视角进行教学设计，通过梳理单元的知识结构以确定教学目标与重难点，并编制单元检测作业、设计单元教学活动。教师需要结合课程标准，厘清教材的内在逻辑与结构，力求从整体上把握知识的全貌。在实施教学的过程中，教师应有意识地引导学生将知识内化，形成自己的知识结构。

六、贯穿全程的教学评价

在传统教学中，教学评价存在的目的是测评学生的学习成果。常见的教学评价有诊断性评价、形成性评价和总结性评价。除诊断性评价是在教学之前进行的，另外两种评价都发生在实施教学之后。教师在进行单元教学设计时，总是先考虑教学内容和教学环节等，将教学评价放置于整个教学活动结束之后，这是一种"顺向教学"。按照这样的顺向教学思路，教师通常不会考虑教学要达成的目标以及如何确认目标的达成程度，造成教学评价与教学过程脱节。

"大单元整体教学"要求教师在明确教学目标之后便紧接着考虑教学评价，这种将教学评价任务单列并且置于教学目标与教学过程之间的教学设计叫"逆向教学设计"。逆向教学设计强调教学评价先于教学实施，即在教学活动还没有开展之前就确定如何评价，使教学评价伴随整个教学过程。这是一种先确定学习的预期结果，再明确预期结果达到的证据，最后设计教学活动的教学设计模式。

逆向教学设计以课程标准为思考的起点，设置的教学目标来源于课程标准，再根据教学目标设计教学评价和安排相应的教学活动。这种教学设计把教材作为达成教学目标的素材之一，强调"用教材"。教学评价紧紧围绕教学目标设计，具有承上启下的作用，促进教师将课程标准转化为课堂教学行为。

第二节　需要遵循的原则与流程

一、需要遵循的原则

在进行"大单元整体教学"时，教师必须遵循一定的原则才能保证教学活动科学有效地实施。具体来说，"大单元整体教学"需遵循以下原则。

（一）整体性原则

开展"大单元整体教学"，整合是关键。整合就是把零碎松散的事物统合梳理，使之成为一个彼此衔接、连贯有序的有价值、有效率、结构化的整体。

整合思维是新课程改革的重要理念。

大单元不是碎片化教学内容的堆砌，而是对知识有机的、模块式的组构。"大单元整体教学"设计是在整体思维指导下，从提升学生学科核心素养角度出发，对相关教材内容进行统筹、重组和优化，并将优化后的教学内容视为一个相对独立的教学单元，以突出教学内容的主线以及知识间的关联性，在这些基础上对教学单元整体进行循环改进的动态教学设计。针对大单元的教学设计，教师应站在系统的高度，深入解读教材，梳理教学主线，借助重要模型，将一个学段所要传授的知识和所应培养的学生能力视作一个整体。在实际教学中，教师还应注意知识间的前联后延，帮助学生形成自己的"知识地图"。

"大单元整体教学"要注重整体观照、整体设计，从学科素养的高度对整个单元进行系统建构，从整体上认知本单元的主要内容和逻辑，统筹单个课时与整个单元之间的关系，整合学习目标、学习情境、学习内容、学习任务、学习方法和学习资源等要素，变"碎片学习"为"整体学习"，帮助学生有效克服学习过程中的知识碎片化、时间零散化、探究浅表化、思维同质化等问题。

单元整合的关键是教学内容的整合，教师应聚焦课程标准，整体把握学科体系与关键教学内容，梳理学科的核心概念、基本原理，再根据学生的学习规律重组教学内容，从而向学生提供经过设计的、具有结构化教学目标的教学材料。

（二）目标导向原则

目标导向原则是指把目标作为教学全过程的导向。目标设计突出准确性，教学过程突出目标的导向性，教学后续突出目标的评价性，使目标贯穿教学活动的全过程。目标导向有两点需注意：一是有明确的目标，目标具有可评价性、可操作性；二是除了知识与技能目标导向之外，也要注重学生学习能力的目标导向。

教师在确定"大单元整体教学"内容时，首先应对学生达到的学习效果进行设想。这种设想应包括两个层次。

第一个层次应包括两点：一是"大单元整体教学"的单元目的，二是各节课程的课时目的。各个课时的目的应服务单元目的。

第二层次也包括两点：一是在知识、策略、思维等方面应达到的目的，二是在品德、思想、情感等方面应达到的目的。准确、具体的单元学习目标应该贯穿"大单元整体教学"始终，为判断教学重难点是否合理、学习活动是否科学等提供依据。

"大单元整体教学"目标的制订应符合国家课程标准的要求和学生实际，指向学科核心内容、思想方法、核心素养的落实。

在制订"大单元整体教学"目标时，教师应注重教学目标的内在一致性。单元目标确定后，教师要把单元目标一节一节分解到具体的课时，确定好每个课时需要用怎样的内容来落实怎样的目标，并根据学习内容做好学习评价。每个课时目标汇聚起来，就是单元需要完成的目标。

（三）关联性原则

"大单元整体教学"是教学活动从关注知识内容本身到关注知识的关联性和共性的转变。从单元视角出发的教学，需要关注教学中各元素的关联、活动的关联和方法的关联。

1. 在知识形成过程中感受各元素的关联

教学活动应帮助学生厘清知识元素间的内在联系，看清序列与关联的结构，激发学生进入意义学习。教师应动态立体地设计与组织好学习的分层进阶活动，改变平铺直叙的形式教学，让学生感受单元知识之间的关联性。

2. 在任务驱动中体验活动的关联

教师应将一组知识技能的掌握置于完整的任务中驱动学生学习，使学生既见整体，又见局部。新课标强调学生应当有足够的时间和空间经历观察、实验、猜测、计算、推理、验证等活动过程。活动关联，就是学生在教师创设的知识结构中渐次展开有组织的活动，亲身经历完整的知识探究过程。

3. 在认知迁移中理解方法的关联

方法关联是让学生超越知识内容的限制，将同一单元不同的知识或者不同单元相关联的知识用相同的方法统整起来，生成单元方法策略结构，从而在更高层面上理解和应用所学知识。

（四）动态性原则

教学具有动态性、生成性特征，教师的教学设计永远无法估测教学过程中的种种情形，教师需要根据教学的动态推进及时调整教学过程与教学内容。学生的单元学习不仅要理解单元知识的核心元素，更要理解单元知识元素之间的关联，这样才能让知识生长出更多的"突触"，以形成交错联系的立体式知识结构。因此，教师对教学前的学习资源的统整与设计要留有足够的"弹性"，留下更多的知识"突触"，给学生更多发挥学习主动性的空间。

在进行单元整体设计与教学时，教师应科学分析学科课程标准与学生实际学习水准间的关系，妥善处理精心预设与动态生成的教学要求，实现"为学习者而教"的教学追求。

二、需要遵循的流程

"大单元整体教学"需要遵循的基本流程可以分为以下六个环节。

（一）确定大单元学习主题

主题是大单元设计的核心和情境依托。主题一般具有一定的归纳性，贴近生活实际，需要学生不断探究以提高认识。

1. 确定单元学习主题的路径

大单元学习主题的确定一般包含五种路径。

一是解析课标要求，抓牢核心能力。教师要梳理课程标准模块与教材章节的结构，根据学习内容，理解知识的逻辑结构，形成对单元划分的基本认识，再根据单元内容，确定大单元学习主题。

二是纵向分析教材，找出知识主线，确定大单元学习主题，把握一类知识的内核主线，为主题的提炼提供支持。

三是横向分析教材，深挖知识关系节点，确定大单元学习主题。通过多版本教材对比、同版本新旧教材对比，横向分析教材内容，以问题为导向确定大单元学习主题。

四是纵横交叉，确定大单元学习主题。教师对同一内容进行横向、纵向的交叉分析，提炼出这一内容培育的学生核心素养，将其作为大单元学习主题。

五是立足学科领域，抽象现实问题情境，确定大单元学习主题。教师可以按知识领域、知识线进行分析，从现实情境中抽象出学科问题，确定大单元学习的主题。

2. 单元学习主题的类别

单元学习主题可以分为三类：一类指向学科核心内容的本质，一类指向学科思想方法，一类指向学科核心思想。

（二）进行大单元学情分析

真实客观的学情分析是制订学习目标的重要依据，是设计教学过程的重要基础。

进行大单元学情分析时，教师可以按以下四个步骤进行：

①想调查哪些学情？（为什么要调查？设置什么问题来调查？）

②用什么方式来调查？（试题、问卷、访谈等）

③调查的结果如何？（学生原始材料的分类整理、分析判断）

④思考：学情分析对教学设计的干预。

学情分析主要围绕两个方面进行：一是分析学生已有的基础知识和基本技能，二是分析学生已有的基本思想、基本活动经验和核心素养。例如在教授"课桌有多长"这一知识时，教师不仅应着眼于学生对长度、测量工具有怎样的认识基础，还应调查学生的度量意识。

（三）确定大单元教学目标

教学目标是指某一教学活动结束后，学生应达到的预期状态。教学始于问题，问题表明了学生现有状态与预期状态之间的差距。缩小或消除这一差距是教学活动的目标。

教学目标既是教学方向，也是教学的结果，是学生变化和成长的方向。因此，教师写教学目标时，应以学生为主体。教师在设计大单元教学目标时，应同时设计教学目标达成的途径和方法。教师在描述大单元教学目标时，应尽可能用可观察的行为动词，如说出、写出、列出、计算、操作、完成等，并将它们作为课堂教学结果的检测标准。

课时教学目标应是对大单元教学目标的分解，两者具有内在一致性，一个完整的大单元教学目标设计应包括单元目标、课时内容、课时目标（见表2-2）。

表2-2 大单元教学目标设计

单元目标	课时内容	课时目标

（四）形成大单元学习规划

教师在进行大单元学习规划时，应考虑大单元的课时规划以及课型布局。这里以北师大版数学教材二年级上册"购物"单元为例，说明如何进行大单元学习规划。

首先，分析单元内容结构和思维结构。梳理单元内容，找出单元内容结构；分析内容结构，厘清学习这些内容需要学生具备怎样的思维基础，训练学生的哪些思维，希望学生形成怎样的思维结构；再结合大单元的学习主题、学情分析等，形成大单元视角下的学习规划。以北师大数学教材二年级上册"购物"单元为例，站在大单元视角下，我们可以对它的内容结构和思维结构进行如下调整（如图2-2）。

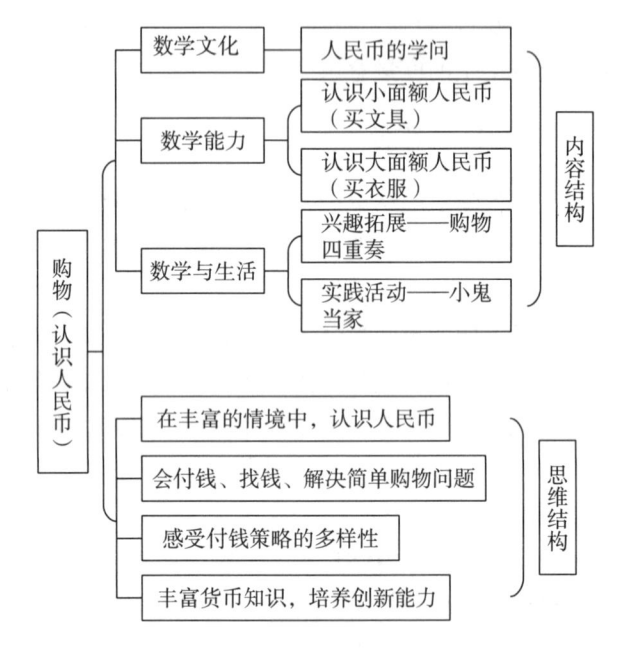

```
                          ┌ 数学文化 ─── 人民币的学问 ┐
                          │                                      │
                          │              ┌ 认识小面额人民币  │
                          │              │  （买文具）          │
                          ├ 数学能力 ┤                           ├ 内容结构
购物                      │              │ 认识大面额人民币  │
（认识人民币）            │              │ （买衣服）          │
                          │                                      │
                          │              ┌ 兴趣拓展——购物  │
                          │              │  四重奏              │
                          └ 数学与生活┤                           │
                                         └ 实践活动——小鬼  │
                                            当家               ┘

         ┌ 在丰富的情境中，认识人民币   ┐
         │                                       │
         ├ 会付钱、找钱、解决简单购物问题 ├ 思维结构
         │                                       │
         ├ 感受付钱策略的多样性         │
         │                                       │
         └ 丰富货币知识，培养创新能力   ┘
```

图2-2 "购物"单元内容结构和思维结构分析

接着，教师在单元内容结构、思维结构的基础上进行单元学习活动规划（见表2-3），确定单元课时规划及课型布局。

第二章　怎样进行"大单元整体教学"

表 2-3　单元学习活动规划

单元主题	认识人民币			
大观念	知道元、角、分的数量关系。 选取合适的付钱方法是对数的运算的现实运用，可以培养学生的策略意识			
课题	人民币的学问	认识小面额 人民币	认识大面额 人民币	兴趣拓展—— 购物四重奏
学习进阶	丰富货币知识， 培养创新能力	认识小面额人民币， 解决简单购物问题	认识大面额人民币， 解决简单购物问题	付钱策略的 多样性
课时	1课时	1课时	1课时	2课时
课型	探索课	探索课	探索课	实践课

（五）大单元课时教学设计

大单元课时教学设计应包含8个基本要素，具体实施要求见表2-4。

表 2-4　大单元课时教学设计要素

内容	要点
课时教学内容 分析	分析本课时教学内容在单元中的位置和作用，单元核心内容对学生能力提升的功能价值
学习者分析	分析学生在学习本课时之前已有的知识基础、能力基础、活动经验，用恰当的方式诊断本课时学生的典型学习困难，预设学生素养发展目标，依据分析提出相应的教学方法与策略
课时教学目标及 重难点设计	明确本课时应掌握的学科核心内容、应形成的学科思想方法和价值观念、应发展的学科关键能力，体现过程性，目标的可操作、可检测、可达成
学习评价设计	从知识获得、能力提升、学习态度、学习方法、思维发展、价值观念培育等方面，设计过程性评价的内容、方式、工具等，通过评价持续促进课堂学习深入。借助学生的行为表现判断学习目标的达成程度，突出诊断性、表现性、激励性

续表2-4

内容		要点
学习活动设计	教师活动	创设学习情境，提出驱动型学习情境和任务，要求明确，有空间、有挑战、有逻辑，兼顾学生差异。教学过程体现教师的示范和指导作用。恰当运用评价方式与评价工具，以持续评价促进学习
	学生活动	学生围绕学习任务开展学习活动，如分析任务、设计方案、解决问题、分享交流等，体现学习的过程
	设计意图	简要说明教学环节、学习情境、学习活动等的组织与实施意图，说明目标达成的标准和学生发展的意义
板书设计		板书呈现知识结构与思维发展的路径与关键点
作业与拓展学习设计		体现作业的内容、形式、意图、功能、针对性、预计完成时间及评价
教学反思与改进		基于目标达成度对教学效果进行对比反思，并提出教学改革设想

在整个课时教学设计中，学习活动的设计尤为重要，它能引导并帮助学生经历、体验知识的形成、发生、发展的过程。教师应带领学生揭示活动的意义与目标，使学习知识的过程真正成为学生自觉、主动的活动过程。活动过程中，教师要引导学生领会学科蕴含的思想方法。教师在整体设计实施课时教学活动时，应以单元主题及学生已有的知识经验为基础。

学习活动按性质可分为"感知体验""探究发现""理解运用"三类。怎样设计好各类学习活动呢？首先，教师要着眼学生学习的基本程序，明晰相应的设计流程；然后，把握各类活动的设计要点，进行灵活的学习活动设计。

1. 感知体验活动

（1）感知体验活动中学生学习的基本程序如图2-3。

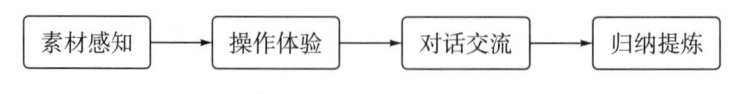

素材感知 → 操作体验 → 对话交流 → 归纳提炼

图2-3 感知体验活动中学生学习的基本程序

（2）相应的设计流程：提供感知素材→保障操作体验→组织对话交流→引导归纳提炼。

（3）设计要点。

①要为学生提供丰富的感知素材。不管是用来操作的材料，还是用来直接观察感知（思维操作）的资料，都要关注素材的趣味性、结构性，以便更好地

引发学生"神人"其中、自主参与、亲历体验。

②要有适度的留白和等待，保证每一个学生独立操作体验的空间，尊重学生个性化的自我体验。

③有序组织和引导对话交流，促进个体自我体验的进一步内化与升华。通过对话与交流，学生获得表达思想、反思体验的机会，将自己的切身体验与人分享、交流，进一步归纳提炼学习内容。

2. 探究发现活动

（1）探究发现活动中学生学习的基本程序如图2-4。

情境解读 → 提出问题 → 解决问题 → 反思总结

图2-4 探究发现活动中学生学习的基本程序

（2）相应的设计流程：创设问题情境→鼓励提出问题→协作解决问题→引导反思总结。

（3）设计要点。

①精心创设富有思维含量又能自然吸引学生的问题情境。在这种情境里面，要有促使学生不断思考的"真实问题"，使其尽其所能地思索探寻，持续跟进，让高挑战性变成高驱动性、高趣味性，引发学生持续探究的动力，在解决问题的过程中深度学习。

②抓住学生思绪含混不明、困顿受阻的契机，鼓励学生主动提出具体的疑问，引导学生用自己的方法对问题进行分析和解释。民主和谐的活动氛围更能给学生心理安全感，更能让他们在自由开放的环境中发生真正的学习。

③切忌将学生的思路强势引入自己的教学预设，替代学生的连贯表达。实际上，学生解决问题的过程有不完美、有差异是正常的，教师不能代替学生思考，而应以宽容的心态去解读、点拨、引导学生。总之，在学生协作解决问题的活动过程中，教师应帮助他们经历从混沌到清晰、从零散到连贯、从不完美到完美的学习过程，这样才有助于学生积累活动经验。

④教师引导学生回顾时，不仅要回顾知识内容层面，更要回顾思考路径和解题策略层面。

3. 理解运用活动

（1）理解运用活动中学生学习的基本程序如图2-5。

问题识别 → 经验迁移 → 灵活解题 → 评价反思

图2-5 理解运用活动中学生学习的基本程序

（2）相应的设计流程：巧设问题变式→关注经验迁移→倡导灵活解题→组织评价反思。

（3）设计要点。

①要适度地巧设问题变式。单一的标准情境下难免会有机械套用的情况，不利于考量学生真正的学习理解，教师要进行适当的变式设计。在变式时，教师要注意题目的灵活度与知识点难度的平衡，努力做到"活而不难"。

②问题设计暗含学生自主经验迁移的要求，既要考虑知识经验的迁移，也要考虑策略经验的迁移。

③问题设计需要有一定的弹性，让学生个性的、灵动的思维过程得以展现，不能过度追求固定的解题程序和标准答案。

④解题完成并不是学习活动的结束，对鲜活解题资源的捕捉和处理，可以引导、改进新一轮的学习活动设计。

（六）设计大单元持续性评价

评价本身就是一种信息，通过课堂评价反馈信息，教师可以参照教学目标，了解自己的教学是否达到要求，判断在教学中应做哪些优化；通过反馈的信息，教师也可以了解学生学习过程中存在的问题，以便对学生进行有效的指导。

首先，在课堂上教师要有观测、评价的意识与方法。第一，要树立围绕学习目标实施检测与反馈的意识。教师在进行课堂学案设计时，在围绕学习目标设计相关的学习活动后，一定要针对每一个学习目标及其相关的学习活动，设计相应的检测和反馈环节，强化对每一个学习目标的检测和反馈的意识。第二，对学习目标进行检测与反馈时，要提高全体学生的参与度。在对学习目标进行检测反馈时，教师最容易出现的问题是，以优秀学生的学习效果代替全班学生的学习效果。"以优代全""以偏概全"不能引领所有的学生参与检测、反馈的学习环节，不利于教学活动的改进。

其次，在课堂上教师应及时进行当堂检测。教师通过设计与课堂知识高度相关、难度匹配、易于作答（如选择题、判断题、填空题等答案确定的问题）的题目，采用小组共学的模式，迅速掌握学生学习情况。

最后，学生对课后练习进行错题建档。学生手上有个人错题集，组长手上有小组错题集（小组半数以上学生出现的问题），教师手上有班级错题集。教师要用好错题集，持续关注学生知识难点。

第三节　主要策略

一、依托教材的内容整合

实施"大单元整体教学"，首先在于依托教材、合理整合教材。本节将以北师大版数学教材为例，思考如何整合教材内容。

（一）从单元视角建立课时内容生长路径

单元是基于一定目标和内容、由若干具有内在联系的学习内容组成的学习模块。立足单元视角，课时内容的学习是单元学习目标达成的路径。课时与课时之间有基于每个单元内容的编排逻辑。在教学时，教师应抓住课时之间的联系，进行有结构、有生长的教学。

首先，教师可以以知识逻辑为载体。根据知识由浅入深的学习逻辑，让学生经历完整的理解、探索、掌握、应用的过程。

其次，教师可以以探究方法为联系。一个自然单元的不同课时之间如果采用了同一种探究方法，那么，教师便可以以探究方法为抓手，建立这个单元的整体结构，在不同课时促使学生形成对这类探究方法的不同认识。

（二）合理安排教材原有单元的课时

由于学科知识的内在逻辑性，现在各版本的教材都是按照内容单元的方式编写的。在一个单元内，教材将知识拆分形成多个课时，然后分课时给出教学建议。大部分教师按照教材给出的教学建议完成单个课时的教学任务，这可能会导致学生缺乏对知识的整体认知，无法在头脑中建立完整的知识框架，影响学生学科核心素养的养成。以大单元为视角的课程整合是指在单元范围内打破课时边界，对课时重新进行划分，将分散的知识内容有机整合起来，实现单元知识的"结构化"。

对教材中某个单元的内容重新进行课时的划分，是单元整合的常用方式。

能采用这种划分策略的教材内容之间往往存在共性。例如，北师大版数学教材一年级上册第七单元"加与减（二）"，共安排了8个课时的内容（见表2-5）。

表2-5 北师大版数学教材一年级上册"加与减（二）"单元课时安排

内容	建议课时数
古人计数"11~20各数的认识"	2
搭积木（20以内数的不进位加法、不退位减法）	4
有几瓶牛奶（9加几的进位加法）	
有几棵树（8加几的进位加法）	
练习三	1
做个加法表	1

通过对教材内容的解读可以看出，本单元的知识内容主要分为两大块：11~20各数的认识、20以内数的加与减（不进位加法和不退位减法、进位加法）。对于20以内数的进位加法，教材分成了3个课时，分别是9加几、8加几和7/6/5加几。这三个课时的内容可以进行迁移学习，因此教师可以将这几课的内容进行整合（见表2-6）。这样做不但节约了课时，还可以在教学中对学习方法进行渗透迁移，让学生明白进位加法的方法是一致的，从而将"旧知"运用到"新知"的学习当中。

表2-6 北师大版数学教材一年级上册"加与减（二）"单元整合后课时安排

内容	课时数
11~20各数的认识	2
不进位加法、不退位减法	1
进位加法（凑十法）	1
巩固练习	2
整理复习	1

同理，教材中出现的许多计算单元也是可以进行整合的。二年级下册第五单元"加与减"的主要内容是三位数的加减法。在此之前，学生已经学习了10以内、20以内和100以内数的加减法，对进位加法和退位减法的算理和算法都有了较深刻的认识与理解。在进行本单元教学时，教师可以根据学生的学情，充分调动学生已有的学习经验，对单元内容进行整合。

在"加与减"单元，教材共安排了11课时，其中口算加减法1课时，笔算加法 2 课时（不进位、1 次进位和连续进位），笔算减法 3 课时（不退位、1 次退位和连续退位），验算 1 课时，相应的练习共 4 课时。通过对学情的调查与分析，教师发现学生对三位数加减法的计算方法有一定的了解，但是对连续进位和连续退位的算理理解不够透彻。基于此，教师可以将单元学习内容进行整合，重新设定课时，把单元学习的重心放在理解连续进位和连续退位的计算道理上。

在实施"大单元整体教学"时，教师可以启发学生体会加减法计算的知识共性，促进学生将"新知"与"旧知"建立本质的联系，进而培养学生迁移知识和完善知识的深度学习能力。

（三）对联系紧密的单元进行合并

在教材中有一些单元之间的联系非常紧密，教师可以将这些单元进行整合，开展"大单元整体教学"。

整数乘法的学习是小学阶段非常重要的内容之一，学习时间从二年级上学期延续到四年级上学期，历时两年。各学习内容之间的关系如图 2-6 所示。

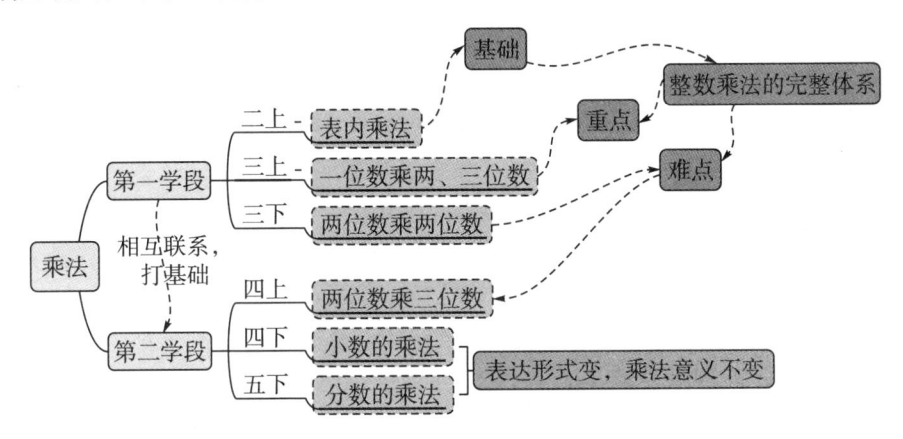

图 2-6 "乘法"在每一学段的联系与发展

在实际教学中，为了帮助学生理解算理，教师可以把口算和笔算方法进行有效的沟通，让学生明确竖式中积的位置定位；接着整合两位数乘两位数乘法、三位数乘两位数乘法，建立"承重墙"，打通"隔断墙"，沟通方法之间的联系并进行迁移，在学生心中建立多位数乘多位数的计算模型，构建完整的整数乘法的知识结构网。

又如，教学教材二年级上册最主要的学习内容之一是"乘法"，乘法口诀的内容被拆分为两个单元，分别是第五单元"2~5 的乘法口诀"和第八单元

"6~9的乘法口诀"。从记忆的系列位置效应来分析，学生对处于中间位置的学习材料记忆效果较差，为了避免这样的情况，教师可以将1~9的乘法口诀拆分成两个单元，并在这两个单元中间穿插其他类型的知识来调节学习节奏。从知识的整体性与结构性出发，这样的单元安排又破坏了乘法口诀的整体结构，不利于学生结构化地掌握乘法口诀的内部逻辑。教师在进行单元设计时对学情进行调查分析，发现大部分学生对乘法口诀有了一定的记忆，乘法口诀的背诵已经不是教学的难点。基于对真实学情的掌握，教师可以创造性地通过"大问题""大项目"将两个单元结合起来。这样学生在学习"九九表"时，不仅能理解每一句乘法口诀的意义，还能将这句乘法口诀放入整个"九九表"中，从纵向与横向上理解它与其他乘法口诀的关系。

（四）重新组合概念相关的单元

1. 整合概念相似的内容

学科知识之间通常存在紧密联系，但是在教材编排中有些知识点却比较零散，若以课时为单位进行教学，学生学到的知识是碎片化的，难以形成有机的整体。如北师大版数学教材五年级上册"倍数与因数"单元包含的知识点有：倍数与因数，2、3、5的倍数特征，因数和质数。教材中与本单元内容紧密相关的两个知识点"最大公因数"和"最小公倍数"，却被安排在了"分数的意义"单元。在教学中，教师们往往以课时为单位，在学生充分、透彻地理解了"倍数与因数"单元的知识之后，在学习"分数的意义"单元时再进行最大公因数和最小公倍数的教学。

站在整个数学学科的角度来看，"倍数与因数"是数论的基础，而数论在数学学科中有着非常重要的地位。这一板块的知识点较多且较零散，在具体的教学实践中，教师往往会陷入就知识点讲知识点的困局，非常不利于学生形成知识网络。在"大单元整体教学"中，教师可以尝试将"最大公因数"和"最小公倍数"这两个知识点与"倍数与因数"单元的内容进行合理整合，将这些零碎的知识点有机串联起来，让学生感受到知识之间的联系，同时又能厘清其间的区别。

又如，北师大版数学教材五年级下册第三单元"分数乘法"探究了积与乘数的大小关系，而在第五单元"分数除法"中探索商与被除数的大小关系。这两部分内容存在较高的关联性，但是学生往往在前面探究了"乘数与积的大小关系"之后继续探究"商与被除数的大小关系"时，容易把乘法与除法中的大小关系混淆。

因此，教师可以在学生理解并掌握分数乘法与分数除法的算理后，把第三单元中探究"积与乘数的大小关系"的课程与第五单元中"商与被除数的大小关系"的课程整合在一起，形成新的课时"比大小"。在同一课时内，采用相同的探究方法，先提出问题，然后通过举例，探究得出"乘数与积的大小关系"以及"商与被除数的大小关系"。在同一种解决问题思路的引导下，学生不仅能够轻松探究出各数的大小关系，还可以学会区分乘数与积的大小关系、商与被除数的大小关系之间的异同。这样的学习还能再次沟通分数除法与分数乘法之间的关系，加强学生对算理的理解，巩固算法，发展数感。

2. 重组概念相对的内容

按照以往的教材编排，概念相对甚至相反的内容在教材中会有一定的先后顺序，其中一个内容的学习往往会给另一内容的学习带来负迁移。如果对此类知识进行"大单元整体教学"，将相对的概念整合在一起，这样会更有利于学生对概念进行区分。如正比例、反比例这部分内容，教材的安排是先学完正比例的知识，再进行反比例知识的学习。如果采用"大单元整体教学"，教师就可以将这两个相对的概念进行对比，对教材内容进行如下的调整：正、反比例的意义，1课时；正、反比例的判断，1课时；正、反比例的应用，1课时。这样将两个概念放在一起学习，在对比中排除知识的干扰，可以加深学生对这两个概念的理解。

综上所述，对单元内容的整合可以是基于单元内部知识的整合、单元之间的内容整合以及同一板块知识的整合。无论是哪一类型的整合，都不是简单地打乱教材，重新安排。整合是基于对真实学情的全面分析以及对学生所需核心内容的精确掌握，在此基础之上对教学内容进行整体、系统性重组，对教学过程进行结构化设计，以达到对教材的合理整合与有效使用。

二、基于学科核心概念的学段联通

核心概念是可以反映事物一般的、本质的思维形式，在学科概念中居于核心地位、起主导作用的概念。在数学教学中，我们应注意以最基本的、起关键作用的概念为核心来组建知识结构。知识结构是指把大量的知识根据其内在联系组织起来的方式。最基本、最重要的概念是那些在知识结构中最关键、最具有普遍意义和适应性（概括性）最强的概念。引导学生认识学科基本结构的有效方法是给最基本、最重要的概念以中心地位，在理解、运用、深化概念的过程中，学习有关的新概念，不断发展和完善学生的认知结构。

教师在研究知识结构时，首先要重视最基本的核心概念，并给予它们中心地位，这是一项深刻的改革，是教学观念突破性的变化。长期以来，无论是教材还是教学，对这些概念都不够重视，一则认为它们简单、容易，不教也会；再则认为这些概念在低年级教学中不宜过细讲解。那种以知识难易、年级高低来决定核心概念在教学中地位的方法，实质上反映了一种单纯传授知识的观点。这种观点一般只从知识本身着眼，从而使这些最基本的概念在教学中长期得不到应有的重视。

如果教师从组建教材知识结构着眼，就会发现最基本的核心概念具有以下特点：第一，这些概念与学生的生活实际最接近，可以帮助学生初步掌握怎样从学科概念出发，观察思考日常生活中的问题；第二，由于这些概念具有概括性，它们能成为学习许多有关知识的共同依据或出发点，自然形成以最基本概念为核心的联系网络，为学生融会贯通学科知识提供条件；第三，由于许多有关知识的学习都是从同一个概念出发的思考，因此，这样的学习便于学生理解、记忆。

在小学数学中，"份"的概念是乘、除知识，倍的知识，分数知识，比和比例知识的基础。从二年级的乘法的学习开始，学生建立了"份"的概念；在后续学习倍和倍数、分数、比和比例等概念时，教师都是把"份"放在核心概念的位置，让学生不断理解、深化、综合运用这一概念。在不同的学段中，学生在知识练习中落实"份"的核心概念地位（如图 2-7）。

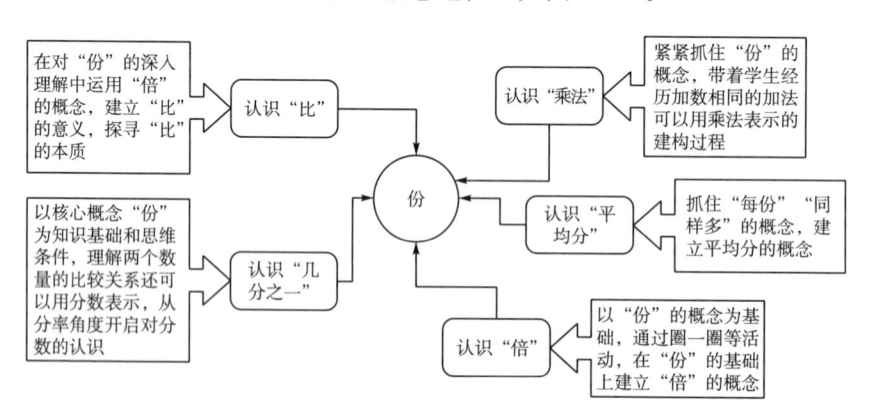

图 2-7 核心概念"份"及与其相关的知识

基于上述案例我们不难发现：从整体视角来确立"核心概念"的主题式系

列教学，能在建构知识体系的同时，培养学生的关键能力。教师整体把握教材，运用迁移原理，把较好的知识结构教给学生，学生学到的知识才是纲目清楚、主次分明的，才是前后知识相互蕴含、自然推演的，学生也才能举一反三、触类旁通。这样以学科概念为主线形成的知识网络，能帮助学生深入理解、记忆和再学习教材内容。

三、源于学科思想的自主迁移

学科思想方法是对学科知识技能高度抽象概括后形成的理性认识，它揭示了学科发展中的普遍规律，是人们对学科内容的本质认知。基于学科思想进行"大单元整体教学"，就是以学科思想方法的渗透来带动学生单元知识的学习，帮助学生形成以学科思想为纽带的知识网络，促进学生对学科思想方法的感悟，提升其学科素养。

以数学学科中的分类思想为例。分类讨论是一种常见的研究方法，当被研究的问题包含多种可能、无法一概而论时，就需要对问题出现的所有可能进行讨论，综合每种情况下相应的结论，使问题得以解决。

分类思想方法作为数学学科研究问题和解决问题的重要方法之一，贯穿于中小学数学学习。如对数的分类，在小学阶段就包括了把数分为整数、小数、分数；在整数范围内，又把数分成了奇数、偶数、正整数、0和负整数；在正整数范围内，又把数分为质数和合数。除了数与代数领域，在图形与几何领域，我们又用分类思想把图形分成了立体图形和平面图形；在平面图形领域，根据平面图形边的数量，我们又把图形分成了三角形、四边形、五边形等。除了对学习内容的分类，对诸如统计、概率、搭配、植树、行程等问题的分类由于涉及多种情况，每种情况可能会有不同的推理方式或计算方式，这就需要把问题分而治之、各个击破、综合归纳。

在进行"大单元整体教学"时，教师可以将分类思想贯穿单元始终，在不同单元引导学生"回头看"：我们以前是否曾运用分类思想解决问题？那时是怎样的情境？同样的，我们也可以沿着分类思想的主线尝试重组、创新单元内容，改变单元内容。

（一）注重渗透分类思想和集合思想

不同版本的小学数学教材都在一年级上册安排了物体分类的教学，旨在借助学生的生活经验，让学生通过"分一分"的活动，初步了解分类的基本方法。活动的目的是希望学生能够清楚分类是需要标准的，标准不同分出来的结果可能是不同的，让学生体会分类结果在统一标准下的一致性和不同标准下的多样性，在教学中初步渗透分类思想和集合思想。北师大版数学教材将"分类"放在了一年级上、下册的两个单元（见表2-7）。

表2-7 北师大版数学教材一年级分类内容分布

册数	单元	内容	课时
一年级上册	分类	整理房间（分类的含义和方法）	1课时
		一起来分类（按不同标准进行分类）	2课时
一年级下册	数学好玩	分扣子（综合与实践）	1课时

表2-7的分类内容就可以放在一起来学习，让学生充分体会单标准、双标准、多标准分类以及相应内容的综合与实践。

（二）客观看待分类的多样性

在分类过程中，不同分类标准之下经常会出现多种结果。其中有的分类是生活中的一般分类，与数学研究无关；有的分类是从数学的角度提出的，对数学研究有着重要意义。对此，教师应对学生提出的各种不同分类方法进行必要的优化。教师要有意识地引导学生从一般分类向数学角度的分类过渡，帮助学生感受不同分类的不同意义与作用，特别是结合问题的研究和解决来引导学生反思分类的目的，使其逐步学会用数学的眼光看待世界、分析问题。

（三）在问题解决中进一步渗透分类思想

作为重要的思想方法，分类涉及了数与代数、空间与几何、统计与概率等领域。北师大版小学数学教材只在一年级上册将分类作为一个单独的单元呈现。在后续的教学中，教师应给学生提供丰富的运用分类思想解决问题的情境，引导学生深化分类思想，帮助学生建构分类思想的方法体系，逐步帮助学生形成运用分类思想解决问题的意识和能力。

总而言之，在单元教学中，教师应引导学生经历思想方法的感悟、生长及深化的过程，促进学生对思想方法的领悟与迁移。

四、基于项目式学习的知识整合

在教学过程中，教师通常会采用综合实践等形式，用项目式学习的方式帮助学生运用和拓宽知识。项目式学习活动一方面尝试用不同的学习方式，把学科知识融入生活；另一方面尝试通过知识整合应用，帮助学生建立知识结构，提高学生解决实际问题的能力。

项目式学习有多种形式。首先，项目式学习可以以一个主题涵盖多个学段的知识。如在学习"分数乘法"时，学生会发现无论是分数乘整数，还是分数乘分数，都是在计算有多少个分数单位（即分数的计数单位）；在学习整数乘法、小数乘法时也是如此。联系不同学段的内容，可以打通学生对乘法的认识：乘法是在计算有多少个计数单位。这类学习可以促进学生对乘法本质的理解，帮助学生体会学习内容的一致性。

其次，师生也可以在一个学段以"长作业"的形式来开展项目式学习。如北师大数学教材四年级下册安排学生通过搭建牙签桥来体会三角形的稳定性，教师便可以就此设置一个长作业（如图 2-8）。

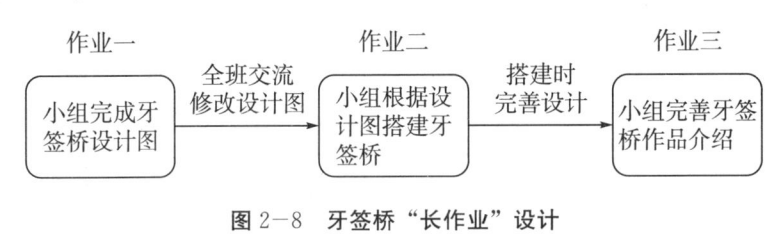

图 2-8 牙签桥"长作业"设计

五、基于实践活动的教学开展

教学开展过程中的实践活动通常包括三类。

（一）教材本身编排的实践活动

北师大版数学教材设置了许多综合实践课程。要解决这类课程提出的问题，学生需调动多个学科、多个学段、多个单元的知识储备。以北师大版数学教材四年级上册"滴水实验"为例，学生要解决一个水龙头一年会浪费多少水的问题，首先需要调动科学学习经验，小组合作制订实验方案（包括实验名称、实验工具、实验步骤、实验数据记录等）；其次，学生在根据方案进行实验的过程中，要调动四年来的数学活动经验，通过小组合作，让实验顺利进行；最后，当实验完成后，学生还要调动二年级学习的数据分析经验、四年学习的运算能力来进行数据的处理和分析，进而得出结论。

这样的学习过程能让学生在综合运用所学知识解决问题的过程中，了解所学知识与方法之间的联系，提高其解决问题的能力。

（二）结合教学内容设计的拓展课

拓展课在内容上以教材学习内容为线索，不增加学习内容；在时间上利用学科自身节余的课时，不增加学习时间；在思维广度的拓展与深度的延伸上，不增加学习难度。拓展的底线是不增加学生的额外学业负担，发展学生自主探索、主动关联的结构化思维方式。

用大单元的眼光看教材，教师还能结合单元内容及拓展课，形成大单元的学习模式。以北师大版数学教材一年级的内容为例，在学习人民币的相关知识时，教师可以带领学生先了解货币的历史，对货币的演变、作用、文化有初步的了解，再来进行教材中大、小面额人民币的认识，元、角、分之间的单位换算。

认识了人民币之后，学生会有新的疑问：为什么人民币的面额都和1、2、5相关，是1元、2元、5元、10元、20元、50元？为什么不印制其他面额的人民币呢？教师可以引导学生进一步探究，发现其中隐藏的数学秘密：其他的100元以内的金额都可以用3张以内的人民币凑出来。例如，要支付57元，只需付给对方1张50元和1张10元，让对方找零即可。

这时我们还可以进一步思考，现在移动支付变得越来越普及，已经出现了取消纸币的国家，就更不需要印制每一种面额的人民币了。再想一想，一把尺子上面真的需要把每个刻度都标出来，才能量出所有的整数长度吗？学生探究后会发现，以15厘米的尺子为例，只需要设计1、3、7、12、13、14、15这7个刻度，就能量出15厘米内的所有的整厘米数。为什么尺子的刻度设计不像人民币的面额设计一样精简呢？这样学生就可以思考得更深、更广了。像这样从单元内容出发、前联后延设计拓展课，可以帮助学生形成大单元的意识。

（三）与其他学科整合后开展的实践活动

在北师大版数学教材二年级下册"方向与位置"单元，教师可以借助科学学科位置与方向的内容，开展融合性教学；学习轴对称图形时，也可以结合美术"平平稳稳"一课帮助学生进一步感受轴对称图形的特征及其在生活中的运用。像这样学以致用、以用促思的教学设计可以帮助学生形成更丰富、立体的认识。

上述实践活动的最终目的都是通过学习内容的有机整合与适度拓展，帮助学生形成知识结构，高效学习。学习内容的有机整合，即指整合的策略应该根据学习内容的属性随机变化；适度拓展是"有机整合"的一个侧面，它是指思维线索的整合、课内外学习时空的整合。有机整合后的整体性学习节余了一定量的课时，在时间上保障了开展学习活动的可能。

第三章　如何开展"大单元整体教学"评价

第一节　评价原则

一、评价的作用

作为"大单元整体教学"的重要环节，评价则是对"学到哪里""学到什么程度"问题的回应。评价反映教学的本质，跟踪教学行为，关注教学对象是否达到预期的教学目标，考量学生学习心理，更加细致地反映学习过程和学习结果。

事实上，关于评价的定义很多，不同评价主体要求不同，评价的依据就各不相同，评价的内容、手段和工具也就不同，并不存在一种评价模式能够考量评价对象方方面面的情况。

（一）促进学生学习能力和核心素养的提高

"大单元整体教学"的评价既关注教师的声音，也重视学生的声音。教师在面临"该让学生学什么""该让学生怎样学""学什么更有价值"这些问题时，学生也常常会提出这些问题："学习目标是什么""我现在处在怎么样的水平""怎样运用学过的知识和经验解决新问题""怎样缩小学习目标和学习水平的差距"。

教师、学生与教学活动紧密互动，开发以教师和学生为主体的评价体系成为教育学领域重要的研究趋势。作为一个相对开放的互动空间，评价为所有参与其中的主体提供发展平台，调节师生的课堂参与方式，塑造教师的"教"与学生的"学"。学生有效参与课堂教学互动，深度学习并自主探究、评价所学内容，能获得创新精神和问题解决的能力，增强学习效果和学科核心素养。

(二) 实现"教—研—学"的专业发展

"大单元整体教学"评价伴随着学生学习的全过程,是以课堂教学为主阵地的教师专业化发展的重要部分,是联通"教"与"学"的桥梁。教学评价不仅与教师的评价素养紧密相关,体现于评价理念、评价知识、评价策略、评价语言等方面,也是一线教师进行教育研究的探索路径。"大单元整体教学"评价是撬动"教—研—学"三位一体过程的必要手段,体现了教师自我发展的诉求。

在宏观时代背景、学生核心素养的总体发展框架下,基于"大单元整体教学"的评价需要重新明晰教育目的与原则,使评价不仅有比较、鉴定和选择的功能,还要有导向、激励、预测、诊断、改进、考核、管理等多种功能。

二、评价的原则

(一) 客观性原则

"大单元整体教学"评价要符合学生的认知水平、学习实际,遵循教育教学的一般发展规律,对照建构主义理论、教育方针、课程标准等相关研究成果进行制订。评价维度划分和内容标准界定要明确,要能反映"大单元整体教学"的理念和教学思想,突出"大单元整体教学"与目标关联的全要素指标构成,做到每项指标的合理分配;同时,在评价方式上要坚持定量与定性相结合,使评价结论公正科学,评价方案科学周全,具有较强的信度。

(二) 一致性原则

人们一般认为,核心素养是可教、可学、可评测的。教、学、评应该是一体化的,评价目标影响着教学价值追求和教学效果。注重评价标准与评价目标的一致性,就是要将教学重难点与教学目标的一致性贯穿整个教学活动,以验证教学目标。

(三) 发展性原则

在"大单元整体教学"的视角下,教师的经验、技能和思想的改变,可以促使学生的学习发生相应的改变,使其也具备一定的结构化意识和能力。这是一个联动发展的过程。评价应着眼于学生的学习进步、动态发展,尊重学生的人格；着眼于教师的教学改进和能力提高，促进教学手段、教学质量提高。总之，一个好的评价应该能调动师生的积极性，鼓励师生成长。

（四）整体性原则

教学评价应具备整体性，以课程标准为基本依据，从教学工作的整体出发，进行多方面的检查和评定，防止以偏概全，以局部代替整体。贯彻整体性原则，可以使评价标准更全面，尽可能包括教学目标和任务的各项内容，同时把握主次、区分轻重。整体性不等于平均化，教学评价要抓住主要矛盾，充分考虑不同学生在单元学习中存在的差异，在决定教学目标及影响教学质量的主要因素及环节上进行评价。

（五）导向性原则

教师要发挥评价的育人导向作用，坚持以评促学、以评促教。教师应树立新的课堂教学评价观，有意识地把学生的知识、能力、情感等有机地融为一体进行评价，并借助评价有效地改善课堂教学活动，以此加强课堂教学评价的诊断、导向、激励等功能，把课堂教学的重心从教师完成教学任务转移到正视学生的学习过程，促进学生发展。

（六）多元性原则

评价的多元性原则要求教师尽可能寻求更多的证据来反映学生的学习过程和结果。由于"大单元整体教学"整合后的知识系统性、联系性更强，学习量较大，因此，其评价过程应由多方面、多主体共同参与。比如让学生通过自评、互评等方式参与到评价中；在学习前、中、后的不同阶段进行多元评价；打破传统的纸笔测验基本模式，把分数、等级和语言评价结合起来，使评价内容更加全面、结果更加科学合理，以求评价全面、准确地接近客观实际，使"大单元整体教学"优势得到充分展现。

第二节　评价维度、内容与标准

一、评价关注点的转变

在一轮又一轮深化课堂教学的改革中，"大单元整体教学"模式得以推广的前提是建立科学合理的教学评价体系，以满足教学实施的需要。教师教育理念和课堂教学观的不同，会影响评价倾向；教学目标的不同，可能导致教师教学策略的选择、制订实施的教学方案不同。要真正做到以评价促进教师和学生的发展，适应新课程理念，需要关注以下几点。

（一）评价出发点的改变

在传统的单元教学中，教师需要面对教学质量的考核压力，课堂教学的评价目的变得单一，教师一般会在单元教学完成之后进行单元评测，以学生的分数来"量化"教师的教学水平。因此，对于教学的评价着重关注的是教师的教学行为。

而"大单元整体教学"的教学观认为课堂教学是一个交互的过程，教学评价需要对学生的学习过程、心理进行关注，教师与学生需要积极地互动，对教、学、评进行统一的质性分析和描述。

（二）评价指向的改变

学者呼吁教学实践不能过分强调对教学结果的评价，而要关注教学过程，但由于评价标准模糊，课堂评价仅是停留在对表面因素的评价（如教师的教态、课堂气氛、时间分配、课外作业、课堂口头问答、教具使用、精讲巧练、教学内容），教学的结果和教学过程无法成为一个统一体。"大单元整体教学"评价围绕如何促进学生的发展来展开，更多地指向学生学科知识的深度建构与学习。

（三）对评价要素认识的改变

课堂教学是教学过程的主体内容，结合新课程理念互动与发展的课堂认识转变，课堂教学要素更多元，更注重动静结合。其中静态要素即课堂教学赖以进行的基本条件和基础：教师、学生、教学内容、教学物质环境。动态要素则是课堂教学活动展开过程中呈现的最基本的要素，主要包括六个要素：教师行为、学生行为、教学目标（学科目标和发展目标）、课程、教学方法、教学心理环境。

（四）评价标准的改变

传统单元教学的评价标准似乎有着简化问题的倾向，教师往往从教学行为本身出发，建立评价标准。"大单元整体教学"评价标准却体现着一种动态性、情境性。如需要探寻学生学习新内容的前概念与前理解，借助情境设计教学活动以促进学生对主题的理解，依靠主题各部分内容的相互联系，帮助学生建立和表达学习目标，根据学生的需求调整教学计划。教师在教学实施前、中、后的不同阶段，根据教学评价活动展开的过程，动态地根据教学内容、学生等各种要素，灵活地进行教学实施、反思与改进。

二、评价维度划分

（一）规划"教—学—评"一体化的行程框架

"大单元整体教学"的"教—学—评"一体化基本行程框架如图3-1。该框架从教师和学生两个基本维度出发，以学生的学习成果作为两者的联结点。

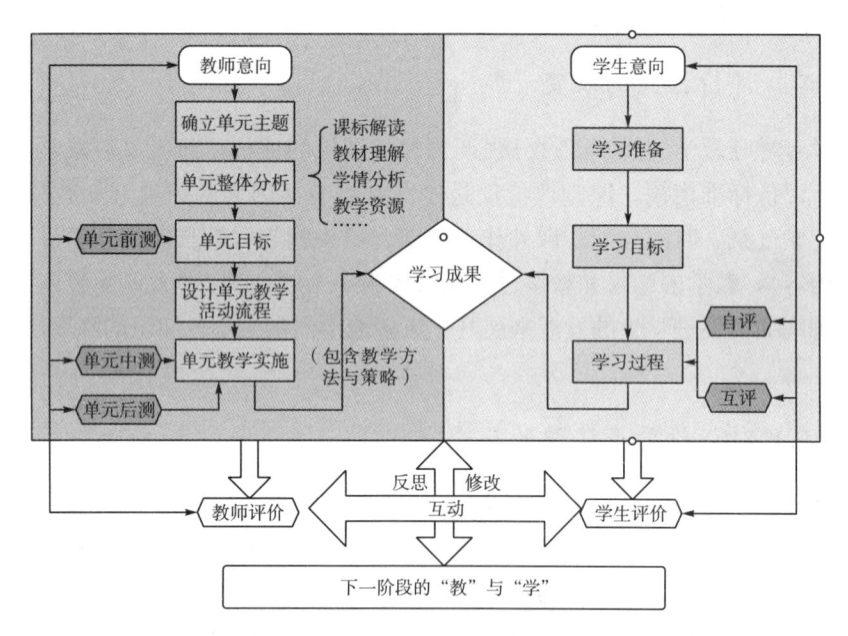

图3-1 "教—学—评"一体化"大单元整体教学"行程规划框架图

"大单元整体教学"设计下"教—学—评"一体化的关键是评价。教师应以目标为导向探寻评价依据，分析与目标紧密相关的教学要素，制订评价标准，设置评价任务，确定评价方式与工具。教学评价影响着教学过程的具体实施，是对学习目标是否达成的过程描述。

从图3-1可以看出，"大单元整体教学"带有明显的动态性与灵活性特点。课堂教学评价着眼于课堂教学的全过程,是教学水平的最本质体现。在不同教学环节和教学环境中,评价的导向性和整体性都得到了体现。其中教师意向包括教师的课程观、教学观、评价观、学科知识观、质量观等;学生意向包括学生的学习观、学习兴趣、掌控感(自信心)、反思等。

(二)评价维度的基本划分

"教—学—评"一体化的"大单元整体教学"行程框架建立了多元动态的组织评价系统,主要按照横向、纵向和横纵交互的维度落实评价。

评价应遵循"建立单元观念—确立单元主题内容—预期学习结果—寻找评估证据—规划设计单元核心问题与学习体验活动—学习成果评价"的"教—学—评"一体化教学设计,以促进学生全面和谐发展为价值取向,重视过程性评价。

1. 横向评价维度

"教—学—评"一体化教学设计实施开展的最基本元素是学生和教师,他们是课堂教学评价的对象。教师行为和学生行为是课堂教学评价的基础要素和前置条件。所以,横向评价维度包括学生行为评价和教师行为评价两个方面。

学生行为评价:"大单元整体教学"评价的核心对象,评价的前提是教师逐步减少对学生的外部控制,给学生提供有大单元整体视角的互动的学习环境,让学生成为课堂的主人。教师在课堂教学开展过程中评价学生的行为、表现,具体包括学习方式、学习思维水平、学习认知结构、学习过程等。

教师行为评价:观察教师在课堂教学中为达成教学目标而表现出来的行为,是教学评价的重要方面。

2. 纵向评价维度

纵向评价维度主要针对教学评价活动的流程。"大单元整体教学"评价不仅考察教学目标达成与否,还要对教学过程进行评价。横向评价维度是由教师行为和学生行为两大基本要素构成的动态评价系统,纵向评价维度则是对教学目的、教学内容、教学策略等教学过程的评价。反映课堂教学过程的因素相当多,教学评价不可能面面俱到,教师要考虑评价的可行性和教育改革的实际,考量评价的诊断性、导向性功能,基于课堂教学基本要素进行评价。

3. 横纵交互的评价维度

教学评价具有促进学生发展和教师专业成长的双重功能，落实到课堂的教学评价需要在不同的教学阶段量化教师和学生的行为。"大单元整体教学"以学科价值理念为引领，整合单元知识内容，聚焦教学目标，注重单元内容的整体联结。横纵交互的评价维度可以综合考察师生双方的行动、思考和能力。

教师可以从准备、实施、收获三个阶段设计评价任务，在每一阶段中都分别从横、纵两个维度进行交互评价，构建多维度联动的评价体系。

三、评价内容与标准

（一）评价教学目标

《义务教育课程方案和课程标准（2022年版）》中新增了学业要求和学业质量标准，实现了教学目标和评价目标的有机统一。"大单元整体教学"的评价目标将不再只基于教师的理解和经验，仅停留在传统教案上的"教学目标"，而是立足于培养学生核心素养，关注学生行为表现，刻画学生的行为达到的表现水平。因此，在"大单元整体教学"设计中，教学目标应该体现教师与学生行为的整体性、一致性、可行性，明确教学目标与课程目标之间的关系，充分考虑学生的发展性，使学生在获得基本知识和基本技能的同时，得到情感和态度的培养。

针对教学目标的评价标准举例如表3—1。

表3—1　教学目标的评价标准举例

教师行为	学生行为
以素养为导向，符合课程标准目标，制订准确的教学目标	具备对新知的学习情绪和知识准备
制订的教学目标符合学情，适合学生发展	明确自己的学习任务，认同教学目标
教学目标明确、有层次，重难点突出	对学习内容有兴趣，有主动学习意愿
能进行单元整体分析，创造性地运用教材，整合教学资源	主动地搜集和分析相关信息资料

（二）评价教学内容

1. 评价教学内容与教学目标是否紧密联系

教师的教学设计要紧紧围绕教学目标，适当调整教学内容，帮助学生建立知识之间的内、外部联系，厘清教学内容与教学目标之间千丝万缕的联系。

2. 评价教学内容的科学性、严谨性

单元教学内容不能有知识性错误和违背学生认知规律的内容。教学内容的难度要符合学生认知发展，教师要充分把握学生的认知特点，激活其思维发散点。

针对教学内容的评价标准举例见表3-2。

表3-2 教学内容的评价标准举例

教师行为	学生行为
教学内容符合课标要求，与教学目标一致	明确学习内容，初步确立与教学目标一致的学习目标
以教材为背景，相关知识和思想方法的容量、种类、密度相适应	能根据自己的生活实际及已有知识，主动与学习内容建立联系并合理应用
教学内容符合学生的认知	了解自己的学习需求，能根据学习内容提出问题并主动表达、反馈
根据确定的教学内容，设计教学活动，创设合理情境	能克服学习难点
有意识地关注学生的情况，并及时调整教学进度、教学内容和方法	主动参与教学活动，自主整理、归纳和建构基础的知识储备
留给学生思考的空间，提出有意义的问题	能对现有学习内容"再发现、再创造"，创造性地展开互动学习

（三）评价教学策略

教学策略需要照顾学生的差异，给不同的学生提供充分的学习机会。

教师应该关注学生学习态度是否端正、学习方法是否得当、问题解决的能力如何等方面的评价，给学生留下发展的空间，关注他们获得的成功体验，鼓励他们就相关问题展开探索，并大胆交流和质疑。

教师应鼓励学生采用不同的方式表达自己的想法；关注每一个学生，为学习有困难的学生提供必要的帮助；根据教学内容选择合理有效的教学方法。

教师应统整多方资源，采用恰当的教学策略为学生创建符合实际的问题情

境，鼓励学生发现问题、解决问题。

针对教学策略的评价标准举例见表3-3。

表3-3 教学策略的评价标准举例

教师行为	学生行为
能整体把控教学气氛，调动学生积极性	及时响应教师的课堂调动，有参与准备
教学方法多样有效，能突破教学重难点	遇到学习难点能积极应对，会合作探究
教学环节环环相扣，循序渐进	根据课堂节奏，采用有效的学习方式
提出的问题精准、有探究价值	倾听他人的表达，将其与自己的思考整合
给予学生自主学习的空间，通过小组合作、展示交流等形式，培养学生的探究能力	能结合情境多向联结，在合作探究中发表自己的见解，并大胆实践
能合理、充分利用现代技术手段辅助教学	利用学习工具，如导图、列表等呈现自己构建的知识

（四）交互维度的评价

交互维度的评价考察教学过程中教师和学生的互动水平。交互维度的评价标准见表3-4。

表3-4 交互维度的评价标准举例

教师行为	学生行为
能完成预期教学任务，将教学目标转化为学生的学习目标	根据学习目标，能对相关知识和技能的达成度进行分析
不同层次的学生在原有水平上得到相应的提高	评估已完成的学习任务
对课程理念的理解、对教学内容和教学方法的选择多数能落实在教学实施行为中	能很好地用自己的语言叙述学习内容，并能提出一定的见解和主张，及时、准确地完成课题练习
通过融洽的课堂活动，让学生得到丰富的知识，掌握一定的技能，体验成功与快乐	学习兴趣浓厚，学习态度端正

交互维度的评价考虑学生与教师的互动程度和水平。比如教学中是否存在积极的情感对话；是否有问题的提出和围绕问题的互动讨论；是否存在认知冲突或矛盾等待解决；是否在探究过程中相互交流和质疑，了解相互之间的想法；是否在问题解决后有反思总结等。

交互维度的评价考虑学生与学生之间的互动程度和水平。比如学生能否倾听他人意见，能否洞察同学交流中出现的问题并提出疑问，能否参与积极的对话或讨论等。

交互维度的评价考虑学生在教学流程中的互动。比如学生能否搜集相关的知识背景、信息资源；能否对提出的问题作出假设并验证；能否自主地将原有知识与现有知识进行串联，等等。

无论是学生评价，还是影响学生发展的教师评价，都必须回归"大单元整体教学"的价值取向，将教师和学生作为评价的主体。

第三节 评价工具

一、评价工具的研发

（一）研发背景

当下，教育评价功能从选拔、甄别日益走向了促进人的发展。义务教育学校应重点评价促进学生全面发展、保障学生平等权益、引领教师专业发展、提升教育教学水平、营造和谐育人环境、建设现代学校制度、社会满意度等方面的情况。国家制定义务教育学校办学质量评价标准，完善义务教育质量监测制度，加强监测结果运用，促进义务教育优质均衡发展。

教师教学评价能力是教育目标实现及教育评价改革顺利开展的重要因素之一。教师的教学评价是一项综合、系统、专业的工作，它服务于动态的教学工作。

评价工具的研发可以促进教学事业的发展。可以说教学、评价和决策越是同步进行，越能反映教师的教学能力，也越能影响教学效果。

（二）研发中遇到的问题

1. 与教师自身的评价能力有关

教师的评价能力存在差异。从评价进程看，教师在评价目标的设定、评价方案的制订、评价方法与工具的选择、引导学生自我评价、评价结果的运用等层面存在差异。

教师在评价方法和工具的开发、使用方面存在的主要问题有：

①教师对非纸笔测试方法的使用频率较低。

②在实际教学评价过程中，教师对评价工具多采用"拿来主义"，倾向于采用省时省力的方法，用现成工具对学生进行评价。

③教师对学生进行评价时，经常使用编好的试题作为检测工具，不能根据现实需要开发新的测评工具。

④不能利用测评工具定性定量地对教学效果进行分析，有针对性地改进教学。

2. 与"大单元整体教学"的需求矛盾

受传统教学行为的影响，很多教师依然在教学活动结束后才考虑如何评价教学活动的问题。教师应在实施教学活动之前进行测评，编制教学评价量表，并根据量表评估学生的学习结果。

在"大单元整体教学"背景下，教师的教学评价通常存在以下问题：

①教师对目标、教学、评价三者之间的一致性关注还不够，不能清晰确立教学目标；

②不能有针对性地选择、运用评价工具；

③无法根据评价标准，具体分析、细化单元知识结构，无法兼顾学生的学习心理，科学评价。

二、评价工具的类型

"大单元整体教学"评价中有许多类型的评价工具，它们可以从不同的角度对不同的主体进行评价，各有优劣。通过对一线教师的调查，此处选取教师在日常教学中经常采用的几种评价工具进行介绍。

（一）作业

作业是"大单元整体教学"评价最常用也是最重要的工具之一。它是学生学习知识技能、发展学科思维、提高学科素养的一个重要工具，完成作业是学生在实践中巩固知识、运用知识、形成基本技能的必需环节。作业是教师了解教学效果和调控教学活动的一种有效工具。

作业的评价功能主要体现在反馈学习效果和激励学生发展两方面。要想更好地体现作业的反馈功能，就需要教师在作业设计和实施方面下功夫。

在作业设计方面，教师要在研读课标、解读教材的基础上确定合理的作业目标，同时还要考虑学生的学情，在减少作业数量的基础上提高作业质量，以更好实现作业的反馈功能。

学生完成作业的时长是否合理、作业的完成形式是否多样、教师对作业是否重视……这些都会影响学生完成作业的效果，从而影响作业的反馈功能。

教师要致力于让作业反馈更有趣味性、针对性、主动性和即时性，在保护学生积极性的同时，激发学生内在潜能，使其养成自省的良好习惯，促进学生综合素养的全面提升，以更好地实现作业的激励作用。

（二）量表

评价量表是一种结构化的等级评分工具，通过明确的评价标准来衡量评价对象在某项任务中的实际表现，一般由评价维度、评价要素和评价具体标准等部分组成，形式多为二维矩形表格。

评价量表通过真实的数据为课堂提供即时反馈，帮助教师做出相应的教学调整以更好地达成教学目标。评价量表的标准较为详细，可以对教师和学生进行全面细致的评价。教师应以评价量表的标准为准绳，不断改进教学，提高教学水平。

（三）观察单

观察单也是"大单元整体教学"评价的一个重要工具，它通常被用来辅助课堂观察。课堂观察是指观察者带着明确的目的，对课堂教学中的相关要素有意识地进行观察，直接或间接地从课堂情境中收集相关资料，并依据资料进行分析研究，形成一定的认识和思考，是一种诊断和指导教学的研究方法和手段，能够提高课堂教学实效，促进学生学科素养的提升。

课堂观察单的使用，增强了观察的目的性，方便了观察记录，让课堂观察变得规范有序，也提高了课堂观察的实效。

1. 及时、高效

通过观察单，观察者能较快地对课堂活动进行分析并将观察结果作为评价依据，为课堂评价做准备。

2. 多维、专业

课堂观察单可以从不同维度对教师、学生的多方面表现进行观察，它的评价面是比较广泛的。同时，不同的观察者在同一课堂上的观察侧重点可能不同，这样得出的观察结果将会更全面。课堂观察单在设计之初就已经确定了观察的角度，每一个评价结论的得出都有数据支撑，观察者对授课教师的评价也更加客观。

（四）前测单

"大单元整体教学"需在了解学生学情的基础上设定相应的单元目标、内容和教学策略。教师经常通过前测来准确把握学生的学习起点，为课堂教学的实施做好准备，合理安排教学内容。

前测单是课堂前测的重要载体，有问卷调查、个别访谈、摸底测验等不同形式。它的内容也是丰富多样的，可以对学生已有的知识基础、学习技能、生活经验、情感态度等进行测试和分析。

前测单可以帮助教师更加全面地了解学生，设计出值得讨论、思考的问题，这样才能在后续的课堂教学中给学生成长的空间，让教学更有深度，帮助不同的学生得到不同的发展，提高课堂教学的有效性。

（五）课堂学习单

课堂学习单既是辅助教师课堂教学的有效工具，也是教师对学生学习效果进行评价的重要工具。它是教师根据学情分析和学习目标而设计的，引导学生自主学习的导学材料。其内容包括课前的知识准备、课中的探究交流和课后的分层练习，是"预习单""探究活动单""练习单"的整合，贯穿于整个教学环节。

为了设计课堂学习单，教师需要从学科知识本身、学生的心理特点和个性认知出发，做更为开放的、长远的考虑，这个过程能够促进教师教学水平与专业素养的提升。

三、评价工具的编制及使用

以学科核心素养为引领，"大单元整体教学"必须从教学目标出发，将评价放到教学活动的大系统中，与教学目标、学生需要等保持紧密一致。评价工具好比一把尺子，可以测度教学活动的效果，在教学评价活动进程中，根据需求研发评价工具。

(一) 评价工具的编制

为确立"大单元整体教学"目标，评估预期学习效果，需要从教师和学生两个大维度进行评价。在学生层面，评价工具关注学生的学习心理准备、认知结构水平、学习特点、学习方式等。在教师层面，评价工具关注教师的教学意向、教学策略、教师对教学内容的理解和安排等。

按照"教—学—评"一体化的"大单元整体教学"规划，我们将属于评价工具设计的要素集中，建立"大单元整体教学"评价工具要素量表（见表3-5），以便搭建评价框架，提升评价质量。

表3-5　"大单元整体教学"评价工具要素量表

评价维度	评价要素	评价具体标准	分值	评分
纵向评价	影响教育活动质量的要素			
	教学目标	结合单元课程目标，制订准确的教学目标	5	
		制订的目标符合学情，适合学生发展	5	
		教学目标明确、有层次，教学重难点突出	5	
		能创造性地运用、整合教材资源，服务教学目标	5	
	教学内容	教学内容与教学目标一致	5	
		预设的教学内容符合课程要求和学生的实际	5	
		教学内容与学生的已有知识能建立联系	5	
		给学生留有思考的空间，呈现有意义的问题	5	
	教学策略	教学方法多样有效，能把控教学气氛	5	
		教学环节环环相扣，预设并提出有探究价值的问题	5	
		给予学生自主学习的空间，通过小组合作、展示交流等形式，培养学生的探究能力	5	
		能合理利用信息技术辅助教学	5	

续表3－5

评价维度	评价要素	评价具体标准	分值	评分
交互评价	学习效果	完成预期教学任务，大多数学生达到学习目标	5	
		不同层次的学生在原有水平上得到相应的提高	5	
		对课程理念的理解、对教学策略的选择等多数能落实在教学实施行为中	5	
		通过融洽的课堂活动，得到丰富的知识，掌握一定的技能，体验成功与快乐	5	
	互动评价	教师、学生、小组等多主体参与评价	5	
		采用多样的评价方式，在探究过程中相互交流，了解相互之间的想法	5	
		能让学生自主地将原有知识与现有知识进行串联	5	
		有问题的提出、围绕问题的引导和平等的对话	5	
等级 优：5 良：4 中：3 待调整：1～2	合计	综合参考评价：待调整（40～65）中（66～75）良（76～89）优（90～100）	分值	

（二）评价工具的使用

评价可以分为前测、中测和后测，教师应根据每种评价的特点和评价目的选择合适的工具，以便更好地发挥评价工具的评价功能。

1. 前测设计与分析

（1）前测设计与实施。

教师可以通过专项前测、课前访谈、问卷调查、课前作业反馈等形式获取学生的真实的学习起点。为了实现评价目标，找到达成教学目标的条件，教师应让评价要素尽可能量化。"大单元整体教学"课前作业示例如图3－2。

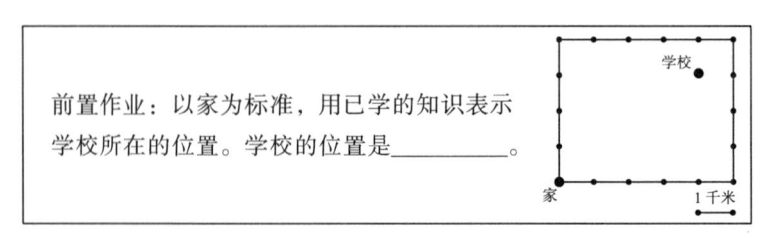

前置作业：以家为标准，用已学的知识表示学校所在的位置。学校的位置是_____。

图3－2 "大单元整体教学"课前作业示例

设计意图：在行列特征、方向和距离特征不明显的情况下，学生能否理解图形与位置等相关知识的本质，并运用相关知识确定位置。

（2）前测数据分析。

教师可以通过数据信息的整理、呈现，对学生的认知水平做出描述性、诊断性的分析。此处以学生小数除法算理理解水平前测表为例，展示评价工具对数据信息的呈现。

表3-6 学生小数除法算理理解水平前测表

测评工具	测评关键能力水平	测评点			
前测单（课前）	前运算水平	能否清晰了解即将要学的知识；能否运用相关知识正确解答问题；能否建立方法、知识之间的关联；能否抽象概括出基本算理……				
水平层次	0	1	2	3	4
具体内容要素	无思路	利用经验计算	联想多种方法	形成关联结构	抽象出基本算理
赋分	0	1	2	3	4

又如，教师在"数的认识"的复习课前测分析中了解到，一些学生并不知道负数是可以用数轴表示（如图3-3）。

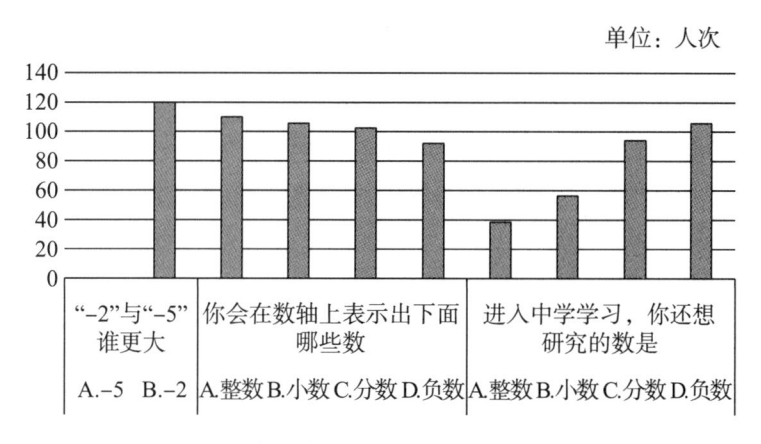

图3-3 六年级学生对"数的认识"的情况调查

学生对分数和小数的转化还不熟练，在用数轴/线表示数时有时会出错，这也说明学生"数形结合"的意识还不够（如图3-4）。

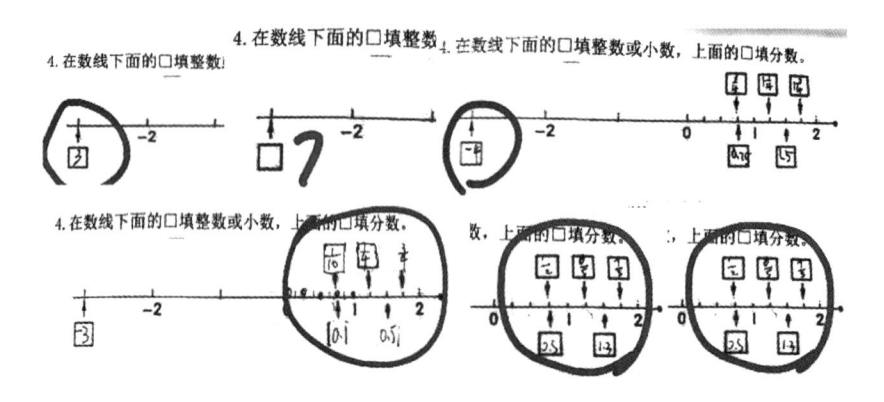

图 3-4 学生在数轴/线上表示数的错误情况

同时，基于数据的个性化分析与指导需求也驱动着教师的专业能力的不断提升。

2. 中测设计与分析

在中测环节，教师可以采用学习单、课堂观察单、观察量表、课堂作业等工具来实现评价的目的。中测是在以目标为导向的教学实施中完成的形成性评价，对教师的教学具有监测、诊断、激励、改进的作用。

中测评价伴随教学活动实施的进程，关注教学过程的水平和质量。工具和量表不管是纵向呈现的教学目标、教学内容、教学策略等维度，还是横向呈现的教师行为、学生行为维度，都需要关注教师和学生的互动性，创设互动情境，以此设计师生、生生互动评价量表（见表3-7）。

表 3-7 师生、生生互动评价量表（二级量表）

课题：　　　时间：　　　地点：　　　观察者：

类别		细目指标	分值	
			教师	学生
互动意识	教师	1. 教学态度真诚、愉悦 2. 课堂教学语言浅显易懂 3. 对教学秩序管理到位	3	
	学生	1. 学习兴趣浓厚 2. 学习准备充分 3. 积极参与教学活动		3

续表3－7

类别		细目指标	分值 教师	分值 学生
互动行为及程度水平	教师	1. 学习前能否就学习目标与方法对学生进行调查或与学生展开讨论 2. 能否创设利于交互的教学情境或应用交互式教学设备 3. 能否调动学生的积极性、有效调控学习气氛 4. 是否存在引发认知冲突或矛盾的设计并予以解决 5. 是否有问题的提出、围绕问题的互动引导和平等交流 6. 能否给学生留有充足的思考空间和时间 7. 能否恰当评价，引导学生对学习主题进行深入思考	7	
	学生	1. 能否主动搜集和分析相关的学习资料 2. 能否出于自身需求与同学积极交流、讨论等 3. 合作中能否照顾其他同学的学习需要，倾听、配合、合作 4. 能否"发现"规律，形成自己的见解并有效表达自己的观点 5. 能否洞察老师和同学提出的观点并大胆质疑，在尊重他人的前提下提出不同意见 6. 是否在解决问题中有反思、总结等 7. 是否善于把当前的学习内容与已有的知识和学习经验联系起来		7
互动形式	教师	1. 以问题推动互动 2. 以评价推动互动 3. 以非语言推动互动	3	
	学生	1. 同桌讨论 2. 小组合作 3. 生生互评		3
互动效果	教师	1. 能有效激发学生的学习兴趣 2. 能建立良好的师生关系，呈现积极、开放的互动课堂 3. 课堂进程有效开展，能帮助学生发展学科思维，培养核心素养 4. 能有效地评价每位学生的学业成就，具有激励性	4	
	学生	1. 大多数学生的学习动机能被激发 2. 学习氛围轻松平等，能建立良好的生生关系和师生关系 3. 能实现知识与方法的迁移，应用已掌握的知识与技能，解决新问题 4. 能反思自己的学习行为，并调整学习的策略		4
得分				
互动中的问题记录				

3. 后测设计与分析

后测是在完成教学实施之后，用来分析既定的评价目标是否达成，该目标在实际完成时与预期效果是否有出入等问题的工具。后测评价的主体依然是教师和学生。这个阶段的评价工具要关注知识点、能力、思维、情感等各要素，学习评价单和作业可以满足这个阶段的评价需要。

对教师而言，后测关注的评价点包括：

①是否能够有效地评价学生的学习效果；

②能否达到预期的教学评价目标，并实施设定的评价；

③能否在教学过程中反思、发现教学问题，并采取措施，做出调整；

④能否有一定的定性指标能反映教师的教学水平和教学观等。

此处以"大单元整体教学"案例"填数游戏"一课作为后测评价的案例（见表3-8）。

表3-8 "填数游戏"后测学习评价单

调查内容	项目
（数学学习兴趣） 1. 你喜欢上这节课吗？	A. 喜欢（　　） B. 比较喜欢（　　） C. 一般（　　）
（探究兴趣） 2. 你喜欢自己去发现"填数游戏"的方法吗？	A. 喜欢（　　） B. 比较喜欢（　　） C. 一般（　　）
（学习方式） 3. 你认为今天的"填数游戏"是怎么学的？	A. 自己观察发现的（　　） B. 老师教的（　　） C. 说不清楚（　　）
（自主学习中的合作与交流） 4. 本节课你与同伴的交流机会	A. 多（　　） B. 比较多（　　） C. 基本没有（　　）
（自主探究学习效果、教学目标达成度） 5. 把3，4，5三个数字填入下面的方格中，但每一横行、每一竖行中的每个数字不能重复	程序小调查： 根据学生填写顺序及正确度，做线上数据反馈

续表3-8

调查内容	项目
（分层检测） 		3	4　| 		4	| 	4		| 6. 把5，6，7，8，9填入下面的方格中，但每一横行、每一竖行中的每个数字不能重复 |　9	5			7
5	7			8
8	6		5	9
6		8	7	5
7	8	5		6		程序小调查： 根据学生填写顺序、正确度及完成速度，做线上反馈
我想对老师说：	

在"大单元整体教学"评价中，教师还经常安排课后作业对学生的学习效果进行后测，以了解教学活动是否达到了预期的教学目标。如在学习"圆的认识（一）"之后，教师安排了如图3-5的课后作业，以考查学生对圆的本质的理解程度。圆的本质特征是圆这个单元内容的知识起点，是发展空间观念的重要一环，只有认识"一个圆心""半径相等"这一图形的本质属性，才能为后续学习圆的周长、面积等知识奠定基础。

> 【样例2】人们很早就认识了圆，在我国古代名著《墨经》中就有这样的记载：圆，一中同长也。你能结合今天的学习内容，说一说，"一中"和"同长"分别指圆的哪个特征吗？

图3-5 "圆的认识（一）"课后作业

四、使用评价工具的反思

（一）数据驱动评价工具合理应用

评价工具的设计和应用不仅是为了定性、定量地反馈学生的学习效果，更是为了搜集有说服力的学情数据。通过工具的得当使用，得出有效数据，充分发挥数据信息的作用，驱动教学改进。

每个阶段的工具及量表的运用都包括评测方法和分析数据两个层面。根据 2020 年出台的《深化新时代教育评价改革总体方案》的评价指导思想，教师急需转变观念，将曾经的"书面测试—分数评价"向"等级评价"模式转化。因此，多元化数据的采集将是未来教学评价的发展趋势。教师可以借助"大单元整体教学"的模式，从前测、中测数据中找实证，而非仅依赖最后的分数评价。

（二）构建多维联动的评价体系

立足核心素养的发展，围绕目标一致性原则进行教学评价及评价工具研发，构建多维联动的评价体系，是实现大单元"教—学—评"一体化的重要链条。

1. 教师和学生的交互评价

"大单元整体教学"方式的展开对教师和学生而言都是具有变革性的挑战，每一方都要在意向、行为上做出调整。教师需要了解学生的认知状况、思维层次，甚至还需要整合并提取学生获得知识、开阔视野的有效资源，梳理评价指标、评价方法、评价关注点等，用工具、量表评估教学内容的预设、实施的有效度。在教学活动中，教师可以采用教师点评、生生互评、师生互评、个人自评等多种方式对学生的学习效果进行评价。

2. 不同阶段的"教—学—评"进程

无论是在教学活动前阶段对教学的预评价，在教学过程中实施的监测、诊断、改进，还是进入教学后阶段的终结性评价，都离不开教与学之间的联动。横向上，可以从学生的学习活动、教师的教学指导、总体评价三个方面进行联动，纵向上可以从教学活动前阶段、实施阶段、后阶段三个阶段设计教学评价。

第四节　评价实施

在详细了解了教学评价的维度、内容和评价工具后，本节将从促进教师的"教"与学生的"学"的角度，结合实例展现"大单元整体教学"评价的实施，为教师们呈现一个较全面的评价过程。"大单元整体教学"评价以目标为导向，评价全过程紧扣教师的"教"、学生的"学"以及师生的互动，以确保"教—学—评"三位一体。

一、对教师教学的评价

在"大单元整体教学"中，教师设定单元学习目标，整合单元学习内容，并根据不同内容选择不同的教学策略和方法。对教师的"教"进行评价时，通常需要关注以下三个方面。

（一）对教学目标的评价

对教学目标的评价，需要考虑包括课程目标、学情、课程重难点等方面的内容。这要求教师从以下几个方面审视自己的教学目标，以确定其是否合理：教学目标与课程目标之间的关系是否紧密、是否充分考虑了学生的发展性、对课程重难点的分析是否透彻。

此处以教师 A 编制的，北师大版数学教材二年级上册乘法口诀（一）部分的单元教学目标作为分析案例。教师 A 设定的单元教学目标如下：

（1）结合具体情境，理解口诀的意义。
（2）体验口诀的编制过程，掌握编制口诀的方法，在观察、操作、计算、推理等过程中，发现口诀的规律及口诀之间的联系。
（3）在解决问题的过程中，发展学生解读信息、发现问题、提出问题、解决问题的能力，感受数学与生活的密切联系。
（4）通过了解中国乘法口诀的发展历史和比较各国口诀，感受乘法口诀的优越性和独特价值，培养学生的民族自豪感。

初看这个单元目标，部分教师会有这样的想法："双基"（教学内容中的基础知识、基本技能）目标并不突出，这样是否合理？这样的单元目标和课程目标的契合度怎样？教师们有这样的疑问并不奇怪，教学目标的确定本就应该从多维度进行考虑。

在确立这一单元的教学目标之前，教师 A 对所在区域 320 名来自不同学校的一年级学生进行了学情调查。调查从学习起点和学习生长点入手，发现几乎所有学生在学前阶段都已知道或听说过乘法口诀，许多人甚至能够背诵。然而，他们对乘法口诀的"知道"仅限于字面意思，并不能以多种数学方式解释口诀的意义。这表明学生在识记水平上起点较高,而在理解水平上起点较低。同时,调查还发现,学生对"乘法口诀是如何形成的、乘法口诀有哪些用途"这类探究性问题的兴趣,要高于对"乘法口诀如何编排、乘法口诀是什么"这类陈述性知识的兴趣。

基于这些发现,我们再审视上述这个单元教学目标——重视对乘法口诀意义的理解、在问题情境中发展学生解决问题的能力、拓展数学文化课程以增加学生学习兴趣等,都充分体现了教师对学生学情的尊重。这样的教学目标建立在学生已有知识基础和思维发展的关键点上,更具针对性,也更符合教学的实际需要。

(二) 对教学内容的评价

教学内容是教师教学和学生学习的重要载体,所有的教学活动都围绕它展开。在评价单元教学内容时,我们应关注教学内容与单元教学目标、学生学情以及学生思维发展点之间的整合关系。其具体要求包括:教学内容应与教学目标保持一致、符合课程要求和学生实际、能够与学生已有知识建立联系,并为学生的思维发展提供空间。这样的评价标准有助于确保单元教学内容的有效性和适宜性。

在确定乘法口诀(一)部分的教学内容时,教师 A 遵循了以下步骤:对课程标准进行深入研读,认识到乘法口诀作为小学阶段数的乘除法运算的基本计算规则,不仅是培养学生数感、发展学生运算能力的基础,也是其后续学习发展的关键。在此基础上,横向对比不同版本教材对这一内容的编排思路,发现各版本均强调从生活经验到数学经验的转化,以及从直观的感性经验认识到抽象的理性认识的提升。

接着,教师 A 深入分析北师大版教材,发现"2~5 的乘法口诀"单元内容可以分为两类:同数求和的口诀学习和异数求和的口诀变式(乘加)应用。同一类问题的编排结构相同,而不同类问题在教材中交替出现。在对课标和教材进行分析后,教师 A 还考虑了学生已有的知识经验和他们的兴趣、思维生长点,最终确定了这个单元的教学内容。

整合后的单元学习内容,不仅承载着帮助学生形成熟练计算的基本技能的功能,如种子课和方法探究课(学习 2~5 的乘法口诀)、复习整理,还承载着培养学生数感、发展运算能力的教育目标。这样条理清楚的教学内容才是"大单元整体教学"所倡导的。教师在单元教学内容的整合过程中紧扣评价标准,做到了教学与评价的一体化。

（三）对教学策略与方法的评价

不同的教学内容在课堂上的呈现方式各异，教师传授知识给学生的方法也各不相同。教师选择的教学策略与方法是否适宜，是评价"大单元整体教学"的一个重要维度。对教师教学策略与方法的评价，可以从教学方法的效果、环节设置、问题创设、学生学习空间等角度展开。

对于案例中的乘法口诀（一）单元，教师A在选择教学方法和设置教学环节时，始终将评价作为核心考量，经过多次讨论和修改，最终确定了"情境引入—口诀表征—口诀编制—口诀理解—口诀应用"的教学环节。这样逐步深入的教学环节设计，有助于学生深入理解乘法口诀的意义，并为学生运用乘法口诀解决实际问题提供了可能。

同时，教师A采用多种教学方法为学生的自主学习和合作学习提供了支持，自主学习为学生提供了充分的思考空间，而合作学习则为学生创造了思维交流和碰撞的机会。实践表明，与评价标准相一致的教学策略与方法，更有利于实现教学目标。

二、对学生学习的评价

对学生学习的评价应强调目标导向，关注预期的学习效果是否实现。在进行评价时，可以从学生是否达到学习目标、相应的能力和思维水平是否得到提升、学习任务是否完成、学习过程是否愉快等方面进行。为实现这样的评价目标，教师需要设置一些学习评价任务，如在课堂上安排学习活动、课堂练习，在课后安排单元作业或实践性作业。在学生完成学习评价任务的过程中，教师可以通过量化评分或根据学生在活动中的表现对他们的学习效果进行评价。

在乘法口诀（一）部分，教师A分别在知识技能、数学思考、问题解决和情感态度价值观四个维度安排了不同的学习评价任务（见表3-9）。

表3-9 乘法口诀（一）部分学习评价任务表

评价目标	评价对象	评价主体与方式	评价形式	范例说明
理解口诀的意义并能利用口诀进行熟练口算	学习作品 学习过程	教师评价 学生自评	书面测验	单元作业

续表3-9

评价目标	评价对象	评价主体与方式	评价形式	范例说明
在观察、操作、推理等活动中建立数感，发展推理能力和运算能力 在老师指导下，从数学的角度发现并提出问题，能用口诀解决简单的实际问题，发展应用意识	学习活动 学习过程	教师评价 学生互评 学生自评	课堂活动	课堂任务： 1. 观察5的乘法口诀，你有什么发现？联系口诀前半句和后半句信息，你有什么发现？ 2. 除了从得数、算式意义的角度说发现，你能找一找哪一句口诀最特别吗，特别在哪儿呢？ 3. 利用点子图表示这一句口诀，分一分，你能得到哪些口诀？再添一添，你又能得到哪些口诀？ 4. 根据刚才的操作，你有什么重大发现
积极参与课堂活动，体会口诀的特点，了解口诀的价值	学习作品 学习过程	师生评价 家长评价	课堂活动 实践作业	实践作业：在家长的帮助下，查阅并学习乘法口诀的相关知识，说一说你对乘法口诀又有哪些新的认识？把你的认识画一画、说一说、演一演。 水平1：借助教材和单元学习经验，得到自己的认识并用单一的方式呈现。 水平2：主动搜集除教材外的信息，用丰富的形式呈现自己的独特认识。 水平3：寻求他人帮助和个人努力，全面分析，灵活选用呈现方式展示自己的丰富认识

乘法口诀（一）部分的整合课"2~5的乘法口诀复习"中，教师A设置了"我会玩"的小组活动，让学生利用"4×3大变身"中学到的知识，进行"找朋友"的游戏，把黄色和蓝色卡片上的算式进行组合，变身为"3×5"，并说明它们可以成为朋友的原因。在活动过程中，学生不仅可以加深对乘法意义的理解，还可以通过表述配对原因提升数学表达能力。同时，利用游戏这一形式也可以增加数学教学活动的乐趣，培养学生的学习兴趣，还能通过学生在参与活动中各个维度的表现对学生进行相应的评价，以活动促评价，以保证整个教学过程的"教—学—评"一体化。

同时，作业也是实施"大单元整体教学"评价的有力工具。本单元学习中设计的知识技能维度的单元作业可以较好地了解学生在知识技能方面的情况，并能根据作业的完成情况评价学生的学习效果和思维水平；而在情感态度价值观维度的实践作业则可以帮助学生了解数学文化、拓宽学习视野并提升对数学学习的兴趣。

三、对师生教学互动的评价

在"大单元整体教学"的评价设计中,对教师教学和学生学习的评价,侧重于各自领域的目标达成度。相对而言,对师生教学互动评价的设计更加关注教与学的相互联系,更加重视教学过程中各要素之间的互动关系。

师生教学互动评价关注互动意识、互动行为、互动形式和互动效果等方面。以互动形式为例,学生之间的互评是教学互动评价的一个重要组成部分,它贯穿于合作学习的全过程。在评价活动中,参与评价的双方都能有收获:被评价者可以得到改进建议,而评价者则可以通过评价他人来反思自己的学习。教师需要明确指导学生,同伴互评的核心在于促进合作而非激发竞争,学生需在互评过程中深刻体会这点。

例如"2~5的乘法口诀复习"一课,借助"师生、生生互动评价量表",展示了师生互动评价的实际场景。这节课安排了三个教学环节:"回顾整理、建立结构—游戏活动、体会妙用—总结反思、推广结构"。学生从整理教材中的口诀编制方法开始,运用口诀完成一系列活动,然后回顾整个学习过程,并反思自己的学习感受。

(一)互动意识评价

从教师层面看,"2~5的乘法口诀复习"一课的教学过程中,教师情绪饱满、语言准确,能够照顾大多数学生的学习感受,并积极调动学生的情绪。教学过程中,在观看视频"4×3大变身"后,教师邀请学生分享"4×3大变身"的方法。一个犹豫不决、想举手却又不敢举手的学生被教师注意到,教师给予了他发言的机会。这是一个在课堂上很少发言的学生,他谨慎地表达了自己的理解。在他表达的过程中,教师不断给予鼓励,其他学生也给予了掌声,达成了一次高质量的师生互动。

从学生层面看,"2~5的乘法口诀复习"整堂课学生的参与度高、兴趣浓厚。无论是在总结口诀编制方法的环节,还是在"找朋友"的游戏环节,抑或是最后的总结反思阶段,学生都能表达自己的真实想法和感受。

(二)互动行为和形式评价

在"2~5的乘法口诀复习"一课中,教师有很明确的互动意识,并把这种意识转化为行动,设计了诸多互动行为,如课前对学生进行调查,设置视频、游戏和课堂练习相结合的课堂环节，促进学生的深度学习。这些互动行为通过师生互动、生生互动、小组互动等多种形式展现。例如，在"我会说"环节中，生生互动十分明显，学生积极补充其他学生的发言；在观看视频的环节，教师利用交互式教学设备，让学生展示自己的学习成果；在"我会玩"环节，学生在小组内积极交流、讨论自己的想法，在组间分享时提出自己的意见；在"我会做"环节，教师通过纸笔测试的形式，了解学生的学习效果，并安排课堂小推理活动，促进学生思维品质的发展。

对标评价标准，可以较好地观测师生的互动行为，也能较客观地对互动行为进行量化评价。

（三）互动效果评价

互动效果指的是教师安排的各类互动活动所取得的成效。这些互动活动旨在更好地促进教学目标的实现，涉及知识、能力、情感、素养等多个方面。在这节课中，学生表现出浓厚的兴趣和高度的学习主动性，提出了许多高质量的问题，并进行了多次具有深度的思维性发言，互动效果良好。

四、教学评价实施的反思与展望

"大单元整体教学"评价是推动"大单元整体教学"不断改进的有力工具，是其不可或缺的组成部分，其重要性不言而喻。通过梳理和研究一些较为成功的评价案例，我们可以发现，以目标为导向的"教—学—评"一体化评价模式确实能够有效提升并促进师生的共同发展。

（一）"教—学—评"一体化

在实践过程中，我们观察到越来越多的教师在设计课堂教学时开始考虑评价任务的设置，他们认识到课堂评价不仅能促进学生的学习和教师的专业成长，还能确保教学过程的有效进行。

同时，与教学过程相结合的评价任务更能促进学生思维、情感、知识以及学科素养等方面的全面发展。教师应积极地内化"教—学—评"一体化的相关理念，以更好地推动教学评价工具的开发和有效运用。

（二）评价标准动态化

评价标准是衡量教学效果和学习成果的重要工具，它们能够准确捕捉教师教学和学生学习的具体状况，为教育者提供一个量化和质性的反馈机制。这些标准不仅能帮助教师了解教学计划的实施效果，还能揭示学生在学习过程中的进步和遇到的挑战，从而促进学生与教师的共同成长和发展。

评价标准并不是一成不变的规则，它们需要随着教育环境的变化、教学目标的更新以及学生需求的演变而进行相应的调整。这种动态性使得评价标准能够适应不同的时间和地域背景，确保评价的适应性和有效性。例如，不同地区的文化背景和教育资源可能需要不同的评价方法来适应当地的教育实践。

教师可以根据自己学校的具体情况，包括学生的背景、学校的教学资源和社区的期望，创造性地运用和调整评价工具。

（三）将信息技术与教学相结合

信息技术的迅猛发展为实施跨学科、多视角、多主体的"教—学—评"一体化评价提供了环境。教师和学生若能熟练运用信息技术，采用多样化的评价设计和工具，不仅能缩短教师的教学时间，还能增强学生的学习积极性。利用大数据技术可以整合社会学、心理学等多个领域的知识，实时有效地跟踪教学过程，为教师提供更丰富的信息资源，帮助其改进教学方法。

信息技术的快速发展，尤其是互联网和移动通信技术的普及，已经极大地改变了教育的面貌，为实现跨学科、多视角、多主体的"教—学—评"一体化评价提供了前所未有的机遇。

当教师和学生能够熟练地运用信息技术时，他们可以采用更加多样化、创新的评价设计和工具。例如，通过在线学习平台，教师可以快速收集和分析学生的学习数据，从而更精准地了解每个学生的学习进度和理解程度。此外，大数据技术的应用使得教育评价不再局限于传统的测试和评分。通过整合社会学、心理学等多个学科的研究成果，教育者可以更全面地理解学生的学习行为和心理状态。

中篇

建构与实践:"大单元整体教学"的探索

第四章　自然单元的"大单元整体教学"

基于布鲁纳结构主义、格式塔心理学及建构主义学习理论等，我们分析了"大单元整体教学"的意义，并对"大单元整体教学"的历程进行了深入探讨。基于"大单元整体教学"的统整性、关联性、动态性特征，教师在教学过程中应理解，"大单元整体教学"要重视真问题、大任务设计，提升学生核心素养；要强化统整教学设计思维，促进教师专业发展；要重构学校课程，深化课程改革。

"大单元整体教学"需遵循一定的教学流程，包括确定单元学习主题、进行单元学情分析、确定单元学习目标、形成单元学习规划、设计课时教学、设计单元持续性评价等六个方面。在本章中，我们将着重探讨自然单元的"大单元整体教学"。

第一节　自然单元的"大单元整体教学"概述

一、自然单元的"大单元整体教学"的定义

自然单元是最基本的教学单元，与教材编排紧密相连。所谓自然单元的"大单元整体教学"，是指在整体思维的指导下，依据教材原有的单元内容和单元目标，对教学内容进行重组和优化。

这一过程遵循教材的自然单元划分，在课程标准和核心素养的指导下，结合学生的学情和单元教学目标，对自然单元的教材知识和教学资源进行整合，如单元内容的拆分、合并、重组和新增，最终形成大单元教学结构。

二、自然单元的"大单元整体教学"的价值

皮亚杰将儿童的认知发展分为四个阶段：感知运动阶段（2岁及以下）、前运算阶段（2—7岁）、具体运算阶段（7—11岁）和形式运算阶段（11—15岁）。小学生的年龄普遍在6—12岁，处于从前运算阶段末期向具体运算阶段过渡的时期。在这一过程中，小学生的认知发展从依赖具体动作，通过象征性格式在头脑中进行表象性思维，逐步发展到能够借助具体事物或形象进行分类，并进行逻辑思维。然而，这一时期学生的运算仍然需要具体事物或形象的支持。

例如，在小学阶段数与代数领域的教学中，教师的任务是帮助学生快速从前运算阶段过渡到具体运算阶段。自然单元的"大单元整体教学"是实现这一目标的有效途径。这种教学方式的特点是聚焦于自然单元的知识结构，寻找知识间的前后联系，构建自然单元教学的知识体系。它致力于寻找知识间的连接点，将零散的知识串联起来，形成网络、块状和整体结构，使学生能够全面理解自然单元的学习内容和进程，帮助他们构建结构化思维和认知结构。

三、自然单元的"大单元整体教学"的分类

自然单元的"大单元整体教学"主要有两种整合方式。

第一种是聚焦于本单元的核心概念，围绕这一核心将教材自然单元的各个课时内容进行纵向整合，同时考虑单元知识结构、学生认知结构和学习方式结构等因素，构建起纵向的串联结构。例如，在教授分数的意义时，可以将"量之间的比较"和"分数单位"作为单元的核心概念。

第二种方式适用于自然单元中每个课时的知识结构和教学结构呈现出相似规律或并列关系的情况。在这种情况下，教师围绕单元核心概念，归纳出单元课时教学的基本结构，并通过单元种子课的形式实施结构化教学。随后，通过方法探究课或迁移课的形式扩展认知背景，实现单元内容的横向链接。例如，在教授乘法口诀时，可以围绕"乘法的基本意义"，归纳出每个数字的口诀学习都遵循"数一数→圈一圈→写算式→编口诀→记口诀→用口诀"的过程，实现结构化学习。

第二节 自然单元的"大单元整体教学"设计策略

遵循确定单元学习主题、进行单元学情分析、确定单元学习目标、形成单元学习规划、设计课时教学、设计单元持续性评价等流程框架，在聚焦自然单元的大单元时，教师可以依据自然单元的教材编排结构，围绕单元主题，从单元简要解读、单元课标分析、教材纵横剖析、学情调查分析、单元目标及重难点、单元评价任务及作业、单元活动结构图、单元分课时设计、单元教学资源等方面进行教学设计。

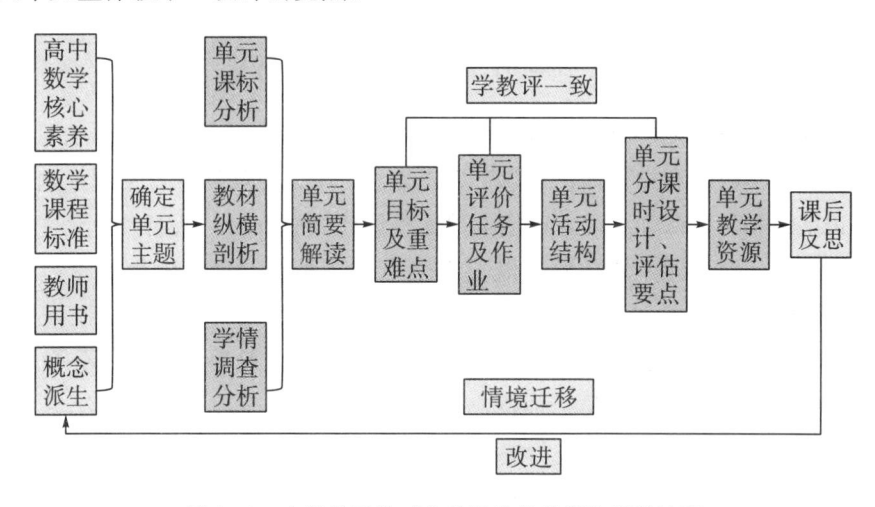

图 4-1 展示了自然单元的"大单元整体教学"设计流程。教师在实施这些流程时，可以聚焦教材、学生、核心概念和作业四个方面，凸显自然单元的"大单元整体教学"设计的亮点。

图 4-1 自然单元的"大单元整体教学"设计流程

一、读懂教材，明确整体建构方向

在设计自然单元的"大单元整体教学"时，深入研读课程标准和教材是基本要求。在这一基础上，教师可以进行不同版本教材的比较分析以及跨册教材的连贯性分析。只有熟练解读教材，教师才能明确大单元整体建构的方向。

追求更好的教学
——"大单元整体教学"的行与思

(一)研读课标,聚焦单元要求

课程标准是教学的纲领性文件。在研读过程中,教师需要从不同学段的要求中洞察学科知识的内在联系和发展脉络,从连续性和发展性的角度解读课程标准对同一内容在不同学段的要求,准确把握课程标准对本单元学习的具体要求,关注"教什么"和"教到什么程度"这两个核心问题,并形成自己的见解。

(二)研读教材,进行纵横剖析

通过横向比较不同版本教材的编排结构及其意图,教师可以拓宽研究教材的视角;同时,纵向分析同一教材如何体现课程标准的要求以及教材内容的内在联系和发展脉络。教师可以通过认真研读整套教材的基本结构和主要内容,实现对教材的纵横剖析。

(三)主题解读,明确建构方向

教师研读新课标和教材后,再根据课程标准、教师用书确定单元主题,将自然单元教学内容和学科知识概念、思想方法、个体元认知进行关联,融合单元知识结构和学生认知结构,确定本单元整体建构的方向,从而对单元主题进行简要解读。对单元主题的解读既要有焦点又要精要,立足学生的发展说明"为什么教"。

在本节,我们将通过北师大版数学教材五年级上册第五单元"分数的意义"的教学设计(设计人员:成都高新区小学数学骨干项目培训班第8组),对单元课程标准的相关内容进行摘录和分解,明确学生应该"学什么"和"学到什么程度",再进行教材的纵横剖析,形成围绕"两个量的关系"和"分数单位"两个核心概念的单元主题解读(见表4-1)。

表4-1 "分数的意义"单元学习课题整合

原学习课题	原学习课时/个	整合后的学习课题	整合后课时/个	
分数的再认识(一)(分数的含义)	3	分数的含义	1	
分数的再认识(二)(分数单位)		分数单位(度量的角度)	1	
分饼(真分数与假分数)		分数的类别及分数与除法的关系	2	整合

续表4-1

原学习课题	原学习课时/个	整合后的学习课题	整合后课时/个	
分数与除法（分数与除法的关系）	2	分数与除法（两个量的比较）	1	新增
分数基本性质	3	分数的基本性质（意义及与商不变规律的沟通）	1	
练习六		分数基本性质应用（一）——约分	2	整合
找最大公因数	3	分数基本性质应用（二）——分数的大小	2	整合
约分		※综合与应用	2	新增
找最小公倍数				
分数的大小（异分母分数的大小比较）	3			
练习七				
整合前课时总数	14	整合后课时总数	12	

1. 单元课程标准分析

《义务教育数学课程标准（2022年版）》关于"分数的意义"单元的内容要求包括：了解公倍数和最小公倍数，了解公因数和最大公因数，了解奇数、偶数、质数（或素数）和合数；结合具体情境探索并理解分数的意义，感悟计数单位；结合具体情境理解整数除法与分数的关系。

学业要求包括：在1~100的自然数中，能找出10以内自然数的所有倍数，10以内两个自然数的公倍数和最小公倍数；能找出一个自然数的所有因数，两个自然数的公因数和最大公因数；能用直观的方式表示分数，能比较两个分数的大小；能在实际情境中运用分数解决问题，进一步发展符号意识和数感。

我们可以对课程标准进行分解，将其分解为"学什么""学到什么程度"两个层面。

学什么：了解公倍数和最小公倍数，了解公因数和最大公因数；结合具体情境探索并理解分数的意义，感悟计数单位；结合具体情境理解整数除法与分数的关系。

学到什么程度："了解公倍数和最小公倍数"是指结合分数的基本性质，探究找出最小公倍数的方法，应用于分数的通分，能比较分数的大小；"了解公因数和最大公因数"是指结合分数的基本性质，探究找出最大公因数的方法，应用于分数的约分；"理解分数的意义"是指在理解分数含义的基础上，能用直观的方式表示分数，认识分数的计数单位，感悟计数单位；"理解整数除法与分数的关系"是指沟通分数与除法的关系，能比较两个分数的大小，并能在实际情境中运用分数解决问题，进一步发展符号意识和数感。

2. 教材剖析

横向对比：西南大学版（西南大学出版社，2013年）和人教版（人民教育出版社，2022年）教材都将"分数的意义"这一学习内容放在了五年级下册，北师大版教材则放在了五年级上册。在学习路径上大体按照分数的意义、分数的分类、分数的基本性质、分数的应用排列。其中，西南大学版教材和人教版教材在学习分数的意义时，就学习了分数与除法的关系；而北师大版教材则强调计数单位意义的构建，先学习分数的含义，接着学习分数单位、分数的分类，再学习分数与除法的关系，落脚点放在了分数的大小比较，而将分数与小数的互化留到了五年级下册学习。可以看出，北师大版教材更注重分数意义的理解、分数单位的构建、分数与除法的关系等内容。

纵向对比：该学段的学生已经在三年级下册初步学习了分数、简单分数的大小比较、同分母分数加减法，这一时期学生的学习主要以直观模型为主。在本单元的学习中，学生需要将感性认识转化为理性认识，概括分数的意义，理解分数与除法之间的关系，学习分数的基本性质，并运用这些性质进行约分和通分。学生还将学会比较异分母分数的大小。在五年级上册后续的学习中，将涉及异分母分数的加减法、分数与小数的互化，以及分数乘除法的应用。到了六年级下册，学生将进一步学习分数乘除法的混合运算。

3. 主题解读

教师围绕"两个量的关系"和"分数单位"这两个核心概念，将教材知识和教学资源进行模块化的整合。通过在自然单元内进行拆分、合并、重组和新增等处理，形成纵向的串联结构，旨在培养学生的数感和提高他们的运算能力。

二、读懂学生，确立单元教学目标

读懂学生，读懂学情，这是实现以学定教和精准施教的前提，也是大单元整合不可或缺的环节。在读懂学生的过程中，教师需要充分了解教学对象在知识技能、活动经验等方面的个性化需求和群体特征，找准教学的逻辑起点和实施路径，基于学生的真问题来确立教学目标。可以通过问卷、访谈、作业分析等途径明确学生在知识技能、方法过程、情感态度等方面的个性化需求和群体特征。确定"已有基础"和"需要基础"之间的纵向差异，以及学生个体间的横向差异，准确定位学生的"最近发展区"。根据调查结果，探究缩小差异的路径，明确教学的重难点，找到突破策略，关注"怎么教"的问题。

（一）编制问卷，了解真问题

根据教学内容编制学情调查问卷时，要根据本单元将要学习的内容来了解学生的基础、学生的不足之处，同时还要了解学生的兴趣点和疑惑点，了解学生的真问题和真实需要，确定学生学习的最近发展区。

（二）确立目标，明确单元重难点

学习目标的确立要立足"读懂课程标准""读懂教材"和"读懂学生"，体现"大单元整体教学"的系统性、关联性、整体性等特征。目标叙写要略高于学生的实际整体水平，以学生为主体，融合三维目标于一体，细化成可观察、可量化的标准或具体活动。教学重难点依据课标和学生的学情进行确定。

（三）寻找策略，突破教学难点

在北师大版数学二年级上册第二单元"购物"（成都高新区小学数学二年级上册教材解读）中，我们设置了考查学生在生活中对人民币的认识情况、学生能否比较人民币的大小、学生能否对小额人民币进行简单换算、学生关于人民币的兴趣点等问题的前测单，通过调查发现学生在实际生活中缺少使用人民币的经验，有的学生甚至没有见过小额人民币。因此，本单元要让学生系统地认识人民币，在人民币的兑换中渗透十进制，帮助学生建立货币知识结构，完善"数与代数"结构。寻找到的突破策略是以"满十进一"作为单元核心概念，注重学生的实践操作。具体如下：

为了掌握学生的学情，为大单元整合提供依据，做到精准施教，教师对上课班级的41名学生进行了学情前测，设计了前测单（见图4-2）。

追求更好的教学
——"大单元整体教学"的行与思

前测单

班级：_____　　　　姓名：_____

1、下面人民币中，你认识的打"√"。

（　）　（　）　（　）　（　）

（　）　（　）　（　）　（　）

（　）　（　）　（　）　（　）

2、请在每组中表示钱最多的人民币下画"√"，表示钱最少的人民币下画"○"。
（1）

（　）　　　　（　）　　　　（　）

（2）

（　）　　　　（　）　　　　（　）

3、（　）个 [图] 可以换1个 [图]

4、关于人民币，你还想知道什么？

_____

_____

图4-2　"购物"单元学情前测单

设计意图：第1题考查学生在生活中对人民币的认识情况。第2题考查学生能否比较人民币的大小。第3题考查学生能否对小额人民币进行简单换算。第4题考查学生关于人民币的兴趣点。

结果分析：第1题，大部分学生认识大金额人民币，48.8%的学生不认识小额人民币或硬币。在实际生活中，学生接触小额人民币的机会太少了。第 2 题，58.5%的学生不能比较小额人民币的大小，只考虑人民币的数字大小，不考虑人民币的单位，对元、角、分不能准确区分。第 3 题，73.2%的学生知道 10 张 1 角人民币可以换 1 张 1 元人民币，部分学生缺少使用小额人民币的经验，选择了不作答。第 4 题，学生提出了人民币的历史是什么，人民币是怎么来的，人民币上有什么，元、角、分是什么，几元等于几分等关于人民币的文化、认识、换算等方面的疑问和兴趣点（见图 4-3）。

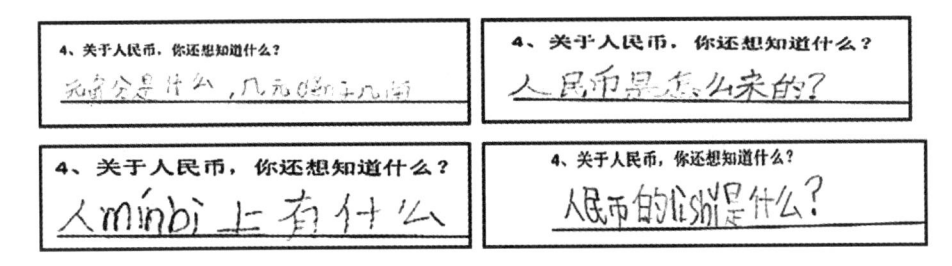

图 4-3 "购物"单元学情调查结果

进行学生学情分析后（见图 4-4），充分了解学生的真问题和不足之处，据此制订单元学习目标和教学重难点。如何弥补学生的不足之处和可能出错之处是本单元教学的重中之重。这就好比医生已经诊断出病人的病情，如何对症下药就是关键之举。因此，针对学生的问题要做到"对症下药"，寻找突破策略，才能突破教学的难点。

"购物"单元学情分析
- 回顾与前测
  1. 对人民币的认识情况
  2. 元、角、分的关系
  3. 学习兴趣点
- 学生已有的
  1. 100以内数的加减法（满十进一）
  2. 大部分学生认识大额人民币
  3. 大部分学生知道1元等于10角
- 学生不足的
  1. 部分学生不认识小额人民币
  2. 一半学生不会比较小额人民币的大小
- 学生将要学的
  1. 认识人民币
  2. 知道元、角、分之间的关系
  3. 学会找钱、付钱，感受付钱策略的多样性
- 突破策略
  1. 以"满十进一"作为单元核心概念
  2. 注重学生的实践操作

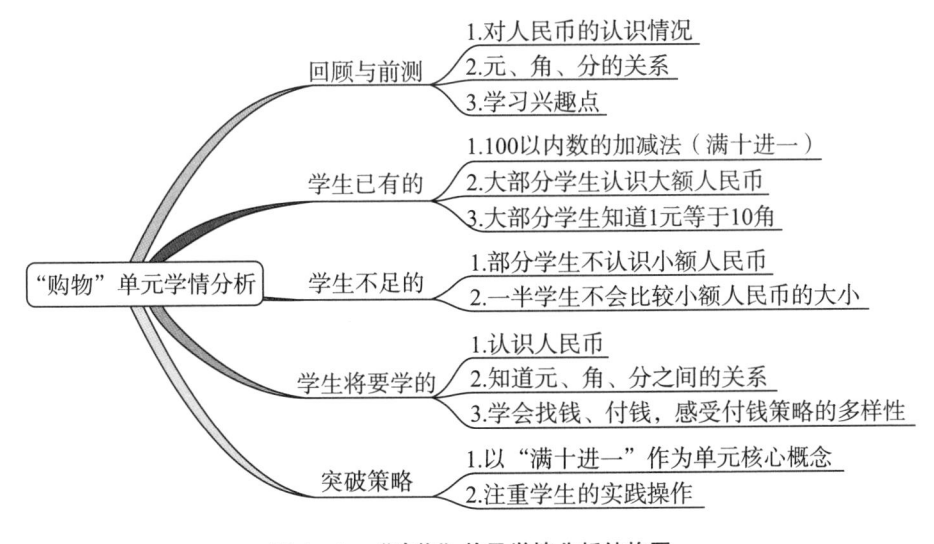

图 4-4 "购物"单元学情分析结构图

随着科技的发展与进步，电子支付越来越盛行，学生在实际生活中缺少使用人民币的经验，有的学生甚至没有见过小额人民币。因此，本单元要让学生系统地认识人民币，在人民币的兑换中渗透十进制，帮助学生建立货币知识结构，完善"数与代数"结构。突破策略：以"满十进一"作为单元核心概念，注重学生的实践操作。

三、读懂联系，关联设计教学活动

课程标准和教材中隐藏的知识内在联系是从学科知识层面为"大单元整体教学"提供整合基础，学生的实际学情是从学生的认知结构、学习起点层面为其提供个性化的支撑。"大单元整体教学"站在单元整体视角，建立知识之间的横向和纵向结构，确定单元教学的核心，各个课时的内容围绕单元核心依次展开。单元活动的设计既要围绕单元核心概念，又要与单元目标相匹配。关注单元活动的确定以及建构、解构、重构等学习序列活动的关联，每个单元活动任务要分解得当、顺序合理，搭建实现单元目标的主题细化活动。

（一）梳理内在联系，整体把握单元脉络

教材的知识编排呈现出螺旋上升式的发展。一线教师在备课时，往往只关注到了单元学习目标和学习内容，而没有思考教材为何这样编写，知识点背后呈现出怎样的逻辑结构和内在联系。在学生层面，学生的已有认知与将要学习内容又会产生哪些联系，这是在梳理单元课时内在联系时要关注的问题。如：在北师大版数学五年级下册第三单元"分数乘法"（成都高新区小学数学五年级下册教材解读）中，从知识的编排来看，学生已经有了整数乘法的意义的学习基础，本单元重点要学习分数乘整数和分数乘分数，在乘法意义的理解之上，明确"几个几分之几"和"几的几分之几"都可以用分数乘整数来计算，当把整数看作分母为1的分数时，又可以进一步完善分数乘法的计算法则，为后续分数的应用做好铺垫。从知识的内在联系来看，分数乘整数计算时，分数单位是不变的，约分后才会改变，而分数乘分数的分数单位是要改变的（见图4-5）。

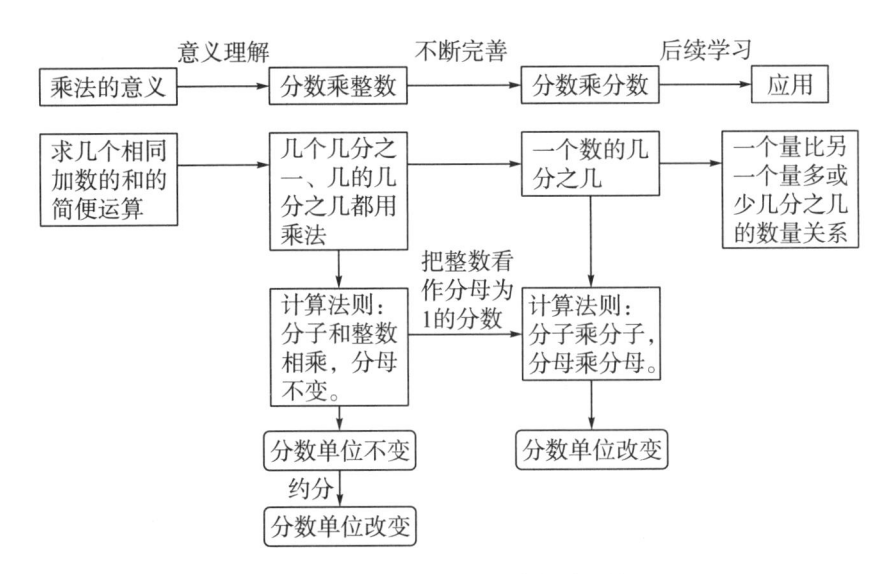

```
意义理解          不断完善          后续学习
乘法的意义 → 分数乘整数 → 分数乘分数 → 应用
```

图 4-5 "分数乘法"单元内在联系梳理图

（二）抓住核心概念，聚焦课时教学重点

梳理了课时内容的内在联系后，知识内容背后隐藏着的、每一课时都围绕它展开的便是单元核心概念。核心概念也是将单元课时内容进行有机融合的重要载体。学生对单元核心概念理解透彻了，对知识内容的内在联系梳理清楚了，才不会将相似的知识理解混淆。如："分数乘法"单元可确定"乘法的意义"和"分数单位的变化"两个核心概念。乘法的意义是唤起学生整数乘法学习经验的有效工具，而关注分数单位的变化不仅是掌握分数乘法算法和算理的核心，更是学生区分分数四则运算的关键。

（三）选取有效抓手，确定单元展开方式

研究教材的编排方式后，会发现教学内容相似时，教材会选择相同的模型帮助学生理解知识。模型相同，但抽象程度会越来越高。倘若把各个模型分开来看，不利于学生理解模型的本质，只有找到模型之间的联系、找到运用模型的有效抓手，以此确定单元活动的展开方式，才有助于学生更好地把握单元核心概念，突破教学重难点。如："分数乘法"单元中，面积模型在分数乘整数和分数乘分数中都多次出现，有时是涂色，有时是"圈一圈"，有时又是"折一折"，但不论怎么变，不变的是面积模型的分和取。在分数乘整数中，先分，确定分数单位，再根据分子和整数相乘取出份数，整个过程分数单位是不变

的，需要约分的可以约分，此时分数单位改变。在分数乘分数中，先根据第一个分数来分，初步确定了一个分数单位，再根据它的分子取出份数，此时表示出了第一个分数；接着根据第二个分数的分母再分，此时可以发现，面积模型被分成了更多份，分数单位就发生变化了；再根据第二个分数的分子取出份数，此时的分数单位为计算结果的分数单位。

以 $6 \times \frac{2}{3}$ 和 $\frac{3}{5} \times \frac{5}{6}$ 为例，在面积模型中，以先分、后取、再分、再取为有效抓手，帮助学生理解分数乘法的算理（见图 4-6）。

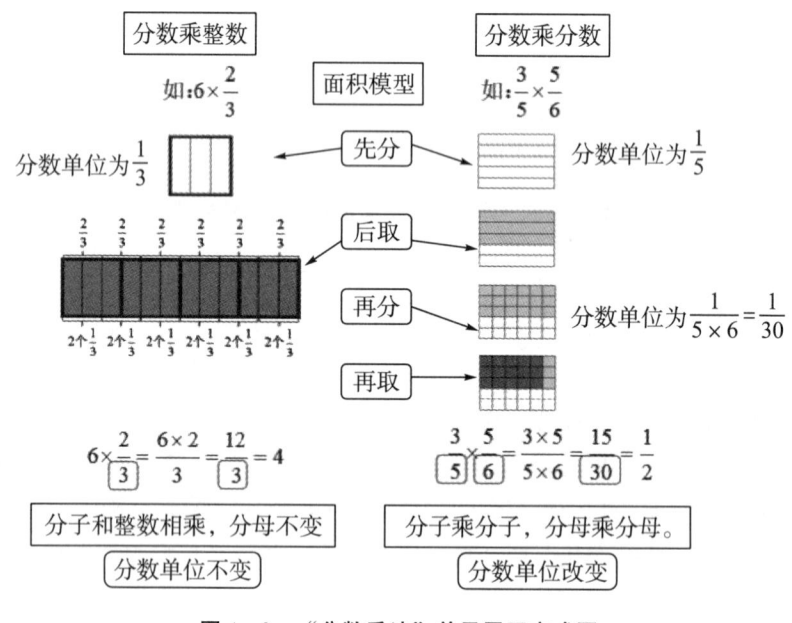

图 4-6 "分数乘法"单元展开方式图

第三节 自然单元的"大单元整体教学"案例

在本节中，我们将以小学数学中"分数的意义"和"2~5 的乘法口诀"单元为例，讲述如何进行自然单元的"大单元整体教学"。

一、"分数的意义"单元实践案例设计

单元名称：分数的意义。

设计人员：成都高新区小学数学骨干项目培训班第8组学员。

课时来源：北师大版数学教材五年级上册第五单元。

"分数的意义"是北师大版数学教材五年级上册第五单元的内容，它建立在学生初步认识分数和能比较分母小于10的同分母分数大小的基础上。本单元采用以核心概念为统领的"大单元整体教学"方法，选取单元的核心概念，然后围绕这些核心概念展开每个课时的内容，连接各个知识点之间的结构，形成在核心概念引领下的自然单元的"大"，以促进学生对知识本质的理解。

本单元围绕"两个量的关系"和"分数单位"这两个核心概念，将教材知识和教学资源进行模块化整合，进行自然单元内的拆分、合并、重组、新增等处理，形成纵向的串联结构，旨在培养学生的数感和提高其运算能力。

（一）解读教材和学情，为单元整合提供依据

解读教材和学情是大单元整合的重要依据。只有符合教材设计意图和学生实际认知结构的教学才是最适合学生的教学。以"分数的意义"单元为例（见图4－7）。

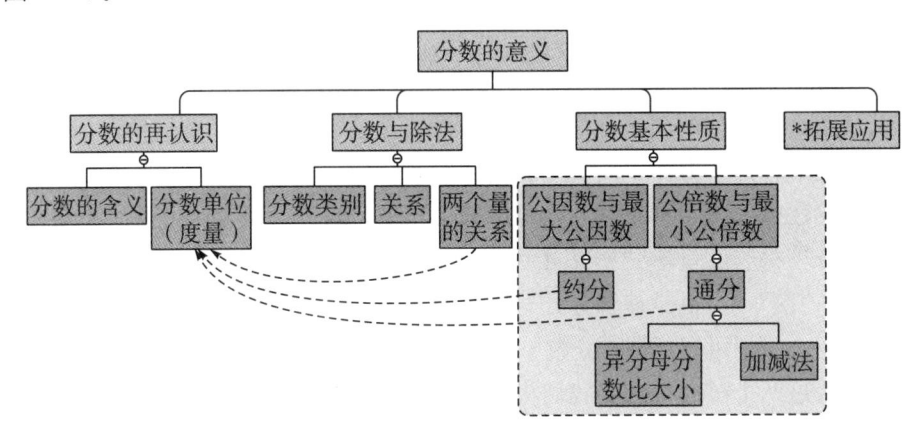

图4－7 "分数的意义"主题分析图

1. 单元课程标准分析

课程标准摘录：参见第××页。

课程标准分解：参见第××页。

2. 教材纵横剖析

横向对比：参见第××页。

纵向对比：参见第××页。

3. 学情调查分析

通过问卷调查、作业分析等途径对学情进行调查，调查结果如下。

发现：已有学生掌握了分数的读写，会比较简单分数的大小，会计算同分母分数的加减法。

不足：学生只能通过分数的表现形式来判断分数，并未理解分数的意义，在进行同分母分数加减法计算时，不理解分母不变而分子相加减的道理。

将要学习：对分数意义的进一步认识、构建分数单位、沟通分数与除法的关系、分数的基本性质、约分和通分、比较分数的大小。

突破策略：进一步认识分数的意义、构建分数单位、沟通分数与除法的关系等学习内容是学生学好分数四则运算的基础，也是核心内容。以意义、单位、关系串联本单元学习内容，注重从直观到抽象的过渡，指向学生数感的培养、推理能力的提升，以及应用意识的增强。

4. 单元整合建议

通过对单元课程标准的分析、对教材的纵横剖析、对学生学情的调查分析，确定本单元的两个核心目标：一方面，通过实践操作活动丰富学生对分数意义的理解；另一方面，使学生通过"平均分物"活动学习运算和操作，探索分数与除法的关系。单元学习内容聚焦于知识的内部。探究两个量的关系、约分、通分等都与度量单位密切相关，而分数表示两个量的关系的呈现方式为"量"和"率"，这也是理解分数与除法的关系、丰富分数意义的关键所在。

因此，我们可以抓取"分数单位"和"两个量的关系"作为单元的核心概念。围绕这两个核心概念，我们将教材自然单元的各个课时内容纵向打通，对教材知识和教学资源进行模块式整合，进行自然单元内的拆分、合并、重组、新增，形成纵向的串联结构。

在整合后的课题中，教师在"分数单位"一课从度量的角度进行教学。"分数单位"是本单元的核心概念之一，本课的教学也是为后续学习约分和通分作铺垫。"分数的类别及分数与除法的关系"是将"真假分数"、"分数与除法"两个课题进行整合的课题，因为在分数表征数量和关系的过程中，难免会出现假分数，这样的整合有助于学生理解并探索分数与除法的关系。

"分数与除法的关系"相当于新增的课题，它不同于教材上简单地探索分数与除法关系的教学，而是聚焦于两个量的比较，将分数表示"量"和"率"

的两种形式进行区分,这也是体现单元核心"两个量的关系"的重点课题。

"分数的基本性质"可以与商不变的规律进行意义上的沟通,以加深学生的理解,寻找知识结构的连接点。"分数基本性质的应用(一)"和"分数基本性质的应用(二)"则说明了运用性质来解决约分和通分的问题。

最后新增的"综合与应用"课题,重点是找到最小公倍数和最大公因数的方法。

(二)细化单元评估任务,为单元评价提供标准

在解读教材和学情的基础上,我们已经确定了单元的核心概念、单元学习目标和教学重难点。接下来,我们需要依据学习目标和难点突破策略来细化单元评估任务。单元评估任务应该在教学开始之前进行设计。

1. 评估方式

在本单元中,我们采用观察法、访谈法和表现性评价法对学生进行形成性评估,以兼顾对学生学习过程的评估。教学结束后,我们采用纸笔测试法,以分数或等级的形式对学生进行总结性评估。通过过程与结果的结合,在过程评价中发现问题,并及时进行反馈与纠正。

2. 评估要点

根据确立的单元学习目标、每一节课的主要内容,以及评估任务的可量化性,确定了以下单元评估要点:
(1)认识真分数、假分数,能正确进行假分数与带分数、整数的互化。
(2)理解分数的基本性质。
(3)理解公因数与公倍数,能找出两个正整数的公因数和最大公因数、公倍数和最小公倍数。
(4)能正确进行约分和通分。
(5)能通过通分等多种方法比较分数的大小。
(6)能解决相关的实际问题。
(7)能运用最大公因数与最小公倍数解决简单的生活问题。
(8)培养观察、比较、抽象、概括的能力,增强探究、应用意识。

(三)梳理清楚单元活动结构,为教学活动的展开奠定基础

围绕单元核心概念,我们依次展开单元活动。在活动设计中,我们关注内

容之间的关联性与递进性，并兼顾学生的学习认识结构，最终形成了以下单元活动结构图（见图4-8）。接着，基于单元学习目标和单元评估任务，我们细化每一个分课时的目标、评估任务和作业，以及学习活动设计。

"分数的意义"单元活动结构图

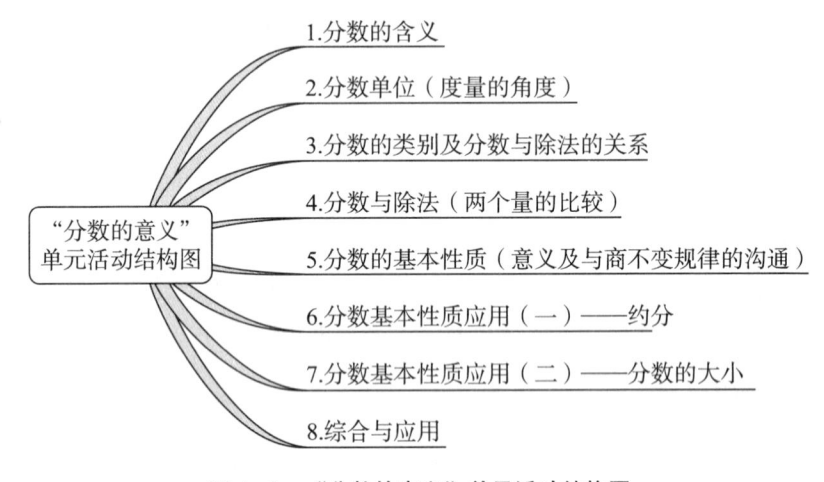

1. 分数的含义
2. 分数单位（度量的角度）
3. 分数的类别及分数与除法的关系
4. 分数与除法（两个量的比较）
5. 分数的基本性质（意义及与商不变规律的沟通）
6. 分数基本性质应用（一）——约分
7. 分数基本性质应用（二）——分数的大小
8. 综合与应用

图4-8 "分数的意义"单元活动结构图

分课时主题一：分数的含义

【分课时的目标】

(1) 理解分数的含义和概念。

(2) 理解分数可以表示不同的"整体1"。

【分课时的评估任务和作业】

(1) 能理解分数的概念，知道一个图形、一组图形、几组图形都可以表示一个整体。

(2) 建立分数中取的份数和总份数之间的关系，能解决实际问题。

(3) 能分清分数表示"率"时背后表示的"整体1"。

【分课时的学习活动设计】

活动一：分数的概念学习。

$\frac{3}{4}$ 可以表示什么？（一个图形、一组图形、几组图形都可以表示一个整体）

活动二：由局部倒推整体，建立份数和总份数的概念。

活动三：讨论 $\frac{1}{2}$ 表示多少支铅笔，初步体会分数的相对性。

分课时主题二：分数单位（度量的角度）

【分课时的目标】

（1）结合"量数学书"和"制作分数墙"等度量活动，体验分数的产生过程，理解分数的含义及分数大小的相对性。

（2）初步认识带分数。

【分课时的评估任务和作业】

（1）能体验分数产生的过程，体会分数可以看作是由分数单位累加而形成的。

（2）初步认识带分数。

【分课时的学习活动设计】

活动一：用纸条测量数学书本的长和宽，引出分数存在的必要性。

活动二：从度量的角度，观察和分析"分数墙"中的问题，感受分的份数和每份数之间的微妙关系。

活动三：认识分数单位，体会分数单位与分数之间的关系。

活动四：分数单位多次累加，超过了1，初步认识带分数。

分课时主题三：分数的类别及分数与除法的关系

【分课时的目标】

（1）从"分饼"这一实际情境，体会平均分产生除法和分数的过程，理解分数与除法的关系。

（2）认识分数的不同类别，并能将带分数与假分数互化。

【分课时的评估任务和作业】

（1）能自主探究并找到分数与除法的关系。

（2）会区分真分数和假分数，融合带分数，能够进行带分数与假分数的互化。

【分课时的学习活动设计】

活动一：创设8人分4个大饼和7人分4个大饼的情境，用多种方法展示思考探究过程。

活动二：从特殊到一般，理解分数与除法的关系。

活动三：继续分饼，认识真分数和假分数。

活动四：借助分数数轴，融合真分数、假分数和带分数数系。

活动五：带分数与假分数互化练习。

分课时主题四：分数与除法（两个量的比较）

【分课时的目标】

（1）通过直观图创设情境，理解分数既可以表示几倍，也可以表示一个数是另一个数的几分之几。

（2）画图表征思考过程，对分数如何表示"量"和"率"进行比较、区分。

【分课时的评估任务和作业】

（1）比较两个量时，能理解分数表示几倍和几分之几的两种含义。

（2）体会分数表示"率"和"量"的含义、区别。

【分课时的学习活动设计】

活动一：红蓝纸条测量，解说 $\frac{1}{3}$ 的 4 种叙述方式（倍数和几分之几）。

活动二：分别呈现 1、2、4、8 个圆片，拿出 $\frac{1}{4}$。

活动三：画图表示 $\frac{2}{5}$ 和 $\frac{2}{5}$ 米，区分"率"和"量"。

分课时主题五：分数的基本性质（意义及与商不变规律的沟通）

【分课时的目标】

从等值分数入手，通过图示和直观演示，使学生掌握分数的基本性质，并与商不变的规律进行意义沟通。

【分课时的评估任务和作业】

（1）能探索出分数的基本性质。

（2）掌握分数的基本性质并运用它解决实际问题。

【分课时的学习活动设计】

活动一：创设情境图，等值分数比大小。

活动二：通过观察、猜想、验证的过程，归纳分数的基本性质。

活动三：由分数与除法的关系入手，结合商不变的规律进行意义沟通。

分课时主题六：分数基本性质应用（一）——约分

【分课时的目标】

（1）通过列举、韦恩图、质因数、短除法等方法，探索找出公因数和最大公因数的方法。

（2）由分数的基本性质引入约分，掌握约分和最简分数的概念。

（3）能找出 100 以内两个整数的最大公因数，并正确进行约分和解决生活中的简单问题。

【分课时的评估任务和作业】

（1）能找出两个整数的公因数和最大公因数。

（2）掌握约分和最简分数的概念，会运用分数的基本性质进行约分。

【分课时的学习活动设计】

活动一：用多种方法找出 12 和 18 的全部因数和公因数，归纳出因数和公因数的概念。

活动二：找出 8 和 24 的公因数和最大公因数，组成 8/24，通过折纸和画图，发现规律。

活动三：沟通分数的基本性质与约分的关系，掌握约分和最简分数的概念。

活动四：找出任意两个 100 以内整数的最大公因数。

分课时主题七：分数基本性质应用（二）——分数的大小

【分课时的目标】

（1）从比较同分母分数到比较异分母分数，运用画图、分数与除法的关系、分数的基本性质等方法进行通分。

（2）通过列举、韦恩图、质因数、短除法等方法，探索找出公倍数和最小公倍数的方法。

（3）能找出 100 以内两个整数的最小公倍数，并能解决生活中的简单问题。

【分课时的评估任务和作业】

（1）能找出两个整数的公倍数和最小公倍数。

（2）会运用分数的基本性质通分，进行异分母分数的大小比较。

【分课时的学习活动设计】

活动一：比大小练习，引出不能比较的情形。

活动二：多种方法探究比较异分母分数大小的方法。

活动三：探索找出公倍数和最小公倍数的方法。

活动四：沟通分数的基本性质、通分和最小公倍数之间的联系。

分课时主题八：综合与应用

【分课时的目标】

（1）沟通最小公倍数和最大公因数。

（2）培养学生复习与整理的能力。

【分课时的评估任务和作业】

（1）能回顾本单元知识，梳理形成单元知识鱼骨图。

（2）通过合作交流，能沟通最小公倍数和最大公因数之间的本质联系。

【分课时的学习活动设计】

活动一：回顾梳理本单元内容，形成单元知识鱼骨图 1.0 版。

活动二：合作探究，沟通最小公倍数和最大公因数的本质。

活动三：针对性练习，突破单元重难点。

活动四：再次梳理并完善，形成单元知识鱼骨图 2.0 版。

有了对教材和学情的深度解读，单元整合就有了理论依据；通过细化单元评估任务，就有了学习评价的方向。最后，在梳理单元活动结构的基础上，设计出环环相扣、聚焦单元核心概念的教学活动。这样，自然单元的"大单元整体教学"设计就能打破知识点之间的界限，将零散的知识点汇集到中心，再在核心概念的引领下，发挥出各学习活动设计的最佳效果。

二、"2~5 的乘法口诀"单元实践案例设计

单元名称：2~5 的乘法口诀。

设计人员：成都高新区小学数学骨干项目培训班第 10 组学员徐周亚等。

课时来源：北师大版数学教材二年级上册第五单元。

"2~5 的乘法口诀"是北师大版数学教材二年级上册第五单元的内容，它在学生已经学习了 100 以内加减法和乘法的意义的基础上展开。当自然单元的每个课时的知识结构、教学结构等呈现出相同规律或并列关系时，可以围绕单元核心概念，归纳单元课时教学的基本结构，并通过单元种子课的形式进行结构化教学。

接着，教师可以以方法探究课或迁移课的形式强调相关认知背景，从而将单元内容进行横向链接。在进行本单元教学时，教师围绕乘法的意义，归纳出每个数字的口诀学习，都是遵循"数一数→圈一圈→写算式→编口诀→记口诀→用口诀"的过程，进行结构化学习。在"分数的意义"单元案例中，我们着重关注了单元活动的整体设计，那么在"2~5 的乘法口诀"单元中，在大单元设计的理论框架下，我们更为聚焦课时的课堂效果。

（一）读懂教材，设计教学结构

"2~5 的乘法口诀"是北师大版数学教材二年级上册第五单元的内容。乘法口诀是数的运算的基本法则，记忆口诀并能熟练进行计算，是学生数学学习的基本技能。乘法口诀还承载着培养学生数感、发展学生运算能力的素养目

标。运算能力是运算技能与逻辑思维的有机整合，它不仅是一种数学方面的操作能力，更是一种数学思维能力。培养运算能力有助于学生理解运算的算理，寻求合理简洁的运算途径解决问题。

正确、灵活、合理和简洁是运算能力的主要特征。只有在真正理解了乘法的意义的基础上学习乘法口诀，紧扣乘法的本质，沟通口诀之间的内在联系，进行整体思考与关联，才能将数学知识化繁为简。因此，我们确定本单元学习的"承重墙"为乘法的意义，"隔断墙"为口诀之间的联系，并将单元内容进行重组，实施"大单元整体教学"，以实现"发展学生运算能力"这一核心素养的进阶。

根据上述分析，我们将本单元的课时内容整合如图4-9。

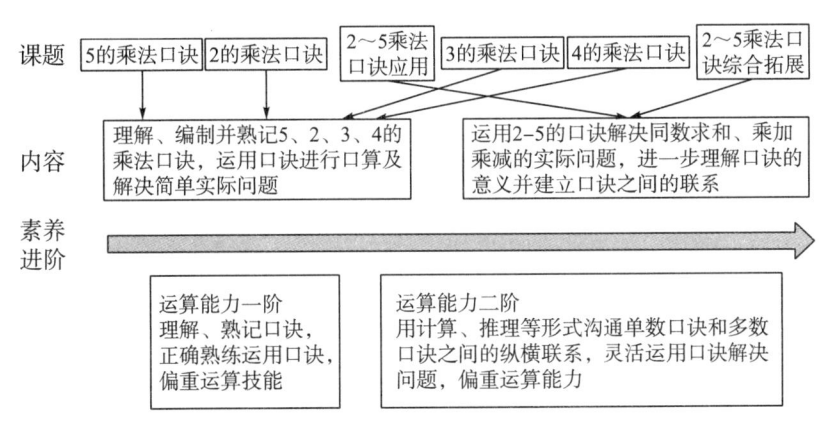

图4-9 "2~5的乘法口诀"能力素养进阶

教材将5、2、3、4的乘法口诀学习融入数松果、数筷子、数轮子、数红果这4个不同的实际问题情境中，学生每学习一个数的乘法口诀，就需要完成相应的学习过程。这样的学习过程，对学有余力的学生来说，时间运用效率不高，也无法实现思维的进阶；对基础较弱的学生来说，则没能探究出学习乘法口诀的一般规律，没有提炼出乘法口诀学习的核心内容，容易出现口诀记忆混乱。

根据这种情况，教师对单元内容进行了整合。在整合后的单元开启课中，教师通过"三问"了解学情："关于乘法口诀，我已经知道什么？我还想知道什么？我的疑问是什么？"在把握学生的认知起点和兴趣点后，进行整体规划；在核心种子课"5的乘法口诀"学习中，渗透学习方法，提炼学习结构，埋下核心思想的种子；在方法探究课中，教师将"2、3、4的乘法口诀"整合为两节课，运用发芽的种子进一步探究乘法口诀的编制方法；在复习整理课中，关注口诀之间的关联,通过方法结构和迁移反思,进行乘法口诀全搜索,为下一个单元"6~9 的乘法口诀"学习打好基础,也为"运算能力三阶"中迁移运用口诀学习途径、完善优化口诀学习方法做好铺垫,以提升学生的数学运算能力。

(二)读懂学情,设计学习结构

为了读懂学情、摸清学生的认知起点,我们在学生学习本单元之前和单元复习课之前,进行了两次学情前测。

【第一次学情前测情况】

教师通过问卷星随机调查了 320 名来自不同学校的二年级学生,了解学情。调查结果如下。

1. 学习起点调查分析(见图 4—10)

问题 1:你知道乘法口诀吗?会背吗?

问题 2:我们在生活中经常会接触到"不管三七二十一""历经九九八十一难"等日常用语,从数学的角度说说"三七二十一""九九八十一"的意思。

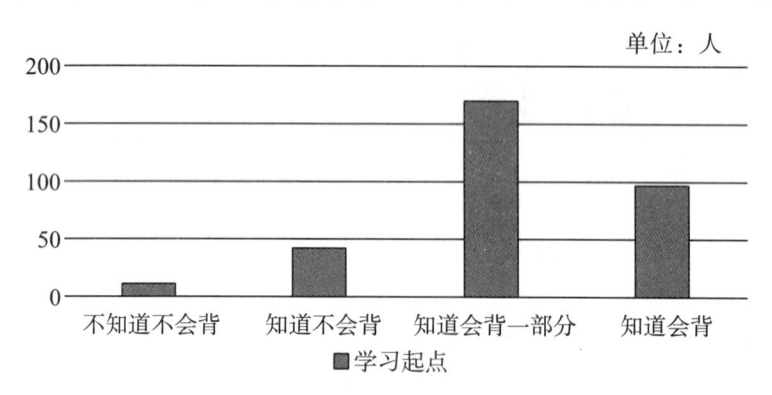

图 4—10 "2~5 的乘法口诀"学习起点

分析:问题 1 的数据显示,学生在开始学习前,几乎都知道或听说过乘法口诀。问题 2 的数据显示,关于乘法口诀的意义,40%的同学不明所以,60%的同学对乘法口诀的"知道"仅限字面意思,不能用数一数、摆一摆、画一画、举例等数学方式说明口诀的意义。可见整体上,学生对这一部分内容的识记水平起点高,理解水平起点低。

2. 学习兴趣点调查分析（见图4-11）

问题3：你想学习关于乘法口诀的哪些内容？

问题4：你还能提出关于乘法口诀的哪些问题？

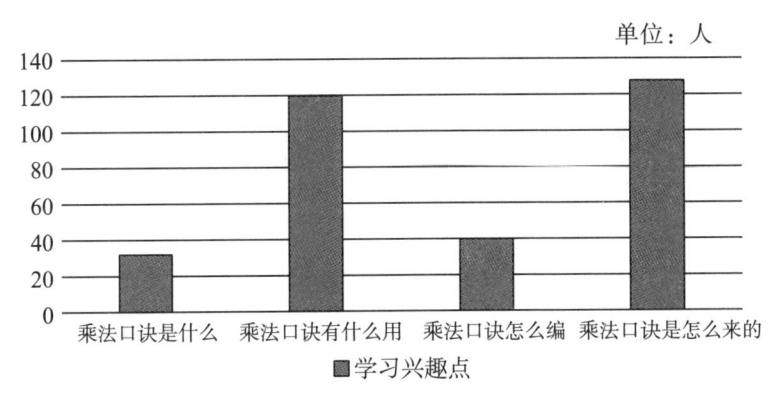

图4-11　"2~5的乘法口诀"学习兴趣点

对于学生提出的问题，可以作以下简单归类：为什么要发明乘法口诀？它是谁发明的？怎样才能快速背诵并记忆口诀？较小的数一定要在最前面吗？比如"二三得六"为什么不是"三二得六"？两者的意义是否一样？为什么乘法口诀表上没有 $2\times1=2$、$3\times1=3$、$3\times2=6$、$4\times1=4$……？生活中哪些场合会用到乘法？数据显示，学生对本单元内容的学习兴趣从高到低依次为：乘法口诀是怎么来的、乘法口诀有什么用、乘法口诀怎么编、乘法口诀是什么。他们倾向于探究数学知识的来源及其价值。

基于以上分析，以多种形式表现乘法口诀，促进学生对乘法口诀意义的理解是教学的重点。在教学过程中，要将学生感兴趣的口诀的来源和价值贯穿于单元活动设计中，用文化课程拓展学生对口诀的认识。

【第二次学情前测情况】

在学生学习完本单元新课后，教师对200名学生进行了单元复习课之前的第二次学情前测，结果如图4-12所示。

设计意图：前测试卷分为理解口诀、记忆口诀、联系口诀三个题组。第一个题组重点考查学生对乘法意义的理解；第二个题组考查学生对口诀记忆的准确性及熟练程度；第三个题组考查学生能否沟通口诀之间的联系，将口诀进行横向和纵向的关联。

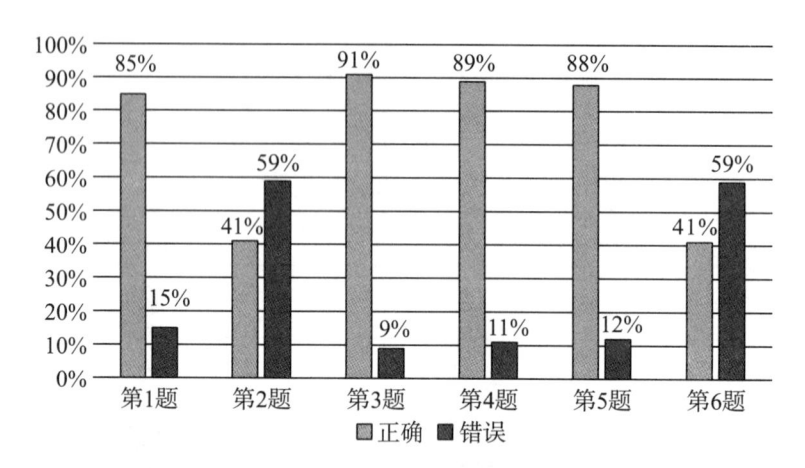

追求更好的教学
——"大单元整体教学"的行与思

图4-12 "2~5的乘法口诀"第二次学情前测情况

分析：学生在第1题（将口诀数出来）、第3题（看图写算式和口诀）、第4题（把口诀补充完整）、第5题（利用口诀得数规律填空）的回答正确率都在85%以上；第2题（口诀前后联系）和第6题（推理口诀）的正确率为41%。从数据中可知，学生对乘法口诀记忆较好，部分学生在理解乘法的意义、乘法口诀之间的联系方面还有待提高。基于以上调查，可以进一步明确复习课教学的重点应放在促使学生进一步理解乘法的意义上，巩固单元的"承重墙"，并且继续沟通乘法口诀之间的联系，打破"隔断墙"。

数形结合的思想可以使抽象的数学问题直观化，使繁难的数学问题简洁化。在乘法口诀学习中，教师可以将点子图与数结合起来，以形助数，使抽象的乘法口诀转化为学生易于理解的形式，加深学生对乘法意义的理解。迁移反思是指在解决一个或几个问题之后，启发学生进行联想，寻找知识之间的交叉点，探索一般规律，举一反三，让反思具有迁移性。因此，我们确定提升学生不足之处的突破策略是数形结合和迁移反思。

（三）读懂课堂，归纳学习过程

由于本单元每个数的乘法口诀学习方式都很相似，因此，教师可以在单元复习课中回顾和归纳学习方法。在复习课中，教师要着眼于整体布局，将教学内容进行关联整合，洞悉学生学习能力发展规律，促进学生认知结构的生长和完善。

教师在复习课中展示本单元教学伊始提出的三个主要问题：乘法口诀是什么？乘法口诀是怎么来的？乘法口诀有什么用？并请学生通过回答问题来回顾、梳理本单元的学习内容；完善课前制作的知识树，体会本单元的知识结构，回顾编制 2~5 乘法口诀的过程和方法，进一步理解乘法是加法的简便运算，体会乘法的意义，培养学生整理与复习的能力（见图 4-13）。通过复习，让学生可以根据乘法的意义写乘法算式，编制乘法口诀，培养学生的数感和模型思想。

关于乘法口诀，你想提出哪些问题？为什么有乘法口诀？	关于乘法口诀，你想提出哪些问题？为什么乘法算得那么快？
关于乘法口诀，你想提出哪些问题？乘法口诀是怎么来的？	关于乘法口诀，你想提出哪些问题？为什么要背乘法口诀？
关于乘法口诀，你想提出哪些问题？乘法口诀有什么规律？	关于乘法口诀，你想提出哪些问题？它们反过来意思一样吗？

图 4-13 "2~5 的乘法口诀"板书结构

在解决"乘法口诀是怎么来的"这个问题时，课堂上师生通过回顾单元学习历程，归纳学习方法。在"2~5 的乘法口诀"单元，最开始学生都是通过数一数、填一填，一个个地数数，关注得数的变化规律；之后在图中圈一圈，得到乘法算式；最后，总结出乘法口诀。

在编制乘法口诀时，需要注意口诀的前半句是算式中的乘数（小的数在前，大的数在后），口诀后半句是积；为使口诀更顺口，积不满十时，加上"得"字；积满十时，"得"字则省去。编好口诀后，学生需要找到口诀的规律、口诀之间的联系，以更好记忆口诀。最后，通过活用口诀，解决生活中的实际问题。"2~5 的乘法口诀"单元的学习过程，可以概括为"数一数、圈一圈、写算式、编口诀、记口诀、用口诀"六个步骤，详见图 4-14。

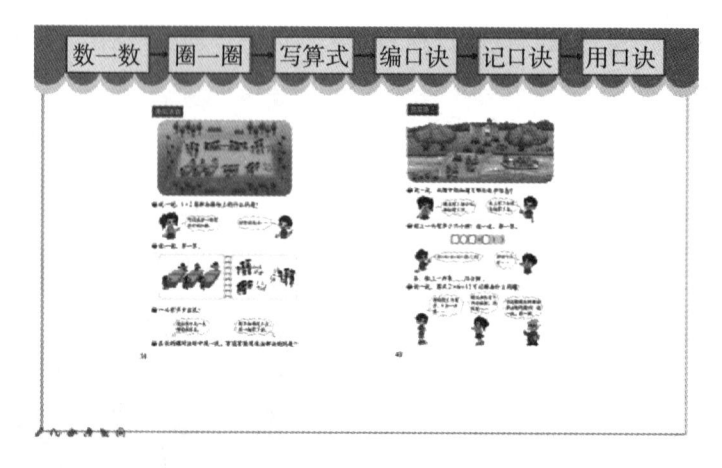

追求更好的教学
——"大单元整体教学"的行与思

图 4—14 "2~5 的乘法口诀"学习过程

（四）读懂学生，构思学习方式

小学二年级学生的课堂注意力集中时间通常较短，因此，教师想要吸引学生的注意力并激发其学习兴趣，需要构思形式多样的学习方式。在"2~5 的乘法口诀"复习中，教师可以设计如下闯关游戏卡，在每个关卡设置不同的学习形式，这样学生既不会感到枯燥，也能保持较高的课堂参与度。

闯关游戏卡：第一关　我会数，我会圈

1. 数一数，把口诀数出来

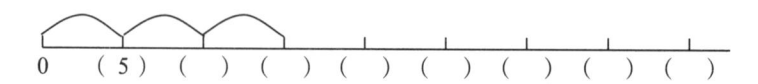

0　（5）（　）（　）（　）（　）（　）（　）（　）

2.（1）看图写口诀　（2）把口诀圈出来

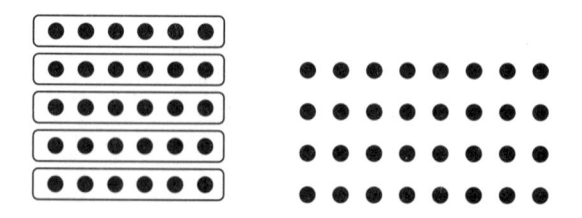

在第一关"我会数，我会圈"中，设计"数一数"和"圈一圈"游戏，请学生独立完成，全班一起订正，做对的题目可画一个"★"。运用"数线图"和"点子图"这样的开放性题目，数形结合，让学生寻找、掌握乘法口诀得数

的规律，复习5、2、3、4的乘法口诀，发展数感。

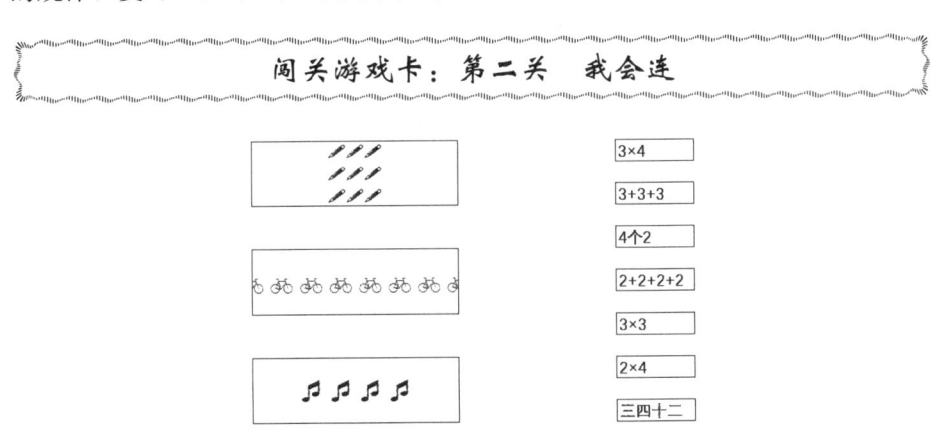

闯关游戏卡：第二关　我会连

	3×4
	3+3+3
	4个2
	2+2+2+2
	3×3
	2×4
	三四十二

第二关"我会连"采用同桌互助、全班交流的形式，做对的题目可画一个"★"。将实物图、加法算式、乘法算式、乘法口诀进行对应，加深学生对乘法意义的理解，进一步理解乘法口诀的意义。

闯关游戏卡：第三关　我会用

3元/个　　　6元/个　　　2元/本　　　6元/支

1. 要买5个计数器，带了20元，够吗？

2. 买5个文具盒和1支钢笔需要多少钱？

第三关"我会用"中，全班学生先一起分析题目，然后由每个学生独立完成；教师选取典型作业展示，全班交流。

形式多样的教学方式，可以让课堂一直处于"新鲜"状态，吸引学生的注意力。

（五）读懂关联，拓展学习思维

在单独学习一个数的乘法口诀时，我们通常更关注口诀的前一句和后一句的关系，即关注口诀的纵向关联，而忽略了口诀的横向关联。在学习完"2~5的乘法口诀"单元后，教师通过动画演示"4×3大变身"，并结合"公平的交易"现场游戏（见图4-15），打通乘法口诀之间的"隔离墙"，在横向和纵向上沟通乘法口诀之间的联系，找到口诀内部和外部的关联，帮助学生理解和记忆口诀。基于"2~5的乘法口诀"的知识结构，我们可以延伸到"6~9的乘法口诀"的学习，培养学生的迁移学习能力。

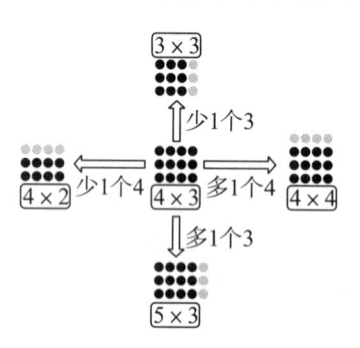

终极游戏：公平的交易

交易小技巧：
1. 理解：仔细看清自己手中的口诀宝宝，想想可以表示几个几？
2. 思考：手中的口诀宝宝可以与黑板上的哪句口诀组合，变身为三五十五。
3. 检查：根据两句口诀的意义，相加或相减，验证是否能得到三五十五。
4. 求助：台上的玩家如果有困难可以求助现场其他人。

图4-15 "公平的交易"现场游戏

在理解教材后，整合学习内容；在掌握学情后，实施精准教学；在课堂归纳时，明确两种学习方法；在形式多样的游戏中，体验多种学习方法；将关键知识进行横向和纵向关联，提升数学思维；以结构化视角，探索"大单元整体教学"中复习课的教学模式，以达到发展学生核心素养的目标。表4-2为"2~5的乘法口诀"单元学习课题整合表。

表4-2 "2~5的乘法口诀"单元学习课题整合表

整合前的学习课题	整合前课时/个	整合后的学习课题	整合后课时/个
数松果（5的乘法口诀）	1	乘法口诀知多少（单元开启课）	1
做家务（2的乘法口诀）	1	乘法口诀是什么（5的乘法口诀：单元种子课）	1
课间活动（2、5的乘法口诀的应用）	1	乘法口诀怎么编（2、3、4的乘法口诀：方法探究课）	2
需要几个轮子（3的乘法口诀）	1	乘法口诀怎么记（复习整理课1）	1
小熊请客（4的乘法口诀）	1	乘法口诀全搜索（复习整理课2）	1
回家路上（2~5的乘法口诀的应用）	1	乘法口诀是怎么来的（数学文化课）	1
练习四（2~5的乘法口诀的应用）	1		

题组一：理解口诀

1. 数一数，将口诀数出来。

   0 3 6 □ □ □ □ □ □ □ □ □ □

2. 5个4是20，写成加法算式是（　　　　　），再加一个4是（　　）个（　　），写成加法算式是（　　　　　），乘法算式是（　　　　）或（　　　　）。

题组二：识记口诀

3. 看图写一写。

   加法算式：_____　　　加法算式：_____
   乘法算式：_____　　　乘法算式：_____
   乘法口诀：_____　　　乘法口诀：_____

4. 把口诀填完整。

二三得（　）	三四（　）	五五（　）	（　）（　）二十八
2×3=（　）	3×4=（　）	5×5=（　）	（　）×（　）=28
（　）（　）三十	四九（　）	三（　）二十四	（　）（　）十四
（　）×（　）=30	4×9=（　）	3×（　）=24	（　）×（　）=14

题组三：联系口诀

5. 找规律，填一填。

   (1) 3, 6, (　), (　), (　), 18, (　), (　)
   (2) 4, 8, (　), 16, (　), 24, (　), (　), (　)

6. 你能理解4×3，并推算出其他口诀吗？画一画，圈一圈，写一写。

   推算的口诀：_____

第五章　跨自然单元的"大单元整体教学"

"大单元整体教学"是一种从整体视角审视教材内容的教学方法，其最终目标是帮助教师深刻理解教材单元中的核心知识和思想方法，使教学内容更加深入，提高教学效率。这种教学方式要求教师从整体视角出发，重新编排单元教学内容，挖掘教材知识的本质，并将相关知识串联起来，进而实施"大单元整体教学"。

在进行"大单元整体教学"设计时，教师需要在充分分析教材和学生情况的基础上进行规划和设计，以使教学内容符合学生的认识水平和认知规律。"大单元整体教学"主要分为自然单元的"大单元整体教学"和跨自然单元的"大单元整体教学"，本章将重点介绍跨自然单元的"大单元整体教学"。

第一节　跨自然单元的"大单元整体教学"概述

一、什么是跨自然单元的"大单元整体教学"

跨自然单元的"大单元整体教学"是指超越教材本身的自然单元划分，在课程标准和学科核心素养的指导下，根据学生的实际情况和单元教学目标，对不同自然单元的知识和教学资源进行拆分、合并、重组、新增等处理，进行模块化的整合，从而形成大单元教学模式。

二、跨自然单元教学与自然单元教学的联系

无论是跨自然单元教学还是自然单元教学，都是基于学生学情，在课程标准和学科核心素养的指导下，对"一个"或"几个"单元的教学内容进行规划，进而展开教学活动。格式塔心理学认为，整体大于各部分之和；人有一种

完形倾向，即追求整体性、系统性和结构性的心理。在小学阶段的"大单元整体教学"中，教师既可以根据自然单元开展教学，也可以跨越自然单元开展教学。

（一）整体视角

单元教学与课时教学的主要区别在于是否具备整体性视角。课时教学通常以知识点为载体，以课时为单位组织教学，这样往往导致学生只关注单个知识点，难以看到知识的全貌，形成立体的知识结构。相比之下，单元教学要求教师树立整体意识，通过整体构思，超越"散点化""碎片化""孤立状"的课时教学。

在开展教学之前，教师应将"一个"或"几个"单元视为整体来思考，将教材中的内容作为一个整体来考虑，同时要加强内部知识与外部知识的联系。

（二）思想统领

无论是自然单元教学还是跨自然单元教学，通常都有一条隐性或显性的教学思想贯穿其中。教学思想是对教材中的知识高度抽象和概括后形成的理性认识，它是学科素养的核心。

例如，在进行"分数的初步认识"的教学时，教师可以将北师大版数学教材三年级下册的"认识分数"和五年级上册的"分数的意义"进行组合。这样，这一单元的教学内容就包括了整体与部分、几分之一、几分之几、分数的大小比较、分数的加减法计算、分数墙的探究等。通过这些内容，教师可以在教学过程中更好地关注数学思想和教学方法，实现"数形结合""分类""推理""归纳""建模"等。

（三）结构化整合

"单元教学"无疑是一种整合教学模式，它打破了原本教材的编排，重新根据学生的学情进行课程设计。这种教学模式要求教师突破传统的课时设计体系，在把握知识间的关系（如总属、并列、交叉关系）的基础上，对这些关系进行梳理、分类和重组。在整合过程中，教师应从知识的整体出发，具备层次性意识，遵循从易到难、从已知到未知的顺序，将知识相关、方法相关、思想相关的内容进行结构化整合。

例如，在进行"多边形面积"这一单元的教学时，教师可以用平行四边形、三角形、梯形等图形分别与等底等高的长方形做对比（见图5-1），让学生理解平行四边形、三角形、梯形的面积和与之同底同高的长方形之间的联系。通过不断地对比，学生可以发现知识间的共同点，从而掌握多边形面积计算知识的本质。

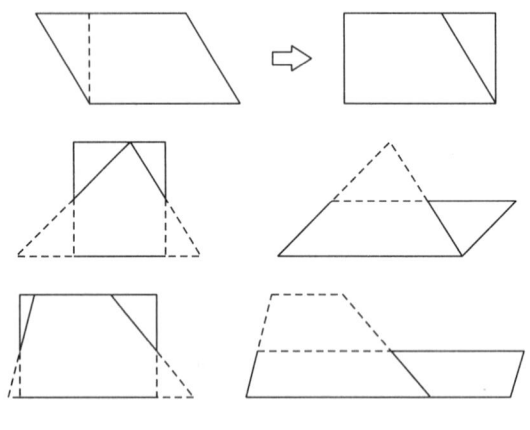

图 5-1　多边形面积的推导

三、跨自然单元教学与自然单元教学的区别

自然单元教学是指教师在教学过程中，基于教材本身的自然单元划分，在课程标准和学科核心素养的指导下，根据学生的学情和单元教学目标，对自然单元的教材知识和教学资源进行模块化整合。这包括对自然单元内容的拆分、合并、重组、新增等处理，由此形成基于自然单元的"大单元整体教学"——即聚焦于自然单元知识结构，构建知识前后的关联，重新架构一个自然单元内的教学知识体系。

完整的知识链是一条动态发展的流线，教材中的某一个自然单元可能与另一个自然单元，甚至是另一个年级的自然单元知识有连接。如果单元教学仅立足于某一个自然单元的知识，学生就会缺少对这一类知识承上启下的关联的体验，对知识整体、系统、结构的理解也可能会有一定的片面性。因此，教师需要善于"具体问题具体分析"，立足于单元整体视角，结构化把握单元内容，选择适合的单元教学模式。

与自然单元教学相比较，跨自然单元的"大单元整体教学"基于同类知识结构对教材内容进行划分。在课程标准和学科核心素养的指导下，跨自然单元的"大单元整体教学"根据学生的学情和单元教学目标，在整体把握知识结构、渗透学科思想的基础上，重新架构自然单元间的教学知识体系，并对教学内容进行拆分、合并、重组和新增等处理。跨自然单元的"大单元整体教学"的教学内容，可能跨越教材章节或分布在不同年级的教材中，注重引导学生把握同类知识的显性特征，领悟知识背后的隐性特征，领悟知识共通的核心本质，从而建立更有生命力的知识结构。

比较两种单元教学方式，自然单元的"大单元整体教学"是将某个自然单元的知识点串联在一起，进行重构和教学；而跨自然单元的"大单元整体教学"是将"几个"自然单元的有效知识点串联在一起，进行重构和教学。

四、如何进行跨自然单元的"大单元整体教学"设计

跨自然单元的"大单元整体教学"设计能够突破知识碎片化问题，让学生形成更加"立体"的知识结构。教师在进行"跨自然单元"的教学设计时，可以从以下方面入手。

（一）跨自然单元教学规划

单元是基于一定的目标和内容构成的学习模块，由若干具有内在联系的学习内容组成。单元规划是指在课程标准的指导下，通过对教材或学习材料的解读，合理编排教学内容，构建符合学生实际学习需求和学习特点的教学单元。

教师做好跨自然单元教学规划，可以从整体上把握这一单元的知识，对整个单元知识的结构具有清晰的认识，知道在什么时候讲解到什么程度，更好地把握和解读教材；学生也能对整个单元的知识有一个系统的理解，知道单元内各课之间的联系，从而有目的地学习。

跨自然单元教学规划的具体步骤，如图5-2所示。

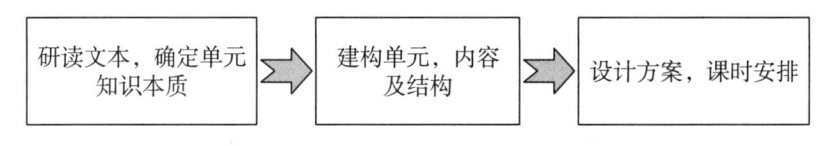

研读文本，确定单元知识本质 ➡ 建构单元，内容及结构 ➡ 设计方案，课时安排

图5-2 跨自然单元教学规划流程

（二）建构单元内容结构

单元的建构需要符合学科知识结构和学生认知结构，合理编排教材内容，确保其具有逻辑性和整体性。跨自然单元的"大单元整体教学"不仅要使学生发现和理解单元中的知识，更要让学生理解知识之间的关联，即众多知识要素

背后显性或隐性的知识的本质。教师要根据教材内容和学生认知特点，理解知识间的逻辑结构，关联单元中的关键元素，形成划分单元内容的基本认识。

（三）设计方案

教师需要根据课程标准和教材确定教学单元的内容和总课时数，并在单元规划的框架下进行对应课时的划分和内容安排。

教师要拟定单元教学目标，依据课程标准的要求，结合教学基本要求，从知识与技能、过程与方法、情感态度与价值观三个维度进行思考；要在分析学生的学习基础、认知规律和心理特点等因素的基础上制订教学目标。在此基础上，教师要针对教学内容选择课内应重点渗透的教学思想，安排适当的教学策略、师生活动形式、作业形式及教学资源评价等，形成单元教学方案和跨自然单元教学规划表。表5-1以数学学科为例，分析了小学数学跨自然单元教学规划。在设计教学过程时，教师要善于引导学生发现单元知识的本质，明晰单元知识的内在关联。

表5-1 小学数学跨自然单元教学规划

单元划分依据	□课程标准　□知识结构　□数学思想方法
课程内容模块	□数与运算　□方程与代数　□图形与几何　□数据整理与概率统计
单元数量	

单元主题	单元名称	主要内容	课时
数的认识			

单元目标	
重点渗透的思想	□抽象　□符号化　□分类　□集合　□对应　□演绎 □归纳　□类比　□转化　□数形结合　□极限　□模型 □方程　□函数　□统计　□分析　□综合　□比较　□假设 □其他
说明	

第二节 跨自然单元的"大单元整体教学"案例

在本节中，我们将以小学数学"式与方程"领域的"认识方程"单元以及"数的运算"领域的"多位数乘多位数"单元为例，探讨如何进行跨自然单元的"大单元整体教学"。

单元名称：认识方程。

设计人员：成都高新区小学数学骨干项目培训班第 5 组学员李思帷。

课时来源：北师大版数学教材四年级下册第五单元和五年级下册第七单元。

"认识方程"是北师大版数学教材中四年级下册第五单元和五年级下册第七单元的内容。学生在本单元首次接触方程，为未来学习相关代数知识打下基础。

一、单元指导思想和理论依据

（一）算术思维向代数思维的跨越

在之前的数学学习中，学生主要采用"算术思维"作为思考方式。"认识方程"这一单元标志着学生从"算术思维"向"代数思维"的跨越。从解决问题的角度来看，算术思维和代数思维有着本质的差异。

首先，算术思维侧重于通过数量计算来求出答案，而代数思维则是通过符号化的关系进行计算，其运算具有结构性和一般性。

其次，用算术思维解决问题是基于具体情境的，具有特殊性和直观性；而代数思维解决实际问题的过程是去情境化的、形式化的。

最后，算术思维中的表达式是找到答案的桥梁；而在代数思维中，表达式不仅表示一种量，还表示某种关系。

（二）符号意识的建立

符号意识是数学核心素养的关键要素之一，在数学学习中扮演着至关重要的角色。符号不仅是数学的语言，也是数学的工具，更是数学的方法。从某种意义上说，学习数学就是学习符号的意义。建立符号意识有助于学生理解并运用符号来表示数、数量关系和变化规律。

学生在这一单元将经历从用字母表示数到认识方程、解决简单方程的转变，本单元是培养学生符号意识和提高其水平的重要载体。引导学生完成从"算术"到"代数"思维的过渡，是教师的重要职责。

综上所述，"认识方程"单元可以将北师大版数学教材四年级下册第五单元和五年级下册第七单元的内容进行整合设计，作为学生首次认识方程的内容和未来学习代数相关知识的基础。

二、全面解读教材和学情

（一）整理单元主要学习内容

"认识方程"单元的学习内容及前后知识联系，见图5-3。

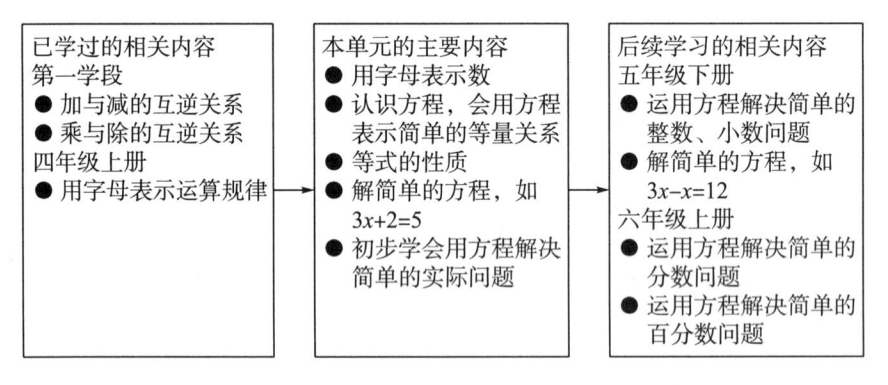

已学过的相关内容 第一学段 ● 加与减的互逆关系 ● 乘与除的互逆关系 四年级上册 ● 用字母表示运算规律	本单元的主要内容 ● 用字母表示数 ● 认识方程，会用方程表示简单的等量关系 ● 等式的性质 ● 解简单的方程，如 $3x+2=5$ ● 初步学会用方程解决简单的实际问题	后续学习的相关内容 五年级下册 ● 运用方程解决简单的整数、小数问题 ● 解简单的方程，如 $3x-x=12$ 六年级上册 ● 运用方程解决简单的分数问题 ● 运用方程解决简单的百分数问题

图5-3 "认识方程"单元学习内容及前后知识联系

（二）打破教材结构，重构单元内容

通过对教材的梳理、重构，绘制"认识方程"单元内容图谱（见图5-4）。

第五章 跨自然单元的"大单元整体教学"

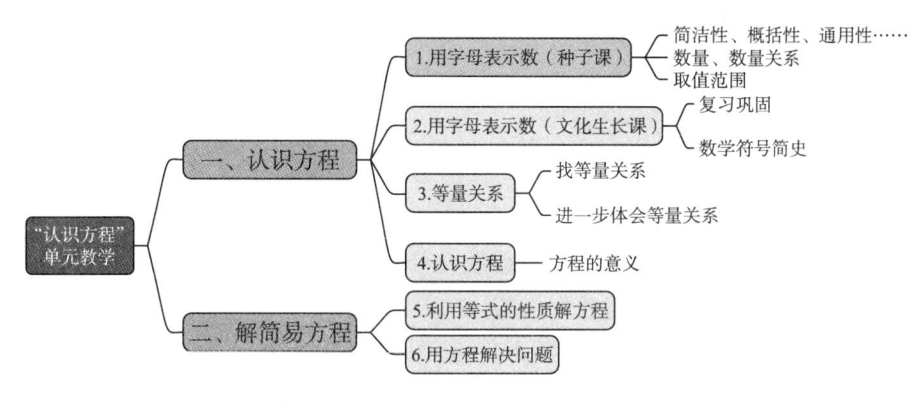

图5-4 "认识方程"单元内容图谱

用字母表示数是"认识方程"单元学习的种子课,是学生由算术思维迈向代数思维的新起点,也是一节培养学生符号意识的典型课例。

(三) 纵横分析教材

以种子课"用字母表示数"为例,对教材进行纵向分析(见图5-5)。

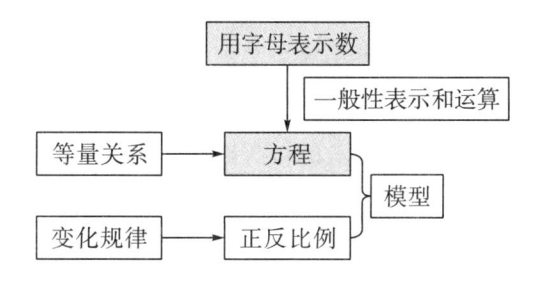

图5-5 对教材的纵向分析(摘自张丹《小学数学教学策略》)

纵观小学阶段代数知识的学习,结合上图可以看出,"用字母表示数"的一般性运算和表达是学生未来学习方程和正反比例的基础,也是本单元的起点。在此基础上,我们进一步对教材进行横向分析(见图5-6)。"用字母表示数"这一课,从单元编排来看,苏教(江苏教育出版社)版教材将其安排为一个独立的单元,而其他三个版本的教材(人教版、北师大版、西南大学版)则都是将其作为方程单元的第一课或前几课,即作为认识方程的"前奏"。

从具体的知识内容来说,四个版本的教材都涵盖了用字母表示数的主要内容,包括用字母表示数、用含有字母的式子表示数量关系、用字母表示计算公式和运算律。只是北师大版教材和西南大学版教材的内容相对较少,而人教版教材和苏教版教材的内容更为丰富。

这一区别主要体现在用字母表示数量关系的种类上，北师大版教材和西南大学版教材主要通过青蛙儿歌、年龄问题两个情境，使学生学习用含字母的式子表示形如 $4a$、$a+26$ 的数量关系；而人教版教材和苏教版教材还通过小棒摆图形、倒果汁等情境，使学生学习了形如 $1200-3x$、$280-b$、$3x+4x$ 的数量关系，以及代入数值求代数式结果、合并同类项等内容。这样的设计有助于学生更充分地体会用字母表示数和数量关系的内容，也为后续列方程解决问题打下更好的学习基础，值得我们借鉴。

综上所述，"用字母表示数"不仅是"认识方程"单元学习的起始课，也是学生从算术思维向代数思维过渡的新起点，同时是培养学生符号意识的典型课例。

因此，我们选择"用字母表示数"这一课来重点展示，着重引导学生认识并体会数学符号的通用性、简洁性、概括性、必要性和优越性，以使学生实现从算术思维向代数思维的跨越。

（四）学情分析

学生从一年级开始学习数，从数数开始，将抽象的数与实物建立起一一对应的关系。随着年级的升高，学生学习了更多的数，包括自然数、小数、分数等。到了四年级，学生首次学习"用字母表示数"。数本来就是从生活中抽象而来的，而用字母表示数则是对数的再次抽象，这样的变化对学生来说具有挑战性。

因此，我们设计了学情前测，意在了解：

①学生对"用字母表示数"的理解情况如何？
②学生之间的学习基础差异情况如何？
③小学数学中学习用字母表示数的目标是什么？

学情前测对象：高新区某小学四年级的 40 名学生。

统计问题①和②的学情前测结果如下：

（1）将其看作英文字母，是英文单词的组成部分。（22人）
（2）想到数字1，第一或者优秀。（10人）
（3）表示一个具体的量。（5人）
（4）表示未知数。（3人）

从统计问题③的学情前测结果来看，学生反映的情况包括：

（1）学生在表示单纯数字时，数量关系清楚，但有字母时，数量关系会变混乱。

(2) 学生遇到字母时会尝试给字母赋值，原因是一方面不能接受字母代表数的概念，另一方面是不认可"$a+30$"作为最终数量，所以在问题③中有15%的学生的写法类似于"$a+30=$"。

(3) 学生以为只能写单个字母，不知道还可以写算式。由此可以看出，学生在将含字母的式子作为答案时有明显的困难。

"用字母表示数"是本单元知识学习的一个核心概念，理解过程较为复杂。学生的理解水平基本处于课堂教学智慧评价系统（CSMS）提出的第二、第三水平，学生原有的生活和学习经验对"用字母表示数"的学习产生了负迁移。不同学生的理解水平差异较大。学生目前已有的经验和思维障碍，见图5-6。

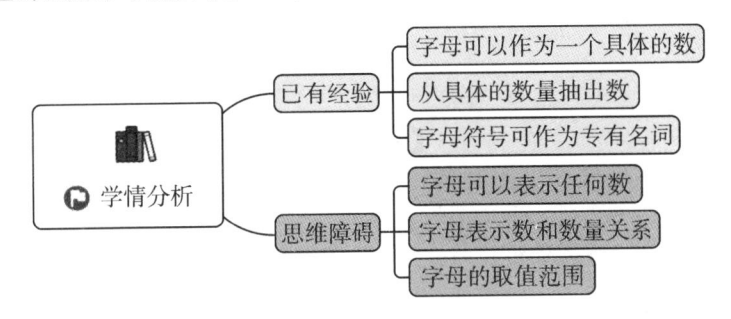

图 5-6　学情前测分析图

三、科学制订教学目标，细化设计方案

（一）确定教学目标

结合具体情境，使学生学会用字母表示数和简单的数量关系，掌握学过的有关图形计算公式和运算定律，培养学生的符号意识。

从具体的数过渡到用字母表示数的探究过程，使学生可以体会用字母表示数的通用性、简洁性、概括性、必要性和优越性；使学生掌握含有字母的乘式的简写和略写方法，发展其抽象概括能力，并初步渗透函数思想；使学生感受数学与现实生活的联系，体会字母的取值范围，激发学生对数学的热爱和学习数学的热情。

重难点：能够用含有字母的式子表示数量、数量关系、计算公式等，并理解这些含有字母的式子表示的意义。

（二）制订教学目标实施策略

1. 感受数字符号的通用性

四年级的学生在学习本节课之前，在日常生活中已经或多或少地接触过用字母表示数的各种情形，大多数孩子将其单纯看作英文字母或是英文单词的组成部分。数学教学过程中已经有了各种符号渗透的经验，如"（ ）+7=18""□+□=24"这样的代数初步问题，因此，学生在学习此课时有一定的知识基础。

教师则需要通过引导学生，唤醒学生的认知：符号在生活中无处不在，字母可以表示数。

【片段1】

用字母表示数

师：孩子们，看看这是什么。（出示字母图）

ABCDEF
GHIJKLM
NOPQRST
UVWXYZ

生：26个字母。

师：你们在生活中见过字母吗？有哪些例子？

生1：地铁里，A口、B口、C口……

生2：选择题里的选项。

生3：看到M就知道这是麦当劳餐厅。

师：生活中到处都有字母，李老师也在生活中有所发现。（出示扑克牌图片：J、5、3、2）这是我们曾经玩过的扑克牌游戏"24点"，大家算一算，看看谁最快。

生：(11×2)＋(5－3)。

师：扑克牌中根本就没有11，11是怎么来的？

生：字母 J 就代表着11，因为……（PPT 呈现扑克牌，J＝11、Q＝12、K＝13）

师：原来如此，看来字母这样的符号可以表示数。（板书：用字母表示数）

2. 通过抽象过程，体会数学符号的简洁性、概括性

代数学习的开端，实际上是从用字母表示数开始的。教师需要引导学生理解字母是一种特殊的抽象语言。当学生突破了第一层次——"字母可以表示数"之后，教师接下来要引导学生解决学习的难点：如何用含有字母的式子来表示数或数量关系。

也就是说，给学生简洁的符号（字母），让他们主动尝试用字母和代数式来表示数，实现对数和数量关系的概括，初步实现从算术思维向代数思维的转变。

【片段2】

字母可以表示"任意数"

师：同学们，你们在生活中见过字母。那数学里面呢？回忆一下，在之前上过的数学课中，你见过字母吗？用过吗？

生1：我见过，以前我做过这种题：$N+12=35$，N 表示一个数，求出 N。

生2：我们上学期学过的运算律里面也出现过字母，比如加法交换律是"$a+b=b+a$"。

师：同学们真会思考，数学里也会出现字母。刚刚说到了加法交换律（板书"$a+b=b+a$"），字母 a 和 b 分别表示什么？

生：a 和 b 分别表示两个数。

师：既然 a 和 b 分别表示两个数，为什么不直接用"$1+2=2+1$"这样不含字母的式子来表示呢？为何要用字母来表示？

生："$1+2=2+1$"虽然很清楚也很简洁，但却只能表示1和2相加这一种情况，不能表示其他两个数相加的情况。如果用 a 和 b 来表示，就可以表示各种各样的情况了。

师：那你们觉得，加法交换律中的 a 和 b 除了表示1和2，还可以表示怎

样的数？

生1：3+4=4+3。

生2：0.5+2.5=2.5+0.5。

生3：$\frac{2}{10}+\frac{1}{5}=\frac{1}{5}+\frac{2}{10}$。

生4：随便什么数都行。

师：对的，a 和 b 除了可以表示1和2这样的自然数，还可以表示整数、小数、分数甚至负数……也就是说，a 和 b 不仅可以表示数，还可以表示任意数。（板书）

师：刚刚我们知道了扑克牌中的字母可以表示数，加法交换律中的字母也可以表示数，它们之间有什么区别吗？

生：扑克牌中的字母只能表示一个数，交换律中的字母可以表示很多很多数。

师总结：看来，确定的数只能表示一种特定的情况，而字母却可以表示任意一种情况。

接下来认识含字母的式子。

师：（出示青蛙图）1只青蛙几条腿？2只呢？你能继续说下去吗？

学生齐声朗读，越数声音越小。（教师板书）

师：李老师看你们声音渐渐弱了下去，不好意思，打断你们了。有了刚刚读儿歌的经历，你们有什么感受？

生：太多青蛙了，这样的例子说不完。（在例子下打省略号）

师：那你们能想个办法，用一句话把这说不完的情况表示出来吗？

生：a 只青蛙，$4×a$ 条腿。

教师引导学生说出 a 和 $4×a$ 分别表示青蛙数量和青蛙腿的数量，并介绍字母式子。

师：刚刚我们用了数字表示青蛙数量和青蛙腿的数量，也用字母和字母式子表示了它们，你更喜欢哪一种？为什么？

3. 建构知识系统，感悟数学符号的必要性、优越性

字母的用途非常广泛，当我们不知道一个数字的具体值时，可以用字母来表示，也就是说，字母可以代表未知数。然而，如果在同一个情境中用不同的字母（如 X 和 Y）来表示两个数字，这可能会不利于我们观察这两个数字之间的联系；相反，如果在同一情境中用同一个字母（如 X）来表示两个数字，这表示它们的大小是相同的。

用字母表示数的意义是代数学习的关键，字母不仅可以表示任意数，还可以表示一种数量关系，但在具体情境中有一定的限制条件，需要注意字母的取值范围。

综上所述，教师应提出核心且准确的问题，创设一个集体思考和讨论的学习氛围，让学生体会用字母表示数的必要性和优越性。

【片段3】

字母式子可以表示数字和数量关系

师：（出示花花和星星的照片）周末李老师在手机上看到了一张朋友的照片，她们是一家人，请大家猜一猜她们的关系。

左：花花　右：星星

生：姐妹/双胞胎……

师：（出示PPT）星星说她的年龄是秘密，她不准备把她的年龄告诉我们。这个时候，如果我还想把她的年龄表示出来，你建议我怎么做呢？

生：星星是 X 岁。

师：不知道她的年龄，也可以用字母表示。（板书：字母还可以表示未知数）

师：如果花花的年龄可以用 Y 岁来表示的话，对于你判断她们的关系有帮助吗？如果花花的年龄也用 X 来表示的话，你发现了什么？（接着出示花花的提示：我比星星大25岁）

学生震惊。

师：你还认为她们是姐妹/双胞胎关系吗？看来有时候我们的猜测是不准确的。（公布照片中的关系：母女）

生：花花的年龄是 $X+25$ 岁。

师：看来，我们可以用一个字母式子表示一个人的年龄。$X+25$ 除了可以表示年龄，你还能看出什么？

生：花花和星星的年龄相差 25 岁。

师总结：字母式子可以表示数字和数量关系。

接下来要注意字母的取值范围。

师：女儿的年龄用 X 表示，X 在这里可以代表 10 岁吗？那个时候妈妈多少岁……X 可以代表 200 吗？300 呢？1000 呢？

生：不可以，因为人的寿命是有限的，最高龄的人才 100 多岁。

师总结：我们要具体情况具体分析，注意字母在情境中有一定的取值范围。

第六章　基于数学思想方法的"大单元整体教学"

在前文中，我们对基于自然单元的"大单元整体教学"和跨自然单元的"大单元整体教学"进行了详细的介绍。在本章，我们将以基于数学思想方法的"大单元整体教学"为重点，深入探讨其内涵、价值，并提供相应的案例。

第一节　基于数学思想方法的"大单元整体教学"概述

在我国数学教育中，数学思想和方法一直被广泛采用。《义务教育数学课程标准（2022年版）》明确指出：课程目标以学生发展为核心，以核心素养为导向，进一步强调使学生掌握数学基础知识、基本技能、基本思想和基本活动经验（简称"四基"），发展运用数学知识与方法发现、提出、分析和解决问题的能力（简称"四能"），形成正确的情感、态度和价值观。课程标准特别强调"四基"教学，即注重基本数学知识、基本数学技能、基本数学思想方法、基本数学活动经验的教学。

一、基于数学思想方法的"大单元整体教学"的内涵

（一）数学思想方法简述

在实践中，学者们通常将数学思想方法分为数学思想和数学方法两个部分进行表述和分类研究。

对于数学思想，目前研究者还没有一个明确的概念，不同专家对数学思想的解读各异，对数学思想的定义也各不相同。史宁中教授在《数学基本思想18讲》中提出数学思想包含两个基本原则：第一，是数学产生和发展所依赖

的那些思想；第二，是学习过数学的人应当具备的基本思维特征[1]。

参与《义务教育数学课程标准（2022年版）》撰写及解读的学者们认为，数学思想是有层次的，较高层次的基本思想包括三个：抽象思想、推理思想和模型思想。这三者在数学中的作用及其相互之间的关系大致如下：通过抽象，人们将现实世界中与数学相关的事物抽象到数学领域内，形成数学的研究对象，其思维特征是抽象能力强；通过推理，人们从数学的研究对象出发，在一些假设条件下，有逻辑地推导出研究对象的性质以及描述研究对象之间关系的命题和计算结果，促进了数学内部的发展，其思维特征是逻辑推理能力强；通过模型，人们使用数学所创造的语言、符号和方法描述现实世界中的现象，构建了数学与现实世界间的桥梁，其思维特征是表述事物规律的能力强。

总之，数学思想作为一种被普遍使用的指导思想，是对数学知识的本质和理性认识。数学基本思想包括抽象思想、推理思想和模型思想。这三个基本思想对数学学科的建立、发展和应用起到了重要作用，并演变、派生、发展出许多其他较低层次的数学思想，如分类思想、归纳思想、方程思想、函数思想等。

对于数学方法，不同学者有不同的观点。米山国藏认为数学方法是一种能解决数学问题或证明数学问题的方法。根据不同内容和问题，它可以细分为解题法、数学归纳法、数学定理和公式的证明方法、数学中的变换方法等[2]。

蔡上鹤认为数学方法是经过长期实践而形成的，是解决数学问题的一种策略和手段[3]。王永春认为数学方法一般是指用数学解决问题时的方式和手段。笔者认同这种观点，并结合对《义务教育数学课程标准（2022年版）》的解读，认为数学方法是有层次的，基本的方法包括演绎推理的方法、合情推理的方法、变量替换的方法、等价变形的方法、分类讨论的方法等，更低层次的方法有分析法、综合法、穷举法、反证法、列表法、图像法等。

（二）数学思想与数学方法的区别和联系

数学思想和数学方法既有区别又有联系。数学思想是对数学方法的进一步提炼和概括，具有更高的抽象和概括程度；而数学方法则具有更强的操作性。实现数学思想往往需要依赖一定的数学方法，同时，选择数学方法也要以一定

---

[1] 史宁中. 数学基本思想18讲 [M]. 北京：北京师范大学出版社，2016：10.
[2] 邵光华. 作为教育任务的数学思想与方法 [M]. 上海：上海教育出版社，2009：23-24.
[3] 蔡上鹤. 数学思想和数学方法 [J]. 中学数学，1997（9）：1-4.

的数学思想为指导。

数学思想和数学方法从来都不是独立存在的；它们依附于学生的数学学习过程，并潜藏在学生的数学应用环节中。例如，分类思想在我们的小学数学学习和应用中就有很多具体的体现。

在统计与概率领域，分类思想尤其明显。北师大版数学教材在一年级上册就引入了分类的概念；在二年级下册让学生在分类的基础上用非正式的统计表整理和呈现数据；在三年级下册，学生需要积累收集、整理数据的活动经验，并用自己的方式（文字、图画、表格等）呈现数据整理的结果；在四年级下册、五年级下册、六年级上册中都有关于收集和整理数据的内容，它们所涉及的一些统计类目都是按照不重不漏的原则来分类的。分类的思想和方法贯穿整个小学数学学习过程。

例如在"多边形面积"部分的教学中，教师可以引导学生运用数形结合、转化等数学思想方法，探究多边形面积的计算方法及其中蕴含的规律。如平行四边形面积推导的主要方法有单位面积度量法、割补法；三角形面积推导的主要方法有拼合法、割补法；梯形面积的推导方法有拼合法、割补法——它们都运用了转化的数学思想方法。此外，教师还可以组织学生开展小组合作，共同制作多边形模型，将未知图形转化为已知图形，并在此基础上讨论多边形面积的计算方法，培养学生的数学思维能力和解决实际问题的能力。

在实际教学中，教师一般不再严格区分数学思想、数学方法、数学思想方法——在解决问题时，可以称其为方法；在体现自身价值与意义时，又可以称其为思想。王永春在《小学数学与数学思想方法》一书中指出：人们实现数学思想要靠数学方法，而人们选择数学方法要以数学思想为依据，数学思想具有理论指导性，而数学方法具有实践操作性，因此不必严格区分这两者。因此，在小学数学教学中，没有必要对两者做严格的区分，完全可以将数学思想和数学方法合二为一，统称为"数学思想方法"。

（三）基于数学思想方法的"大单元整体教学"

"大单元整体教学"是将教材中知识结构相通的内容进行组合教学，它是帮助学生掌握学科基本结构的有效方式。"大单元整体教学"从帮助学生整体把握数学知识结构与数学思想方法出发，根据学生的认知特点，对数学教材中的知识单元进行适当的调整、增减与重组，使其更具结构性和整体性，更易于帮助学生实现知识的生长与迁移。

基于数学思想方法的"大单元整体教学"是在新课程标准的指引下，以

"整体观"为视角,以构建"系统性"的知识结构为目标,以数学思想方法为核心,根据学生的认知特点,对数学教材中的知识单元进行适当的调整、增减与重组,以实现"不仅要促进学生对基本知识和基本技能的理解和掌握,还要让他们领会其中的数学思想方法,实现全面发展"[1]的教学目标。因此,基于数学思想方法的单元教学设计,需要设计并开展有效的教学活动,促进学生形成并运用数学思想方法。

二、基于数学思想方法的"大单元整体教学"的意义

(一)基于数学思想方法的"大单元整体教学"的必要性

小学数学教师的课堂教学蓝本大多依托于教材,分成若干分课时进行教学。虽然教材编排时已经考虑到将相关知识联系起来,将同类知识放在一起,但对于学生而言,在实际学习中往往容易陷入零碎知识中,局限于知识细节,很难将知识放在系统中理解,放在结构中学习。

再加上教师的教学有时间限制以及教学习惯的影响,在教学实践中存在大量欠缺深层次关联和本质化链接的经验和习惯,这也使学生更难将知识进行深层次连接,缺少洞察知识整体结构和完整体系的经验和能力。

因此,我们迫切需要改变当前的数学教学现状,对教学内容的"深层结构"进行适当的提炼和重组;在教学中强调数学思想方法的重要性,重视数学思想方法的贯彻落实;帮助学生认识到数学学科的实质是一个相互联系、密不可分的综合体,是一门知识相连、过程相似、方法相通、思想相融的学科。基于此,我们开展了基于数学思想方法的"大单元整体教学"。

北师大版数学教材四年级上册"运算律"单元中,"加法交换律和乘法交换律""加法结合律""乘法结合律""乘法分配律"都是先让学生观察两组例子,发现其中的规律,接着用生活中的事例解释规律,用字母表示规律,最后应用规律,从而形成"观察例子—发现规律—解释规律—表示规律—应用规律"的学习方法。教师在这个单元就可以通过数学思想方法来整合教学内容,形成数学思想方法的结构化。这样的数学思想方法还可以应用于寻找图形、数列、算式、乘法与除法变化规律的学习。

---

[1] 王林. 小学渗透数学思想方法的实践与思考[J]. 课程·教材·教法,2010,30(9):53-58.

聚焦数学思想方法的"大单元整体教学"不仅打破了知识之间的壁垒，还使学生能够深刻理解数学思想方法，能够从多角度分析和解决数学问题，从而实现对知识的纵横迁移与灵活应用，进而提升自身的数学学习素养。

基于数学思想方法的"大单元整体教学"使教师能够深入挖掘教学内容中所蕴含的数学思想方法，能够整体把握教学内容，提升教师的专业素养；同时采用学生能够接受的教学方式，使学生能够灵活地运用知识，培养学生的问题意识和创新能力，从而提高教学质量。

（二）基于数学思想方法的"大单元整体教学"的特点

基于数学思想方法的"大单元整体教学"与传统教学有所不同，具有以下特点。

1. 整体性

基于数学思想方法的"大单元整体教学"应以《义务教育数学课程标准（2022年版）》为依据，从整体视角进行关联性思考，即"从大处着眼"。"大单元整体教学"设计的整体性主要体现在：将具有相关性的知识内容或思想方法进行重组与调整，形成完整的知识结构。

具备整体性意识的教师在设计教学目标时也会体现这一点。例如，面对不同难度的数学思想方法，教师可以为不同学段的学生设置不同的学习目标：低学段学生能够感受和了解数学思想方法，中学段学生能够体会和认识数学思想方法，高学段学生能够理解并运用数学思想方法。

2. 发展性

单元教学设计不可能一劳永逸，也不可能一蹴而就。基于数学思想方法的"大单元整体教学"打破了单课时教学的限制，对知识内容和思想方法进行了整合，为教师提供了更多调整和创新的时间与空间。当前期教学出现问题或教师有新想法时，可以及时调整教学设计。

单元教学结束后，教师应及时反思，并根据学生的知识掌握情况，及时改进教学设计。经过改进的"大单元整体教学"设计既可以服务于下一轮的教学，也可以为其他教师提供参考，使教学设计动态发展。

3. 规划性

首先，教师需要熟练掌握教材，才能发现知识背后隐藏的数学思想方法。

其次，开学初教师应对自己的教学有一个整体的规划，合理安排教学课时和内容。最后，教师不仅要对整册教材有合理的安排，还要做好每一课时的目标和内容分配，这些都是规划性的体现。

三、基于数学思想方法的"大单元整体教学"的价值

（一）有助于落实课程理念

《义务教育数学课程标准（2022年版）》在总体目标中提出：通过义务教育阶段的数学学习，学生将逐步学会用数学的眼光观察现实世界，用数学的思维思考现实世界，用数学的语言表达现实世界，并获得适应未来生活和进一步发展所必需的数学基础知识、基本技能、基本思想和基本活动经验。

由此可见，数学思想方法的教学目标已不仅停留在渗透层面，而是像"双基"一样，真正成为课堂教学的常态目标。教师应通过"大单元整体教学"，将数学思想方法作为显性教学目标，让学生关联不同知识背后所蕴含的相同数学思想方法，引导学生对数学思想方法进行归纳总结，并进行有效关联、类比迁移，帮助学生在掌握知识结构的同时形成灵活有用的方法结构，培养学生的思维能力。

（二）有助于培养学生的数学素养

基于数学思想方法的"大单元整体教学"从学生的认知规律和心理特征出发，将零碎的数学知识和思想方法有效整合，确保知识结构的完整性。这不仅可以让学生清楚地了解知识网络，还有助于学生从整体上把握学习内容，体会数学思想方法，培养数学核心素养。教师在日常教学中渗透数学思想方法，能够让学生从多角度出发思考问题，培养学生的观察能力、问题解决能力和分析能力，让学生在数学学习过程中探索和发现规律，构建更为完备的数学学习体系，提升学生的数学应用能力。

例如在北师大版数学教材五年级上册"多边形的面积"单元，教师可以将"转化思想"作为单元核心思想，将暗线变为明线。转化思想的实质是在已有的简单、具体、基本的知识基础上，把未知化为已知、把复杂化为简单、把抽象化为具体、把非常规化为常规，从而解决各种问题。在"多边形的面积"这个单元中，主要有平行四边形的面积、三角形的面积、梯形的面积等学习内容。学生在探究每一种新图形的面积时，可以根据之前的转化经验，将未知转

化为已知：依据出入相补原理，将平行四边形的面积转化为长方形的面积；学习三角形面积时，同样可以把三角形通过添补、旋转等操作，转化为已经学过的图形。具体转化关系见图6-1）。教师通过聚焦数学思想方法的单元教学，使学生实现知识之间的迁移，真正做到大单元内部的融会贯通，并对数学知识体系及其内在结构产生更深的体会。

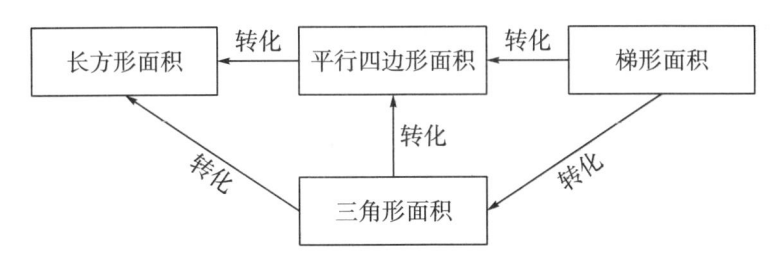

图6-1 "多边形的面积"单元中蕴含的"转化思想"

（三）有助于提高教师的专业素养

在数学教学中，教师需要根据数学体系的"结构化"特点，放大数学要素的"关联性"实质，重视数学教学的"逻辑性"进程，切实增强学生单元学习的意识和能力，提高自身在知识结构化教学方面的素养和水平。

教师应有意识、有意图、有意义地寻找数学思想方法，将知识点串联成知识线、将知识线扩展成知识面、将知识面构建成知识体、将知识体聚合成知识群，用"大单元意识"和"结构化眼光"来培养学生的高阶思维。

从整体上通读教材，梳理知识体系，了解各课时和各单元的教学内容与形式，是"大单元整体教学"的基本要求。教师应根据义务教育数学课程标准，比较各种版本的教材，理解编写者的意图。教师应从教学的实际需求出发，制订教学优化方案，充分发挥"大单元整体教学"的优势，切实培养学生的数学核心素养。

例如，一步分数乘法与多步分数乘法，"求一个数的几分之几是多少"与"求比一个数多几分之几是多少"，在步数上虽有增加，但乘法的意义、思考方式、数学思想并未变化，背后都是对应的思想："1"的量 × 对应分率 = 对应量。有些知识关联则较为隐秘，比如按比例分配，无论是求部分还是求总体，都是先归一求出每份量，然后用"每份量 × 对应份数 = 对应量"，背后实际上也是对应思想。在这两个例子中，前者是浅层关联，后者是深度关联（见表6-1）。深度关联往往是数学知识中的暗线，是跨越数学单元的数学方法或数学思想。

关联点描述		明显关联点举例	隐秘关联点举例
对应思想	数的运算中的对应	①一步与多步分数乘法（求一个数的几分之几或比一个数多几分之几）的运用。②一步与多步分数除法（已知一个数的几分之几或比一个数多几分之几，求单位1）的运用。	①分数乘法与分数除法的运用。②分数与比（份、倍）的运用。③正比例图像中根据一个量估测另一个量。④按比例分配。
	数的认知中的对应	数的认识——数数、数轴上的点和数	整数的大小比较

表 6-1 对应思想

四、基于数学思想方法的"大单元整体教学"的实施

"大单元整体教学"需要寻找或者借助教学中的"关联"来开展，我们可以从以下三个方面开展基于数学思想方法的"大单元整体教学"。

（一）寻找结构化关联标准

要对数学学习进行单元整体构建，我们需要找到各部分间的联系。这种联系的梳理和界定本身也需要整体构建，并需保持一致性，以确保在寻求数学学习关联时始终用相同的视角切入，用相同的维度分析，用相同的标准判断。

因此，我们从以下几个方面来建立"数学学习结构化关联标准图"（见图6-2）：从内部分析和外部分析找到关联的视角，从数学知识、数学思想、学习过程、学习方法四个方面找到关联的标准，从数学知识和数学思想中找到数学知识内在本质的关联，从学习过程和学习方法中找到数学学习外在形式的关联。

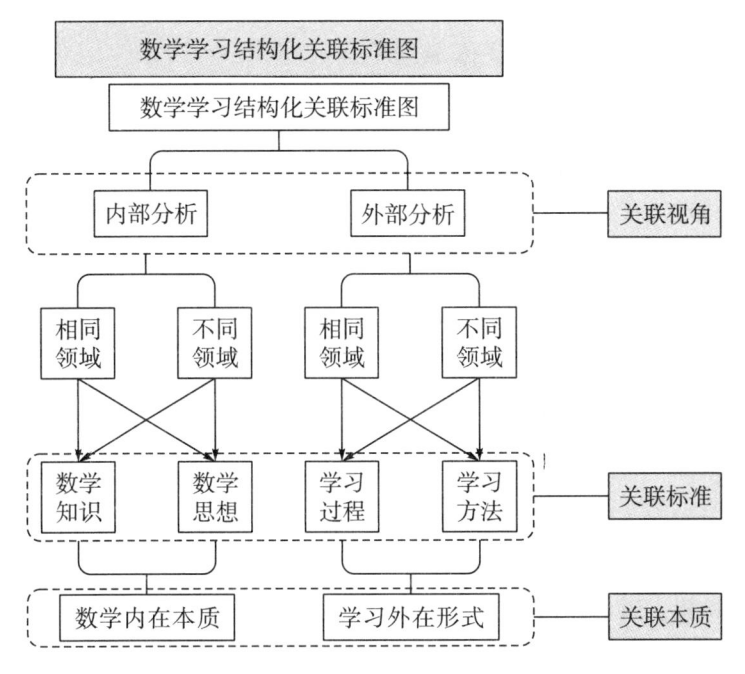

```
数学学习结构化关联标准图
         │
数学学习结构化关联标准图
    ┌────┴────┐
   内部分析  外部分析              ──  关联视角
   ┌─┴─┐    ┌─┴─┐
  相同 不同  相同 不同
  领域 领域  领域 领域
   ╲ ╱      ╲ ╱
   ╱ ╲      ╱ ╲
  数学 数学  学习 学习
  知识 思想  过程 方法           ──  关联标准
   └──┬──┘   └──┬──┘
  数学内在本质  学习外在形式      ──  关联本质
```

图 6-2　数学学习结构化关联标准

（二）梳理思想方法关联库

我们通过数学知识、数学思想、学习过程、学习方法这四个维度来寻找数学学习的关联，构建了"数与代数领域学习关联库"和"图形与几何领域学习关联库"。这些关联库类似于字典，便于分类检索。

我们知道，小学数学教材是数学教学的显性知识系统，其中许多重要的法则和公式在教材中展示了漂亮的结论，许多例题也展示了巧妙的解法。然而，由特殊实例的观察、试验、分析、归纳、抽象概括或探索推理的心智活动过程往往被掩盖在知识的背后。因此，除了罗列数学知识的关联库外，我们还需要罗列数学思想方法的关联库。数学知识本身是非常重要的，但它并不是唯一的，真正对学生未来学习、生活和工作长期起作用，并使其终身受益的是数学思想方法。

以"数与代数领域数学思想"为例，它被有意地细化为以下 6 类思想：抽象、模型、推理、对应、分类、转化。在数与代数领域，重点选取了以下 14 种学习方法：归纳、演绎、类比、假设、递推、画图、列表、方程、替换、操作、枚举、函数、符号化、数形结合。

（三）实施"大单元整体教学"

1. 确定目标

确定目标是"大单元整体教学"的首要任务，也是其"整体性"内涵的体现。"大单元整体教学"是一种思维方式，要求教师在教学活动中必须从教学目标出发，全面考虑。因此，教师在备课和撰写教学设计时，应将数学思想方法与知识技能放在同等重要的地位，而不是让它成为可有可无的元素或总是停留在渗透层面。我们需要采取切实可行的教学措施，确保数学思想方法这一教学目标得以实现。

前文讨论了寻找关联标准和梳理数学思想方法的关联库，接下来我们将结合案例探讨如何落实基于数学思想方法的"大单元整体教学"。

我们查找数学思想方法的关联库，这个结构化的关联库就像是一本字典，便于分类检索。以学习方法关联库中的"画图"为例，我们创编了四年级的"画图真好"一课，该课程并非突出某一具体知识点，而是致力于构建一堂以画图策略解决问题的数学思想方法课。在本课中，我们强调数学思想方法对理解数学知识和解决数学问题的指导作用，展现数学作为一种文化的特点，揭示数学中具有文化共性的内容、思想和方法，让学生感受画图策略在今后数学学习中的重要性。

基于这一理念，针对四年级学生，本课尝试激活、整合和总结学生的画图经验，通过具有代表性的题目，让学生体验画图策略的有效性，感受直观图形在解题中的作用，形成应用画图策略的兴趣和自觉性，提升画图意识；同时提高学生的问题解决能力，引导学生学会画图，体会数形关系，使画图更好地表征问题、分析问题、解决问题。

据此，本课的教学目标确定如下：
（1）培养学生通过画图解决问题的意识，提升学生的问题解决能力。
（2）了解不同应用题常用的图。
（3）理解数形结合的思想方法。

2. 设计导入

对于一堂好课来说，巧妙的导入设计很重要。导入是课堂教学的起始环节，它对于吸引学生注意力并引导学生进入学习状态起着关键作用。因此，在"画图真好"这门课程中，为了在最短的时间内吸引学生并让他们沉浸于课程之中，同时确保数学思想方法的教学目标得以实现，教师设计了"初感画图策略"环节。

【片段1】

四年级"画图真好"，播放听写大会的部分视频

师：今天我们要举行数学听写大赛，拿出纸笔，做好准备，注意：要快速、准确地记录文字意思（见图6-3）。

（播放录音）玉林附小有一块长20米，宽10米的长方形操场，现因学校改进，在操场的4个角落各建一个边长为3米的正方形花坛，现在操场面积是多少平方米？

数学听写大赛

比赛规则
1. 边听边记录，一共听3遍；
2. 用你喜欢的方式记录，比比谁的记录最好？

图6-3 "画图真好"课堂环节（一）

师：展示学生的文字记录和图形记录，询问学生喜欢哪种记录方式？为什么？[板书：文字→图形（简洁）]

师：噢，一道看上去很麻烦的题目，被你们用简单的一幅图轻松搞定。看来，画图是个好办法，今天，我们就来学习——"画图真好"。（板书课题）

通过文字和图形这两种课堂现场生成的记录方式，我们可以展示学生学习策略的真实状况，准确定位学生学习策略的最近发展区，体会画图的必要性，感受画图的优越性，激发学生对画图策略的热爱，促进学生的反思，引起全体学生的共鸣，进一步彰显画图的功能，强化学生的画图意识。

3. 探究新知

小学生对数学思想方法的认识和理解不是一蹴而就的，需要教师在教学中多次引导和深入培养。例如，在"画图真好"一课中，教师应不断强化学生的画图意识，使其夯实画图策略，学习并掌握画图规范；让学生明确画图是一种具有科学性和规范性的行为，画图是有技巧的，要落实学生画图技能的培养，完成从画图意识到画图行为的转变。

除此之外，教师还要进行图形的扩充，可以画的图不仅包括线段图，还有

其他类型的图,如示意图、关系图、数形结合图、集合图等,这些都可以为小学生后续高年级的学习打下清晰的策略认知基础,增强学生对画图策略的情感体验,提高学生运用画图策略的主动性。

【片段2】

(1) 明确画图要求。

学校要给一块正方形操场的四边栽上树苗,每边5棵,最少栽几棵(见图6-6)?

(2) 独立思考、小组交流、全班汇报。

在汇报的时候,通过对学生画的不同图形进行比对,让学生明白画图要符合题意、标清数据、突出问题。

汇报时的片段节选:

师:谁可以指着自己画的图,边圈边说你是怎么算的?

汇报一:5×4-4(学生:先算每边5棵,就是4个5,然后减去4个角重复的4棵)。

师:我没有看到4×4在哪儿?请你圈出来。(学生边圈边说)

汇报二:每边圈4棵,4条边就是4×4=16。

汇报三:每边中间圈3棵,4条边就是3×4=12,最后再把4个角的4棵加起来。算式是3×4+4=16。

(引导学生一张图一张图讲完,最后把3张图放在一起)

师小结:回顾这些方法,有没有三种方法都用了的?

生:我最多用了两种方法。

生:我用了一种方法。

师:看来,我们以后还要把问题想得更深入,更全面,一种方法会了,还要想想有没有其他的方法。

师:那其他的方法,你们都看懂了吗?你们觉得哪种方法的帮助最大?

生:图,图能帮助我们理清思路,还能帮助我们找到新的方法。

学校要给一块正方形操场的四边栽上树苗，每边种5棵，一共最少需要种多少棵树？

图形……

5×4-4　　4×4　　3×4+4

算式……

数缺形时少直观，形少数时难入微；
数形结合百般好，隔离分家万事休。
——华罗庚

图6-4 "画图真好"课堂环节（二）

（3）了解画图的多样性。

师：甲、乙、丙、丁四个人打比赛，每两个人要打一场，一共要打多少场比赛？请你用画图来解决这个问题。

师：谁来说说你是怎么做的？

生：我是用画线段图的方法，甲和乙，甲和丙，甲和丁，然后乙和丙，乙和丁，最后是丙和丁。我说完了，你们还有其他方法吗？

师：我知道有些同学的方法和你的不一样，是用画关系图的方式表示（展示学生作品）。你看得懂吗？

师：看来不仅有线段图，还有不一样的图。还有同学是这样画的图。（展示学生作品，见图6-5）

师：谁明白这个图的意思？

生：甲和其他三个人打，乙和其他两个人打，最后丙只和丁打。这个是树状图——依次考虑各种可能性的、形状类似于树枝的一种图，通常称为树状图。

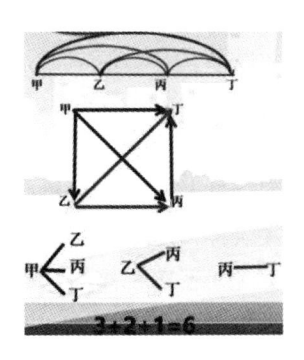

图6-5 "画图真好"课堂环节（三）

师：做这道题，我们用到了线段图、关系图，还有树状图，说明一道题可以用不同的图形来表示的，展示了图的多样性，后续我们还可以了解一些其他的图。

4. 巩固运用

在巩固练习阶段，教师要引导学生感悟如何运用数学知识和数学思想方法，帮助学生对数学思想方法形成初步的理解和体验。在"画图真好"练习中，教师要运用画图策略，让学生科学地认识画图的价值。要让学生明白，并不是所有题目都需要画图：当一道题目信息简单、问题明确时，我们可以直接解答，不需要画图；当一道题目信息复杂、题意理解困难时，我们可以通过画图来辅助思考，考虑画什么类型的图（如线段图、示意图、关系图、树状图、韦恩图等），以及如何画图。画图时要注意清晰标注数据、确保符合题意，这样有助于我们分析题意、理清思路。

【片段3】

（1）请用合适的方法解决下面的问题

①小红家、小明家、学校在同一条直线上，小红家到学校的直线距离是500米，小明家到学校的直线距离是400米，小红到小明家的直线距离可能是多少米？

②劳动小组有男生5人，女生3人，小组一共有多少人？

第一道题需要画图，第二道题不需要画图，通过这样的一组练习，让学生辨析画图时机，打破学生的思维定式，强化和刺激学生的感官，让学生体验到学习要谋定而后动，每种策略都有自己的适用领域。

（2）前后关联，进行图形结构化

不仅你们想到了画图，就连编教材的叔叔阿姨们也想到用画图来解决问题。

从一、二年级开始，我们就在教材上看到用画图来表示数，画图说明计算的结果，有时我们还会在解决实际问题的时候，把应用题的解题过程画出来。

在三、四年级，我们学会了用图形记录搭配的学问、优化的策略等。这种优化的方法如果单用语言来讲述，是不容易理解的，但是如果使用画图策略，就会收到意想不到的效果（见图6-6）。画图，是解决问题的重要策略。我们将在五、六年级的数学学习中继续应用画图策略！

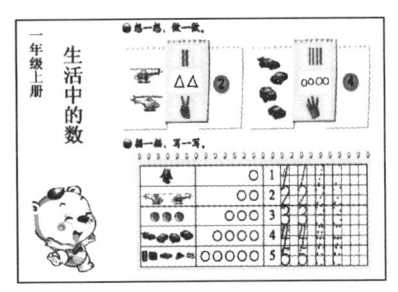

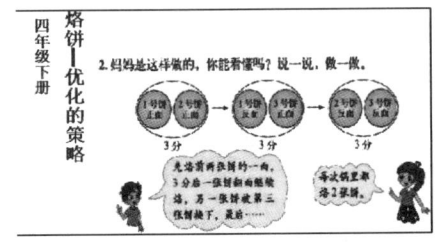

图6-6 "画图真好"课堂环节（四）

此案例并非旨在突出某一知识点，而是致力于构建一节以画图策略解决问题的课程，重点在于培养学生的抽象思维能力。此课例致力于培养学生的画图意识和能力，聚焦于帮助学生掌握实用的画图策略，培养学生的高阶数学能力。整个教学设计让学生经历从图形直观描述、逻辑推理、模型解释到问题解决的全过程，培育学生的数学思维能力，落实学生的数学学科素养。

良好的知识结构是学生掌握数学思想方法的基础。只有理解了知识之间的关系，学生才能有效地利用数学思想方法来学习数学和解决问题。我们不仅希望学生掌握数学知识，还希望他们能主动进行数学思想方法的迁移，开展学习研究，获得独立学习的有效路径。我们希望学生成为知识、能力的主动建构者，成为思想、方法的主动创造者。只有这样，才能促进学生对已掌握的知识进行自觉提炼和主动归类，积极构建简洁的熟悉性结构和经验性结构，拥有探究新知识、处理新问题、面对新事物的能力，激发学生主动学习知识、运用知识的自觉性和自主性，为后续学习积累成功的学习经验。

第二节 基于数学思想方法的"大单元整体教学"案例

在本节中，我们将以小学数学中"转化""由一个到一类""比赛场次"等为例，讲述如何基于数学思想方法进行"大单元整体教学"。

追求更好的教学
——"大单元整体教学"的行与思

一、"转化"单元教学案例解读

单元名称：转化。

设计人员：成都高新区教育发展中心曾亮。

课时来源：北师大版数学教材六年级下册总复习。

本教学案例以北师大版数学教材六年级下册的"解决问题的策略（转化）"为例，基于转化的数学思想方法，教师将引导学生将思维过程外显，促进学生思维能力的提升。

（一）梳理知识结构，唤醒转化思想

在小学数学教材中，数学知识的编排是螺旋式递进的。前面所学的知识为后面将要学习的知识奠定基础，而后面知识的学习又巩固了前面所学的知识，它们之间相互促进、相互影响。转化思想可以疏通新旧知识，使学生在学习新知识的同时建立起与已有知识的桥梁，推动学生学习新知识的进程。

课前调查和前置作业的反馈显示：学生对于转化在"形"方面的应用最为熟悉。从"形"入手开展教学，符合学生的认知水平和原有基本活动经验，更有利于教学的进一步深入。在教学中通过展示学生的作品，可以充分体现学生的思维过程，引导学生对前期学习过的"形"方面的知识进行有序梳理，让学生经历回顾整理的全过程，唤醒学生运用转化思想对数学知识进行回顾、总结、提炼的能力。

【片段1】

生1：请看，我们可以用割补的方法把平行四边形转化成长方形，割补后面积不变。

生2：我还找到三角形面积公式的推导：将2个完全一样的三角形拼成1个平行四边形，原三角形面积是这个平行四边形面积的二分之一。

生3：梯形面积公式推导是将2个梯形转化成平行四边形。

生4：我补充，必须是两个完全一样的梯形。

生5：圆面积公式的推导：将圆分成若干等份，转化成一个平行四边形。

（等待几秒，学生无异议）

师：同学们对于生5的发言有需要补充的吗？

（学生思考片刻）

生6：应该是近似平行四边形，只有当我们分的份数无限多的时候，才会无限接近平行四边形。

师：大家觉得这个补充怎么样？

生：很好！

（体积、周长部分的汇报略）

师：（同屏呈现学生汇报作品，见图6-7）请同学们认真观察这些例子，有什么发现吗？

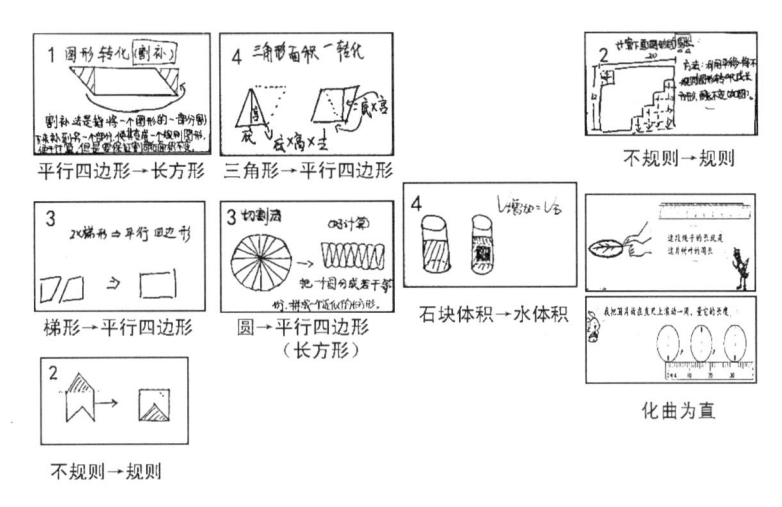

图6-7　"转化"之学生作品

生7：我发现他们都是把没有学过的图形转化成已经学过的图形。

生8：把不规则的图形转化成规则的图形。

师：真是有意义的发现，那转化前后需要注意什么呢？（手势分别指到"面积""体积""周长"三个板块）

生：转化前后必须保证面积不变、体积不变、周长不变。

师：同学们说得真好，面积不变、体积不变、周长不变就是我们常说的"等值"。

……

一位学生搜集的例子是有限的、不全面的，在课堂上，教师可以将这些散落的"点"串联成一条"线"，让学生的思维得到充分外显，这更有利于学生洞察数学的本质，把握数学知识的背景，认识数学知识结构及其内部关系，从而提升学生数学思维的深刻性。

这种学习也为学生后续学习圆柱体积和表面积、圆锥体积等打下良好的思维基础。与此同时，我们观察到在整个过程中学生的批判性思维得到发展。例如，当一位学生提出"将圆转化成平行四边形"时，教师给予学生充分的时间对该学生的发言进行分析和反思，找到漏洞，并独立地提出自己的观点。

（二）体现相异构想，内化转化思想

在课堂上，教师的适时点拨，能够让学生从不同角度思考问题，不断内化转化思想，比较全面地分析问题和解决问题。

【片段2】

教师出示探究性题目。

有16支足球队参加比赛，比赛以单场淘汰制（即每场比赛淘汰1支球队）进行。一共要进行多少场比赛后才能产生冠军？

教师刚念完题目，一位学生立刻举手表示已经知晓答案（解法三），不到1分钟陆陆续续又有学生示意完成。

教师鼓励完成的同学继续思考还有没有别的方法。结果令人欣喜，不少学生的探究单上记录着两种，甚至三种不同的解法（见图6-8）。

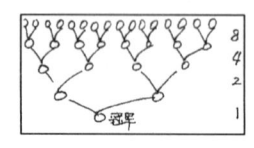

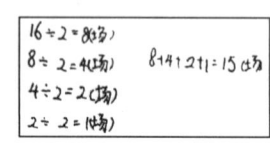

解法一：　　　　解法二：　　　　解法三：

图6-8 "转化"之学生的不同解法

生1：我用画图法，发现一共需要比赛15场。

生2：我是列算式，每场淘汰1支队伍，那么第一轮就应该进行16÷2=8（场）比赛，第二轮就是8÷2=4（场）比赛，以此类推，再把每轮比赛场数加起来就等于15场。

生1：老师，我发现他的方法其实和我的方法是一样的，不过我用的是画图。

师：同学们也是这么想的吗？

生：是的。

生3：生2的算式正好解释了生1的图。

师：同学们真了不起，不仅找到了不同的方法，还能一眼发现它们之间的

联系。可是解法三我有点儿不明白，大家看懂了吗？

（停顿片刻）谁愿意来为大家解释一下？

生4：我是这样想的：冠军只有1个，那么"一共要进行多少场比赛后才能产生冠军"实际上就是问"要淘汰多少支球队"，一共16支球队，减去1个冠军就可以了，所以就是16－1＝15（场）。

（教室内陆陆续续有学生鼓起掌来，但还是有学生面露疑惑之色）

师：哦，我还是有点儿不明白，怎么"一共要进行多少场比赛后才能产生冠军"就变成"要淘汰多少支球队"了呢？还有没有同学愿意再来解释一下？

生5：老师，我刚开始也画了和生1一样的图，但后来我觉得这个图更简单。（为大家展示，见图6－9）请大家看我的图，黑色三角表示冠军，根据"每场比赛淘汰一支球队"，那么一个球队要获得冠军就要淘汰其他所有球队，就必须跟除自己以外的每个队比赛，所以是16－1＝15（场）。

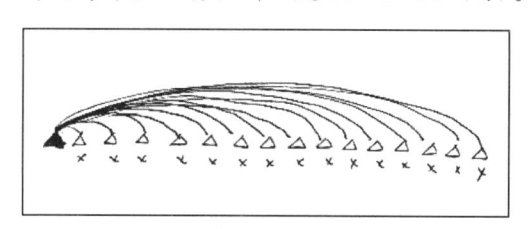

图6－9　"转化"之学生的连线法

（面露疑惑的学生恍然大悟，鼓起掌来）

师：真是巧妙极了，在这个过程中，你们已经将问题悄悄进行了转化，进行逆向思考，考虑问题的角度不同，方法也会不同，选对思考的角度能让问题一下子变得简单起来！

从以上片段我们不难看出：学生在探究过程中善于从不同角度思考问题，用不同方法解决问题，能自由地从一个角度转向另一个角度，从一种途径转向另一种途径，不拘泥于陈规，善于随机应变，将问题进行转化。通过探究，部分学生能在较短的时间内果断而迅速地选择恰当的方法，得到简洁的解题思路，使问题迎刃而解。同时，思维外显体现了学生不同的思维过程及解题方法，学生数学思维的灵活性和敏捷性在探究活动以及相互学习的过程中得以自然提升。

（三）汇集思维火花，提升转化能力

在教学中，学生对转化思想已经有了大致的印象后，还要对转化思想有更

追求更好的教学
—— "大单元整体教学"的行与思

进一步的理解，教师需要巧设练习，激发学生思维的火花，提升学生的转化能力，使每一道练习题都是一场思维的训练，让学生能够在其中回顾和体会转化思想的价值和意义。

著名数学家高斯小时候就具有数学思维的独创性，在计算 1+2+3+4+……+100 时，不是依常规的计算步骤一个数一个数地加，而是排除过去的思维模式，采取了一种新颖的算法。在本课教学过程中，有这么一个片段，利用思维外显，汇集学生探究过程中的思维火花，让这些"火花"可听化、可视化，促进了学生转化能力的提升。

【片段3】

学生对于计算题 $\frac{1}{2}+\frac{1}{4}+\frac{1}{8}+\frac{1}{16}$ 的反馈（见图6—10和图6—11）。

解法一：　　　　解法二：　　　　解法三：

图6—10 "转化"之学生的不同解法

解法四：

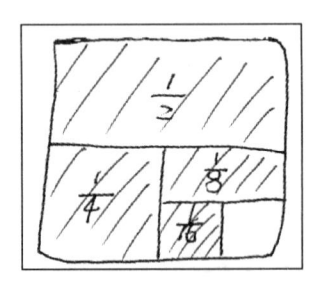

图6—11 "转化"之学生的画图法

生1：我将异分母加法转化成同分母加法，这样很容易求出结果。

生2：我先将 1/2 转化成 (1-1/2)，1/4 转化成 (1/2-1/4)……然后再根据运算律去掉括号，这样中间部分的数都可以抵消，只剩下 (1-1/16)，所以等于 15/16。

生3：根据这一串加数的特征，我发现再加上一个 1/16 就是1了，于是我先给它加上 1/16，然后再减去 1/16，结果不变。原式也等于（1－1/16），所以等于 15/16。

生 4：我也是用（1－1/16）来计算的，但是我是这样想的：用正方形表示"1"，几个加数就是图中的涂色部分，只要用"1"减去空白的 1/16 就可以了，所以原式等于（1－1/16）。

（随着生 4 边讲边画，同学们发出恍然大悟的感叹。）

师：同学们，你们认为这个方法怎么样？

生 5：很简单。

生 6：太与众不同了，把算式转化成了一个正方形，很奇妙。

师：是啊，根据数据特征，用具体的形来表示抽象的数，让这道题目一下子变得生动、直观起来，这就是我们常说的"数形结合"。

上述教学片段中，除了解法一属于常规解法外，其余解法都在不同程度上体现了数学思维的独创性。学生通过对数据的观察和分析，准确地把握数据特征，独辟蹊径，在思维和方法上进行创新，从而呈现出新颖的思维成果。特别是学生 4，他将抽象的数学语言与直观的图形有机地结合起来进行思考，抓住了数与形之间的本质联系，用"形"直观地表达"数"，使问题得到解决。我们的数学课堂应该提供更多这样的特定问题，并设计更多能激发学生求异思维和创新能力的教学活动。

二、"由一个到一类"教学案例解读

单元名称：由一个到一类。

设计人员：成都教育科学研究院附属学校陈宏。

课时来源：北师大版数学教材六年级下册总复习。

在小学阶段的数学学习中，学生需要掌握的知识量很大，这常常让学生感到内容繁多、杂乱无章，难以记忆。为了将这些知识点串联起来，教师可以引导学生利用思维导图，从"纵向结构"和"横向结构"两个维度对小学数学的学习内容进行梳理。这样的方法有助于学生明晰知识的关联性，但可能不足以凸显知识间的内在联系。因此，在数学教学中，教师需要树立大数学观，基于数学思想方法进行"大单元整体教学"。

以整理与复习的方法之"由一个到一类"为例，教师可以引导学生初步构建"例子—分析特征或特点—联想归类"的整理与复习方法模型。这有助于培养学生将知识结构化的意识与能力。

（一）创设问题情境，培养类比方法

从一系列问题情境出发，让学生体会有时候仅比较一个量就足以解决问题，而有时候仅比较一个量是不够的，需要通过两个量之间的比较关系来解决问题。通过一系列的比较活动，例如"谁投得更准？"和"谁跳得更高？"，将这两个看似不相关的问题联系起来，找出它们的共同特征，并类比到具有相似特征的一类问题上（参考图6-12）。

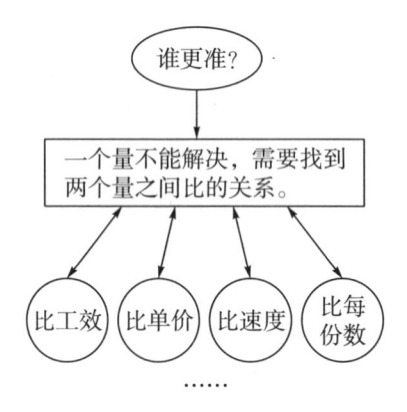

图6-12 "由一个到一类"结构

（二）梳理知识结构，建构方法模型

师：我们一起回忆一下，刚才我们先研究的是一个例子，接着就变成了？

生：很多例子。

师：就是一类这样的知识、思想、方法……

师：由一个到一类，这个过程中还经历了哪些步骤呢？请在小组内回顾总结。

学生小组讨论，汇报分享。

生：首先分析一个例子，找到它的特征，再通过类比联想到一类知识。

生：这一类知识又都具有这个相同的特征（见图6-13）。

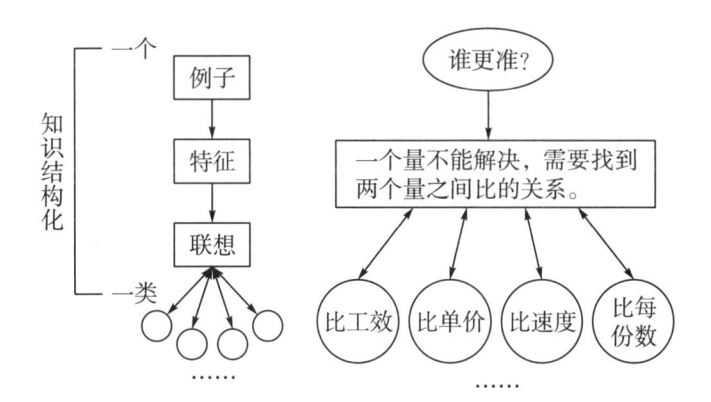

图 6—13 "由一个到一类"知识结构化图

教师引导学生完成"独学—组学—共学—回头看"四个环节，带领学生回顾并总结"由一个到一类"的过程中所经历的步骤，初步构建"例子—分析特征—联想归类"的整理与复习方法模型。

这种结构化的整理与复习方法，不是对已学知识的简单重复，而是对知识进行更深层次的再学习，加深对数学知识的理解，并扩展数学知识间的联系。学生通过运用这种方法，将零散的知识点、思想和方法串联起来，有效避免了信息节点的遗漏和信息碎片化的混乱，促使学生在学习中能够触类旁通，举一反三。

（三）巩固方法迁移，内化方法模型

师：我们再来试一试，请看屏幕。（屏幕显示：$\frac{2}{7}$ 和 $\frac{7}{2}$，3 和 $\frac{1}{3}$，0.25 和 4）

师：像这样的数，你还能说出几组吗？

生：$\frac{3}{8}$ 和 $\frac{8}{3}$，$\frac{1}{9}$ 和 9……

师：你能从这些数据中找到它们的共同特征吗？

生：它们都互为倒数。

生：这两个数不能单独存在，它们具有相互依存的特征。

师：我们找到倒数这个概念，分析出"相互依存"的特征，你能通过联想找到具有这种特征的概念吗？（见图 6—14）

追求更好的教学
——"大单元整体教学"的行与思

1. 我们找到倒数这个概念分析出特征，你能通过联想再找到具有这种特征的概念吗？

2. 你还能按照这样的流程，自己选一个例子分析出特征，通过联想再找到具有这种特征的例子吗？

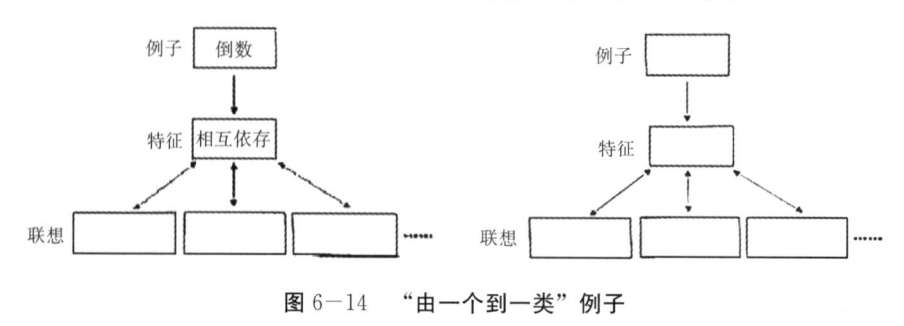

图 6—14 "由一个到一类"例子

在初步构建整理与复习的方法模型后，教师并没有立即放手，而是继续"扶"着学生，再次体验"例子—分析特征—联想归类"的整理与复习方法模型，引导学生巩固和迁移知识。随后，教师让学生独立按照"由一个到一类"的结构化整理与复习方法流程，自己选择一个例子（知识、问题、题型），分析其特征，并通过类比联想找到具有相似特征的其他例子。

通过不同层次的处理，"扶"与"放"的关系得到了妥善安排，让学生在"扶"与"放"相结合的教学中，结构化整理与复习的能力逐渐提高。

本节课引导学生关注知识的内在联系和逻辑本质，运用"由一个到一类"的整理与复习方法，对跨领域、跨年级的知识进行整体构建和融合，将零散的知识点逐步系统化、结构化，形成知识体系，构建起知识网络，从而提升学生的结构化意识和迁移能力，形成深度学习。这种方法也可以应用于任何一门学科的整理与复习中。

三、"比赛场次"教学案例解读

单元名称：比赛场次。

设计人员：成都玉林中学附属小学周婷。

课时来源：北师大版数学教材六年级上册"数学好玩"。

本单元以北师大版数学教材六年级上册"数学好玩"中的"比赛场次"为例，引导学生通过列表和画图发现规律，体会解决问题的策略。这些策略既包括列表和画图的方法，也包括"从简单情形开始寻找规律"的思路。最终，学生将运用这些解决问题的策略来解决生活中的类似问题，培养"从解决一个问题到解决一类问题"的结构化意识和能力。

（一）深入解读教材

在对北师大版数学教材"问题解决的策略学习"进行梳理时，我们发现北师大版教材在"策略学习"方面呈现出"渗透式为主，专题式为辅"的编排特点（参见图6-15）：渗透式的编排在教材的各个知识领域中都能发现，例如数学三年级上册的"里程表（一）"渗透了"画图"的策略，数学六年级上册的"圆的面积"渗透了"转化"策略等；而专题式的编排，则主要是在"数学好玩"及其他适合的内容中安排了解决问题的策略学习，如五年级上册的"鸡兔同笼"——列表法，五年级下册的"相遇问题"——方程法，以及五年级的"点阵中的规律"——递推法。

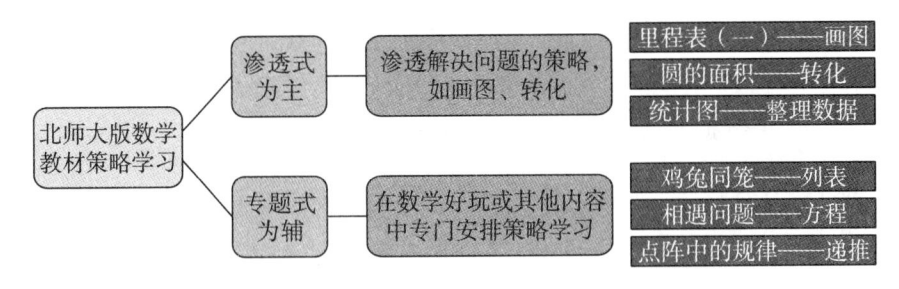

图6-15 北师大版数学教材策略学习

"比赛场次"这一课属于专题式编排，主要讲解问题解决中的一种重要策略——递推。其他几个版本的教材也将递推这种策略纳入教学内容：苏教版教材侧重使用列表和画图来解决比赛场次问题；人教版教材六年级上册的"数学广角"也在讲述递推，但它是从算式的角度来解决问题。"比赛场次"这一课主要通过解决"比赛场次"的实际问题，引导学生通过列表和画图发现规律，体会解决问题的策略，这既包括列表和画图的策略，也包括"从简单情形开始寻找规律"的方法。

教师运用这种问题解决策略来解决生活中的类似问题，培养学生"从解决一个问题到解决一类问题"的结构化意识和能力。单元课时紧紧围绕"学知识—促方法—渗思想—强结构"这条主线（参见图6-16），采取结构化的方式展开教学：一是知识结构化，即以"知识点"为线索，梳理北师大版数学教材中用排列组合的知识解决生活中类似问题的方法；二是方法结构化，即以"方法"为线索，梳理教材中用列表、画图、递推等策略解决问题的实例。

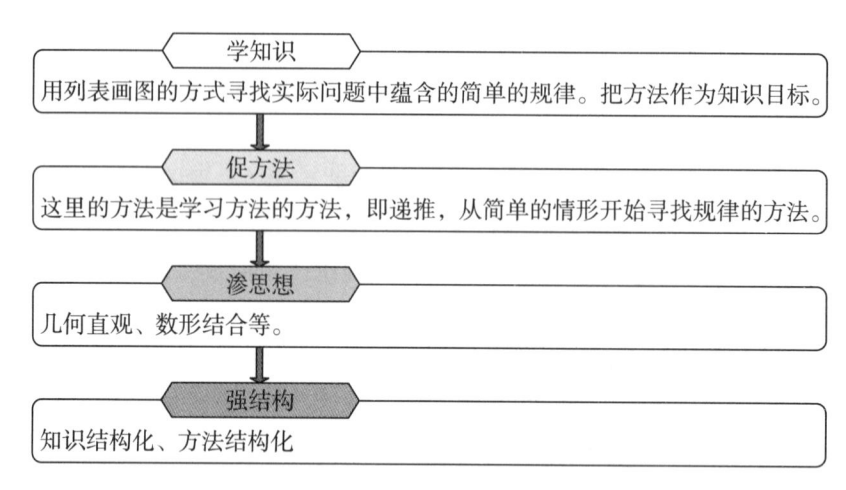

```
┌─────────────┐
│  学知识     │
├─────────────────────────────────────────────────┤
│ 用列表画图的方式寻找实际问题中蕴含的简单的规律。把方法作为知识目标。│
└─────────────────────────────────────────────────┘
        ↓
┌─────────────┐
│  促方法     │
├─────────────────────────────────────────────────┤
│ 这里的方法是学习方法的方法，即递推，从简单的情形开始寻找规律的方法。│
└─────────────────────────────────────────────────┘
        ↓
┌─────────────┐
│  渗思想     │
├─────────────────────────────────────────────────┤
│ 几何直观、数形结合等。                           │
└─────────────────────────────────────────────────┘
        ↓
┌─────────────┐
│  强结构     │
├─────────────────────────────────────────────────┤
│ 知识结构化、方法结构化                           │
└─────────────────────────────────────────────────┘
```

图 6-16 "比赛场次"学习主线

（二）准确把握学情

对于"比赛场次"问题，教材分别采用了列表和画图的方法来探究并得出计算规律。在解决这类问题的过程中，学生的学习情况如何？学生在解决这类问题时是否遇到了困难，他们倾向于使用什么解决方法？为了了解具体情况，教师设计了前测作业，对任教学校六年级某班的 40 名同学进行了前测：

在足球比赛中，中国队、日本队、韩国队、澳大利亚队，每两支球队之间要比赛一场，一共要比赛多少场？

（1）请写下你的方法，让人一看就明白！

（2）你能写出这些方法之间有什么区别和联系吗？

（3）如果有 10 个队伍，一共需要比赛多少场呢？你会怎么计算呢？

通过对前测作业的分析可以看到：

（1）近 80% 的学生至少能用两种方法解决问题，而小组交流的价值在于与他人分享不同的方法。

（2）从学生所使用的方法来看，学生能够用连线、列表、计算等方法来解决 4 个队伍比赛场次的问题，这说明学生已经具备了结构化能力的基础；即便将数据增加——求 10 个队伍一共要比赛多少场，全班也只有 8 个学生不会做，有 32 个学生做对了。

（3）从做对的学生使用的方法来看，学生对于解决"10 个队伍打比赛"的问题，已经具有丰富的画图连线经验，使用连线法的学生占到 43%，而列举、画表格的最少，这表明学生缺乏使用递推策略的前期经验。同时，对于

"10个队伍打比赛"的问题,学生虽然略知一二,但实际操作起来又感到困难。如何解决这种现象?教师设想通过改变数据,让学生返回学习的起点,从简单问题入手,找到解决问题的方法。

(4) 在数有多少条线段的时候,有6个学生出错,其他34个学生做对了。从中可以看出,学生还是习惯于连完全部线段,简化意识比较薄弱。因此,教师要培养学生化繁为简的思维,从易到难,将分析问题、归纳规律作为学习的目标。

(5) 面对"这些方法能解决生活中哪些类似的问题"这一提问,有13个学生不能举例,占总数的33%;有27个学生可以举例,占总数的67%,这说明学生具有一定的结构化意识。其中,举例错误的有13个学生。

(三) 实施结构化教学

要让学生认识数学是研究"关系"的学科,教师需要通过寻找关联来培养学生结构化的意识和能力。当然,寻找关联不仅要挖掘数学的内在本质,即与知识同步渗透的主要数学思想,还要关注学习的外在形式,找到学习过程和学习方法的共同属性,打破各知识模块之间的"隔断墙"。这样,学生就能具备结构化学习的意识和能力,学会学习,学会思考。

1. 关联数学知识,把握数学知识本质

在整体性视角下构建的知识框架,好比知识的"承重墙"。但是,仅仅看到这种线性的、单向的"逻辑结构"显然是不够的。教师还应突破这种主要由教学先后次序形成逻辑线索的束缚,从更广泛的角度解释这些概念之间的内在联系,从而真正建立起整体性的概念体系。

"比赛场次"这一部分教学内容主要通过解决比赛场次的问题,引导学生通过列表、画图发现规律,体会解决问题的策略。这一数学知识具体可以分为以下几点:一是数量变换,即根据"比赛规则"寻找"人数与场次之间的数量关系",从而找到规律。二是符号表示,即学生无论采取画图、画符号、列表、列算式中的何种策略和方法,他们的目标都是一致的,都是寻找"场次数是怎样随着人数变化而变化"的答案。三是表达规律,即学生发现规律:每增加1个人,增加的场数就比现在的总人数少1,求总场数就从1连续加到比人数少1的数。如果有n个人参加比赛,计算总场数的公式就是从1加到$n-1$,即$1+2+\cdots+(n-1)$。学生将在分析、比较、抽象、概括等思维活动中,体会以简驭繁的数学思想方法。

2. 关联学习方法，帮助学生学会思考

学生在获取一类数学知识时，常常采用相同的学习方法和策略。因此，教师应引导学生对这些学习方法和策略进行归纳总结，并进行有效关联和类比迁移，帮助学生在掌握知识结构的同时，形成灵活有用的方法结构。在小学数学中，常见的学习方法包括归纳、类比、假设、递推、倒推、归一、列表、画图、枚举等。"比赛场次"这一课主要解决的问题是"10 名同学，每两名同学之间比赛一场，一共要比赛多少场"，教师让学生自由探讨和交流，唤醒他们已有的知识经验。这样，学生就发现了连线、画图、列表等多种问题解决方法。

【片段1】

（1）连线法

生1：我是用画图的方法，用 10 个点分别代表 10 个人，第一个和其他 9 个人比，就要比 9 场，第二个人再和其他 8 个人比，就要比 8 场，依次连接，得到 9+8+7+……+1 这个算式，算出来是 45 场（见图 6—17）。请问大家有疑问或补充吗？

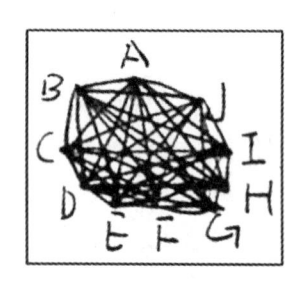

图 6—17　"比赛场次"学生作品

师：你们看得懂吗？谁懂她的意思？大家来评价一下怎么样？

生2：我觉得你可以用简单的图，不用画那么多线，太麻烦了。

（2）画图法

师：我还看到一种解法也是连线法（见图 6—18）。谁能看懂它们之间的区别？

第六章 基于数学思想方法的"大单元整体教学"

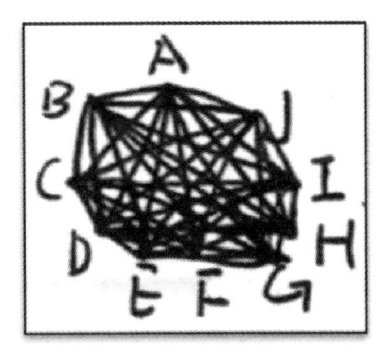

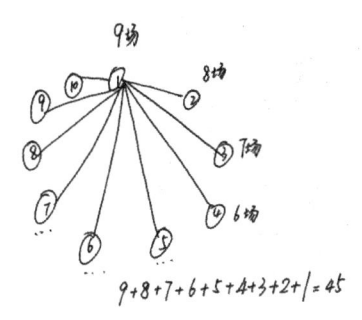

图6-18 "比赛场次"学生作品对比

生3：一个画完，一个没有画完。

师：看了这两种连线，你们喜欢哪一种？

生4：喜欢后面的简洁画法。

师：为什么你们觉得这个简单？

生5：连的线很少，连了一两条就找到规律了。

师：哦，原来大家觉得不用画完也可以。

（3）列表法

生6：假如有2个人，就只比1场，有3个人，就比2+1=3场。如果有4个人，就比3+2+1=6场。然后我发现了规律，每增加1个人，增加的场数就比现在的总人数少1，求总场数就是从1连续加到比人数少1的数。如果有 n 个人打比赛，就是 $n-1+\cdots\cdots+1$（见图6-19）。

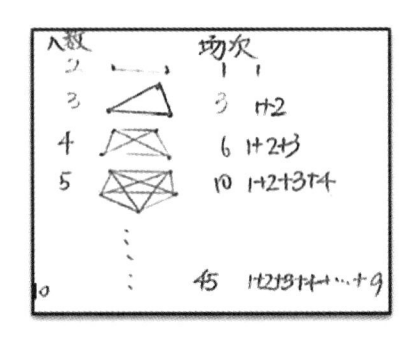

图6-19 "比赛场次"学生列表

师：听了他的话，大家有什么想说的？

生7：他在递推，然后从2个人的时候是1场，3个人的时候是2+1=3（场）发现规律，最后还总结出了公式。

师：这样画有什么好处？

追求更好的教学
——"大单元整体教学"的行与思

生8：简单、明了。

师：简单在哪里？

生8：他从简单入手，找到了规律。

师：大家都觉得这种方法简单，那和前面的方法相比相同点在哪儿？不同点在哪儿？

生9：相同的地方在于都从简单入手，找到规律；都没有连完，都是化繁为简。不同的是，前面一个图要连很多线……

师：前面一幅图只画了第1个人和其他人打9场，只关注了1个人的情况，后面一幅图画了2个人的、3个人的、4个人的，才找到规律，大家却说这种方法简单，这是为什么呢？

生10：有些图的简单是在于好画，但是这幅图的简单在于能一眼能看出规律。它们各有各的优点。

师：看来，这里的"简"可不仅仅是形式上的简，关键是思维上的"简"，方法上的"简"。

在探究、分享和讨论的过程中，有的学生采用画图连线找规律的方法，有的学生采用递推找规律的方法，还有的学生直接写出加法或乘法算式等。在这里，学生所展现的思维品质是有差异的，并不是所有学生的思维敏捷性都能同步发展。对于暂时有疑惑的学生，教师给予了充分的时间，鼓励他们提出疑问，让他们对他人的解法进行分析和反思，并提出自己的看法和问题，有意识地培养学生的批判性思维。这样，学生就经历了问题解决的过程，丰富了问题解决的经验，并进行了有效的关联和类比迁移。

3. 关联数学思想，落实数学学科素养

《义务教育数学课程标准（2022年版）》明确指出，数学学科的课程目标以学生发展为本，以核心素养为导向，进一步强调使学生获得数学基础知识、基本技能、基本思想和基本活动经验。由此可见，数学思想方法的教学目标已经不仅仅停留在渗透的层面，而是像"双基"一样，真正成为课堂教学的常态目标。

【片段2】

（1）对比题组

师：对比这几组（见图6—20）问题，你现在有什么想说的？

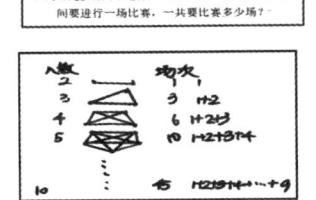

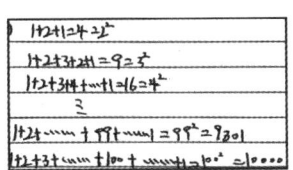

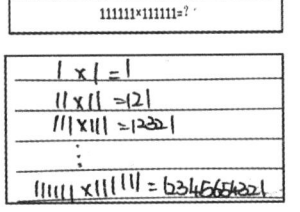

图 6-20 "比赛场次"题组

生1：都是在递推，都是从简单入手，寻找规律，从而解决问题，都是在化繁为简。

生2：还是从简单入手好。

生3：化繁为简有技巧，一般需要"观察特征—简单入手—寻找规律—解决问题"这几个步骤。

(2) 前后关联

师：这种化繁为简的方法你们以前遇到过没有？

生4：5个小朋友，2个人握一次手，一共要握多少次手？

生5：二年级学习乘法的时候，我们就是这样化繁为简的：$2=1×2$、$2+2=2×2$、$2+2+2=2×3$……几个相同的加数相加就可以写成乘法算式。

师：其实，我们今天解决的"比赛场次"问题，就是教材六年级上册的内容。这种生活中的规律就是我们探索规律中的一种。我们教材上还有图形中的规律、算式中的规律、生活中的规律、计算中的规律等。

(3) 先立后破

师：如果让你计算 $2222222222×4$，你会怎么做呢？

生6：8888888888。

师：你们怎么这么快就说出答案了？为什么不用化繁为简呢？

生7：$2222222222×4$，不需要进位，直接乘。

生8：这个是没有必要的。

师：你觉得什么时候才有必要化繁为简？

生8：很复杂，很陌生，找不到规律的时候才要化繁为简。

在课程中，学生通过回顾学过的知识和方法，与解决的新问题建立联系，积累思考问题的经验；面对不同的问题，学生能想到用化繁为简的策略来解决问题。当然，并不是所有题目都需要化繁为简，只有遇到复杂、棘手的问题时才需要采用这种方法。

第七章　基于项目式学习的"大单元整体教学"

在前文中，我们讨论了基于自然单元、跨自然单元、基于数学思想方法的"大单元整体教学"，在本章，我们将尝试突破学科的边界，以项目式学习为抓手，探究学生在学习中遇到的真问题，形成经验性、思维化的单元群组。这些群组中的内容不仅包括某一学科的内容，还包括与其他学科交叉的内容。这样的群组经统整后形成了项目式大单元。本章，我们将讨论如何借助项目式学习进行有效的"大单元整体教学"。

第一节　基于项目式学习的"大单元整体教学"概述

一、项目式学习的内涵

项目式学习最初起源于美国。马克汉姆认为，项目式学习是在真实情境下，学生围绕一定主题，在教师精心设计的任务基础上开展的较长时间的开放性探究活动，最终实现核心知识的建构和自身能力的提升，这是一种教学模式。在项目式学习的过程中，为了完成项目作品的制作及公开展示，学生在主动构建知识、创造性地解决问题的过程中不知不觉地对核心概念及其原理形成深刻的理解。因此，项目式学习是一种能充分发展学生自主学习能力、培养学生创造性思维的教学方式。

刘景福、钟志贤认为，项目式学习是以学科的概念和原理为中心，以制作作品并将作品推销给客户为目的，在真实世界中借助多种资源开展探究活动，并在一定时间内解决一系列相互关联的问题的一种新型探究性学习模式[①]。美国巴克教育研究这样描述项目式学习：项目式学习是一套系统的教学方法，它涉及对复杂、真实问题的探究过程，也是精心设计项目作品、规划和实施项目任务的过程。在这个过程中，学生能够掌握所需的知识和技能。

结合不同研究者的观点，我们认为，项目式学习是指学习者在真实的学习情境中产生真问题，并以相应的内容为载体，通过开放性的活动进行探究、建构，最终完成项目作品，并对其进行展示、评价的学习方式。

二、基于项目式学习的"大单元整体教学"的意义

基于项目式学习的"大单元整体教学"以学习者为主体，要求学习者主动建构知识。项目式学习在真实的学习情境中产生真实的问题，形成研究项目的过程，也就是一个新的"大单元"产生的过程。这个大单元与前文讨论的数学教材单元内的、数学教材跨单元的、数学思想方法的"大单元整体教学"有所不同，它的特殊之处在于：它由学生在学习中确定最原始的研究问题，是一种经验性的、思维化的单元群组。这些群组中的内容不仅包含某一学科的内容，还涉及与其他学科内容的交叉，有时甚至可能跨越学科界限，这样的群组统整后便形成了新的"大单元"。

三、基于项目式学习的"大单元整体教学"的特点

基于项目式学习的"大单元整体教学"是有别于传统教学的，具有如下特点。

（一）情境性

项目式学习的问题源自于真实的生活情境。教师提供的学习材料需要与学生的生活实际相契合，真实的情境更能激发学生的思考。在确定好研究的问题并形成新的经验单元——大单元之后，学生和教师都将置身于真实的情境中，并开展项目研究，项目研究的最终成果也能够应用于真实世界。

例如，在学习北师大版数学教材二年级上册的"购物"单元时，教师可以

---

① 刘景福，钟志贤. 基于项目的学习（PBL）模式研究 [J]. 外国教育研究，2002（11）：18—22.

让学生携带人民币前往超市购物。在超市购物这样一个真实情境中，学生更容易产生问题。教师可以提前让学生带上纸笔，及时记录自己的问题，回到课堂后进行分享。最终，在学生提出的多个问题中筛选出合适的问题，开展项目式探究。

（二）统整性

在生活中，我们面对的并不是一个个支离破碎的问题，而是相互关联的实际问题。项目式学习使我们的学习更像是在解决真实的问题。在面对相互关联的实际问题时，我们需要用统整的思想将它们串联成线性的大单元。

同样，为了解决课堂教学的碎片化问题，进行"大单元整体教学"的前提是要对学生情况、学习材料等进行分析，并依据项目核心问题加以统整。同样以上述"购物"单元为例，学生产生的问题一定是与自身有关的。那么回到课堂，教师面对这么多的问题该怎么处理呢？教师需要分析学习材料、学生情况，统整教材，对标问题，梳理出核心问题，形成大单元，确定项目。

（三）探究性

基于项目式学习的"大单元整体教学"强调学生的自主探究，学生在探究过程中产生新的问题，确定项目研究对象。在实施基于项目式学习的"大单元整体教学"时，学生根据大单元的内容和项目的主题，组建项目团队，查阅相关材料，在团队合作的基础上，自主设计项目方案，进行自主探究。

项目式学习是一种开放的活动形式，是一种特殊的探究活动。与一般探究活动不同的是，项目式学习具有明确的成果目标，即学生的作品。在制作作品的过程中，学生需要运用跨学科的综合知识和技能来完成作品，并对作品进行展示和评价。

（四）互动性

基于项目式学习的"大单元整体教学"强调以学习小组为单位进行教学，教师在此过程中充当学生学习的辅助者，组织学生分小组活动，确保每个小组成员都能明确问题和任务，并帮助、引导学生通过小组集体协商解决问题。小组成员在明确分工后，根据自己的任务搜集和获取更多资料，分析、整理资料，完成自己的任务，并在小组内交流、汇总探索成果。

由于小组内每个成员的生活经验、习得的知识和能力不同，每个成员看待和分析问题的方式各有特色，对同一问题众人可能会产生不同的解决方案，这正是互动合作学习方式的最大优势之一。在小组交流讨论问题的过程中，各个成员之间会相互质疑、鼓励、点评，这更有利于学生对问题的探究和思考。

（五）建构性

建构主义理论是项目式学习的三大理论基础之一。建构主义强调学生是整个教学过程的中心，学习是学生在特定情境下，借助教师和学习伙伴的帮助，自主建构知识的过程。项目式学习的驱动问题源于已有知识无法解决新问题的情况。学生在真实情境的大单元中探究问题，并在此过程中渗透知识，从而对自我进行建构，形成新的知识、新的认知。

四、基于项目式学习的"大单元整体教学"的基本要素

基于项目式学习的"大单元整体教学"应具有以下四方面基本要素：问题、内容、活动、作品（见图7-1）。

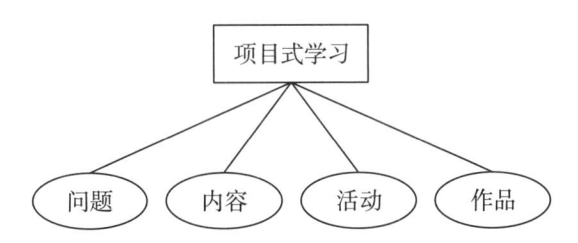

图7-1 基于项目式学习的"大单元整体教学"的基本要素

（一）问题

问题构成了基于项目式学习的"大单元整体教学"的起点。没有提出问题，就没有项目的启动，更无法进行"大单元整体教学"。因此，项目式学习的核心在于解决问题，其后的所有发展都是基于这一核心的一系列成果。

（二）内容

无论进行何种研究，都必须有内容作为载体。这个内容体现了"大"单元的理念，它可能是知识，也可能是一些实物等。没有这些载体，项目就会显得空洞，无法实现其目标。

(三）活动

项目式学习需要团队合作，因此，设计一系列既有效又有趣的活动是推进项目式学习的有效方法。活动内容可以涉及学科内或学科外的领域，活动内容的分配可以是小组内成员承担相同的任务，也可以是各人承担不同的任务。

（四）作品

有学者认为，项目式学习是为了完成项目作品的制作及公开展示而产生的一种教学方式。从这个观点来看，项目式学习中作品的制作与展示是非常重要的环节。俗话说，"没有目标就没有前进的路"。对基于项目式学习的"大单元整体教学"而言，也是如此。

五、基于项目式学习的"大单元整体教学"的基本流程

通过实践和研究，我们确定了基于项目式学习的"大单元整体教学"的六个基本流程：确定问题、分析问题、设计问题、情境探究、完成作品、活动评价（见图7-2）。

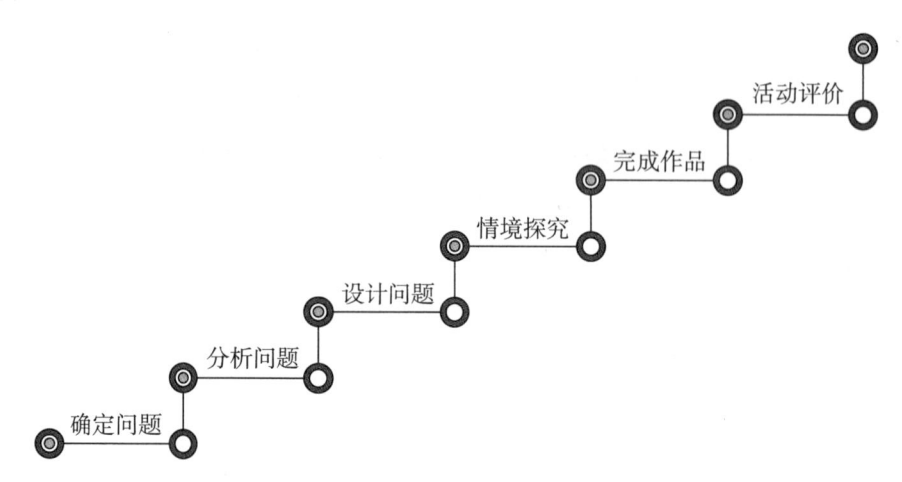

图7-2 基于项目式学习的"大单元整体教学"的基本流程

（一）确定问题

在确定问题时，需要主要考虑以下几个方面。

（1）真实性与开放性：基于项目式学习的"大单元整体教学"关注的问

题，必须是学生在学习过程或生活中真实遇到的问题；这个问题必须是开放的，其结果不唯一，具有多样性。

（2）统整性：基于项目式学习的"大单元整体教学"关注的问题不是孤立存在的，而是具有统整性的一组问题。例如，在教授"设计秋游方案"这一课程时，学生需要经历设计方案、动手实验、交流反思、自我评价四个部分。如何有目的地引导学生完成任务呢？教师需要将一系列问题进行统整。例如，在设计方案阶段，可以安排三个统整后的问题群：①设计秋游方案需要做哪些准备？②你想采用怎样的方式设计活动方案？③根据前面的讨论，如何高效记录要做的准备工作？

（3）趣味性和挑战性：基于项目式学习的"大单元整体教学"关注的问题必须是学生感兴趣的，这样才能激发他们的耐心、信心；同时，问题应具有一定的挑战性，因为过于简单的问题不容易激发学生的潜能，也不容易使学生在探究过程中获得成就感。稍微复杂、带有挑战性的问题更能激发学生的思考。按照这样的条件确定的问题将更有利于提升学生的综合素养。

（二）分析问题

基于项目式学习的"大单元整体教学"要分析的问题，不是学生最初提出的问题，而是经过筛选后确定的要研究的核心问题。对核心问题进行有效的分析，是大单元形成的根本保障。

首先，教师需要对学生的认知进行分析：学生已经具备了哪些知识？还需要学习哪些知识？其次，教师要对问题涉及的学科内容进行分析，判断是这一学科能完全解决的，还是需要结合其他学科才能解决的。再次，教师需要分析解决这样的问题所需的时间、场地、人员等资源，还要分析在完成该项目的过程中可能会遇到的困难。最后，教师将所有问题梳理好，形成"大单元整体教学"的方案。

例如，在"年、月、日"单元中，如果教师确定"年历中的奥秘"作为核心问题，那么教师就要进行分析：学生已经会认识钟表、认识时间，并且已经掌握了一些常见的量的学习经验。学生还需要对钟表、时间的起源、更多的时间单位等进行深入了解。了解这些问题，可能需要其他学科的参与。例如，可以将语文学科中的一些古诗、二十四节气等内容融入课程，将英语学科中与时间相关的英文单词、国外对这部分知识的研究等也融入课程，还可以让学生对自己制作的年历进行美化（涉及美术学科）。最后，如何将学生的作品展示出来也是一个需要思考的问题。

（三）设计问题

有了前期对核心问题的分析，对于基于项目式学习的"大单元整体教学"的对象——小学生来说，对核心问题的细化设计仍然需要教师的协助。教师需要根据分析出的问题点，一步一步地设计出驱动问题群，形成大单元设计，让学生在问题群的驱动下经历项目研究的过程，建构自身的知识体系（见图7-3）。

图 7-3　驱动问题群

例如，在对"年历中的奥秘"的问题进行分析后，我们需要设计出基于核心问题的问题群，包括：①学生是否已掌握已学知识？②如何检测学习情况？③如何在项目进行中让学生认识和了解钟表、时间的起源、更多的时间单位等？④何时学习语文学科中的二十四节气等内容？⑤如何在英语学科中学习与时间相关的英文单词，如何融入国外对这部分知识的研究？⑥如何在美术学科中推动年历制作？⑦如何展示制作的作品？

（四）情境探究

基于项目式学习的"大单元整体教学"不局限于教室内，它需要更丰富的情境作为支持。这些情境可以是具体的学习环境，也可以是虚拟的信息化环境，其目的在于创造一个空间供学生合作探究。与其他学习方式相比，项目式学习更需要一个丰富且真实的学习历程。在这样的情境中，学生与学生、学生与教师之间能更充分地合作，发挥各自的能力。

例如，在"年历中的奥秘"项目中，英语和语文学科可以尝试将学习情境置于虚拟的信息化环境中，而美术学科则需要结合实际的绘画学习环境，数学学科则需要教室内的小组合作环境。

（五）完成作品

基于项目式学习的"大单元整体教学"最显著的特点是，在教学完成后一定会有一个作品产生。这个作品可以是实际的物品，也可以是一份研究报告等，具体的产出取决于项目的性质。小组成员通过演讲、作品展示或作品讲解等方式将他们的成果与其他人分享、汇报和交流。同时，在完成教学时，教师还需要对学生作品进行评价，对项目全过程进行反馈，这样才算完成了项目式学习的教学。

例如，在"年历中的奥秘"项目中，学生的最终产品是一份年历，这份年历需要融入数学、英语、语文、美术等学科的相关内容。在展示作品时，教师应及时进行评价。

（六）活动评价

基于项目式学习的"大单元整体教学"通常不是一节课就能完成的，它需要一个周期和一系列的课时来完成。从项目问题的确定、核心问题的分析、驱动问题群的设计、情境全过程的探究，到最终作品的完成及推广，评价在每个环节都是不可或缺的。它们相互依存，充分展示了项目式学习过程中教、学、评的一体化。

1. 评价体系全程化

经过论证，我们确定了面向学生与教师的评价指标，其中一级指标 5 个，二级指标 17 个，三级指标 54 个（见图 7-4）。各评价全程发挥作用，最后形成综合性、结果性评价。

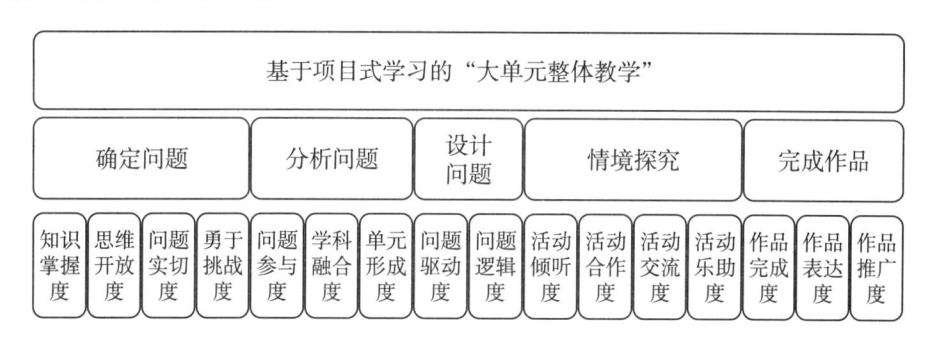

图 7-4 基于项目式学习的"大单元整体教学"的评价指标体系（一、二级）

2. 评价方式直观化

基于上述评价体系，我们的评价方式向着更为直观的方向努力，设计制作了指向全过程的问题单、驱动单、推荐单、感悟单等学习单，最终形成了系列直观可视的综合评价单（见图 7-5）。

图7-5 基于项目式学习的"大单元整体教学"的综合评价单

六、基于项目式学习的"大单元整体教学"的价值

（一）有利于实现国家课程标准

《义务教育数学课程标准（2022年版）》指出数学课程以学生发展为本，以核心素养为导向，进一步强调使学生获得数学基础知识、基本技能、基本思想和基本活动经验，发展运用数学知识与方法发现、提出、分析和解决问题的能力，形成正确的情感、态度和价值观。数与代数、图形与几何、统计与概率，以数学核心内容和基本思想为主线循序渐进，每个学段的主题有所不同。综合与实践以培养学生综合运用所学知识和方法解决实际问题的能力为目标，根据不同学段的学生特点，以跨学科主题学习为主，适当采用主题式学习和项目式学习的方式，设计情境真实、较为复杂的问题，引导学生综合运用数学学科和跨学科的知识与方法解决问题。

《义务教育数学课程标准（2022年版）》总目标指出，通过义务教育阶段的数学学习，学生逐步会用数学的眼光观察现实世界，会用数学的思维思考现实世界，会用数学的语言表达现实世界。学生能：

①获得适应未来生活和进一步发展所必需的数学基础知识、基本技能、基本思想、基本活动经验。

②体会数学知识之间、数学与其他学科之间、数学与生活之间的联系，在探索真实情境所蕴含的关系中，发现问题和提出问题，运用数学和其他学科的知识与方法分析问题和解决问题。

③对数学具有好奇心和求知欲，了解数学的价值，欣赏数学美，提高学习数学的兴趣，建立学好数学的信心，养成良好的学习习惯，形成质疑问难、自我反思和勇于探索的科学精神。

从上述课程标准的内容我们可以很直观地看出，基于项目式学习的"大单元整体教学"能够有效地实施这些目标。在确定项目时，教师应充分对接学科核心素养，培养学生的数感、量感、符号意识、运算能力、几何直观、空间观念、推理意识、数据意识、模型意识、应用意识和创新意识，提升学生的数学能力，促进学生数学学科核心素养的形成。

（二）有利于学生转变学习方式

基于项目式学习的"大单元整体教学"非常重视提升学生自主发现问题、分析问题、解决问题、创新问题的能力，也非常重视学生在整个学习过程中倾听、合作、交流、操作等能力的发展。这些重视的方向都指向了学生学习方式的转变：不再是只有教师教授才叫学习、不再是只有在教室内才叫学习、不再是只有做题才叫练习、不再是只有试卷才叫评价。

（三）有利于教师改善教学行为

在基于项目式学习的"大单元整体教学"中，学生围绕项目开展学习活动，教师这一角色不再是教室中的权威，而更多地成为学习的合作者、参与者和辅助者。在项目中教师角色的转变，可以促进教师教学观念的转变，并推动其在日常教学中采用以学生为中心的教学方式。

（四）有利于学校整体全面发展

基于项目式学习的"大单元整体教学"中的很多内容需要跨学科合作，它体现了课程的结构化设计。在这种模式下，各学科教师可以在项目推进过程中合作，加深对学科的理解，使学校的教师团队更富活力。

项目式学习还能更有效地连接学校、家庭和社会，通过项目的实施，学生可以以特别设计的角色参与学校、家庭和社区的真实情境，家长也能陪伴孩子一同参与，从而增进家庭和学校之间的情感联系。这一切都有助于提升学校的吸引力，推动学校发展。

第二节 基于项目式学习的"大单元整体教学"案例

本节我们将从数学学科知识与跨数学学科知识两个方面介绍基于项目式学习的"大单元整体教学"如何开展，如何实施，如何落地。

一、"芳草钱掌柜"案例解读

"芳草钱掌柜"项目围绕数学学科知识进行设计，聚焦于"如何使用金钱"这一核心问题，通过"芳草钱掌柜"项目来回应这一问题。该项目是一个贯穿整个学期的系列"大单元整体教学"案例。

（一）贯穿学期，确定大单元项目问题

"芳草钱掌柜"是一个贯穿整个学期的长周期"大单元整体教学"项目。它源于教师在教授北师大版数学教材二年级上册"购物"单元后，学生对"钱"产生了极大的兴趣。"购物"单元的基本情况，见表7-1。

表7-1 "购物"单元基本情况

单元主要内容	单元学习目标	单元前后联系
元、角、分的认识；解决简单的实际问题	（1）体验使用人民币的过程，初步体会人民币在社会生活中的功能和作用。 （2）在购物情境中，认识各种面值的人民币，知道元、角、分的相互关系。 （3）在购物情境中进行有关人民币的简单计算，学会付钱、找钱，感受付钱策略的多样性，能解决简单的实际问题。 （4）养成爱护人民币以及勤俭节约的良好习惯	已学过的相关内容：100以内数的加减法及加减混合运算。 后续学习的相关内容：认识小数（三年级下册）

教师通过提问"学习本单元后，你还想知道些什么？"来采访学生。

【片段1】

师：同学们，学习本单元后，你还想知道什么？
生1：我还想知道：人民币为什么只有几种面额？
生2：我想知道：其他国家的钱是什么样的呢？
生3：我能自己用人民币购物吗？
……

为了让学生获得真实的情境和有趣的学习体验，我们决定整合几类问题，确定以"怎么用钱"为核心问题，并以"芳草钱掌柜"为项目来回应这一核心

问题，实施贯穿整个学期的系列"大单元整体教学"。

(二) 精准分析，建构大单元内容体系

1. 大单元：精准分析大单元知识体系

在开始基于项目式学习的"大单元整体教学"之前，我们对该项目的起源——"购物"单元进行了深入分析：教材非常重视人民币的应用，但如何让学生学会在真实情境中使用人民币？针对这一点，我们对学生的基本学习情况进行了分析。

在开始本单元教学前，大部分学生已经拥有购物经验，但由于线上支付的普及，许多学生对人民币在现实生活中的使用并没有深刻的体验。同时，要在真实情境中推进项目，学生目前掌握的数学知识是不足的。因此，教师需要对后续单元的乘除法进行教学，但"6~9的乘法口诀"与"除法"单元安排在后半学期。如何才能在前半学期更好地准备此项目，形成大单元教学呢？我们决定让学生在项目教学过程中边做边自学，在学习中及时应用，在应用中及时巩固。

2. 大视角：精心架构"大单元整体教学"

我们对学生在本项目中需要学习的知识进行了分析和规划，构建了"芳草钱掌柜""大单元整体教学"的基本框架（见表7-2）。

表7-2 "芳草钱掌柜"的基本架构

教材教学内容	建议课时数/个	项目子问题	项目内容	项目活动	学习课时数/个	项目学习方式	项目作品
"购物"	3	认识不同面额的人民币吗	认识元、角、分	师生开展教材内容学习，自学其他国家币种，购买物品，准备班级超市	3	线下、线上	《"芳草钱掌柜"心得集》
"数一数与乘法"	5	有多少钱	算出一些同样面额的人民币	借助人民币学习开展乘法的学习，每周开设一次班级超市，运用所学知识	5	线下	

续表7-2

教材教学内容	建议课时数/个	项目子问题	项目内容	项目活动	学习课时数/个	项目学习方式	项目作品
"2~5的乘法口诀"	7	"我"能快速算出多少钱吗	能运用2~9的乘法口诀	教会学生乘法口诀的原理，教学与自学结合，学习2~9的乘法口诀，跨单元学习第八单元内容。增加班级超市物品，价格适合本单元内容	9	线下、线上	《"芳草钱掌柜"心得集》
"分一分与除法"	11	钱该怎么分呢	给定一些钱数，能用除法计算	借助情境教学，实时巩固口诀	11	线下、线上	
"6~9的乘法口诀"	4	"我"能当掌柜吗	灵活运用已有知识	开展真实的"芳草钱掌柜"活动	2	线下	

在不增加也不减少学生学习课时的前提下，我们采用项目子问题驱动核心问题的方法，将项目情境化地分散在其他单元的教学中，形成驱动问题群，同时兼顾统整性和探究性。在项目活动中，我们及时融入学生提出的问题，主要通过小组合作互动的方式建构知识，回应学生的思考。我们开设了每周一次的班级超市，其中物品的价格与学生已有的知识相匹配，以此驱动"大单元整体教学"水平的提升。

通过线下教室和线上网络环境的混合教学方式，我们及时拓宽学生的知识面。最后，在线下用连续的2个课时开展真实情境的"芳草钱掌柜"活动，并形成《"芳草钱掌柜"心得集》。至此，我们完成了基于项目式学习的"大单元整体教学"的分析与设计问题环节。

（三）项目推进，落实"大单元整体教学"

我们将以"芳草钱掌柜"项目中的最后一个项目点为例，详细阐述该情境探究的过程。

【片段1】

1. 项目简介

项目名称："芳草钱掌柜"。

项目对象：二年级学生。

项目角色：掌柜、顾客。

核心词：数感、数学与生活、交流合作、解决问题、财商。

2. 项目目标

(1) 能在同学开设的店铺使用人民币买卖货物。

(2) 能运用所学知识计算并记录自己的收支情况。

(3) 形成《"芳草钱掌柜"心得集》，为学弟学妹提供参考。

(4) 商议并得出处理剩余物品的有价值的方式。

(5) 在项目过程中，提升学生的财商。

3. 项目过程

(1) 教师。

①项目开始前一周，写一封项目说明信，让家长知悉此活动。

亲爱的家长朋友：

您好！

我们班将于（　）年（　）月（　）日在班级教室举办"芳草钱掌柜"活动。这次活动要特别感谢我们班孩子们在"购物"单元学习时的积极提问，让大家有机会借真实的购物环境，学会用钱小技能。当然，这也能及时巩固孩子们前期所学的知识。本次活动，请您给孩子准备总额 100 元以内的各面额均有的人民币，孩子可以将自己的旧玩具、不需要的图书、自己制作的物品等带到学校，在活动中与同学买卖交易。

②设计项目驱动单，让学生在项目中借助学习单及时记录（见图 7-6 和图 7-7），为后续写心得做准备。提前与学生一起复习、梳理前面所学过的知识，进行简单的测试，为项目顺利进行做好知识准备。

芳草钱掌柜

班级：　　　　姓名：　　　　日期：

同学们，喜欢买卖东西吗？喜欢做生意吗？今天我们就来当一次小老板，来做生意吧，请你根据自己买卖的东西，算好价格，填写一下表格。

买				卖			
商品名称	单价	数量	总价	商品名称	单价	数量	总价
一共花了多少钱？				一共赚了多少钱？			
小老板，请算一算你还剩下多少钱？再数一数和实际剩下的钱一样吗？							

今天我一共带了（　　　）钱。

图 7-6　"芳草钱掌柜"项目驱动单（一）

"芳草钱掌柜"心得：

老师评价：

老师评价	A	B	C
画√			

图 7-7　"芳草钱掌柜"项目驱动单（二）

③根据测试情况将全班学生分为4组，由学生自主选择团队，要兼顾一个团队的队员分别来自4个大组的需求，实现异质同组，让不同层次的学生能在团队中发挥作用。
④现场组织管理好学生纪律，保证活动顺利高效进行，做好学生的助手。
（2）学生
①项目开始前，在教师的辅助下对"场地如何选择""小组如何分工""物品如何定价"等问题进行讨论。
②提前准备好项目中所需要的物品。
③及时巩固、复习所需知识。
④小组组建完成，分工自主探究、查阅资料，思考如何有效合作，开启小组自主探究活动。
⑤小组合作，讨论、分享后进行活动。
⑥及时完成驱动单，总结经验。

在连续2个课时的活动中，教师提前15分钟组织学生停止买卖活动，及时清点好人民币及物品；完成项目驱动单之后，集体商议剩余物品该怎样处理。

【片段2】

师：同学们，这次活动，我们剩下了很多书籍，大家觉得应该怎么处理呢？
生1：我觉得可以平均分给大家带回家。
生2：我不认可他的观点，我们应该让书流动起来。
生3：我也觉得应该轮流看。要不我们把剩余的图书捐献给学校图书室？
师：同学们，你们觉得哪种观点更好呢？

经过投票，大家一致认为将书籍捐给学校图书馆是最好的选择。课后，我们把书籍交给了管理员阿姨，学生也表达了想要将一部分书籍放置在学校花园书架上的想法。

"芳草钱掌柜"项目为学生分配了项目角色：掌柜和顾客。学生在真实的买卖场景中，将前期积累的知识一并运用，在活动中动手、动脑、动口，不经意间促进了倾听、交流、合作、质疑等能力的自然形成。在讨论如何处理剩余物品时，学生们再次经历了真实问题的思考过程，捐献图书的行为也是进行德育教育的过程。这是一个既有趣又充满挑战的活动，在整个活动中，学生的知识、能力、素养得到了提升。

（四）发布心得，制作大单元作品

项目式学习与其他类型教学的区别在于，项目式学习最终要形成公开的、有质量的成果，并在多样的群体中进行交流。项目式学习的成果（作品）类型有很多，为了便于设计，现将其划分为两大类：一类是主要强调"做和表现"的制作表现类成果，另一类是主要强调"说和写"的解释说明类成果。这两类成果可以同时产生，共同指向核心问题的解决和核心知识点的深度理解，也可以单独产生。

在数学学科的项目式学习中，成果多数为解释说明类。在此次项目中，我们采用了学生撰写心得，再以小组为单位制作PPT，并在全班范围内进行交流的形式，作为该项目的作品。

【片段1】

师：同学们，听了各小组的心得，大家能不能用一句话来说说听了他们的发言，你都有哪些收获呢？

生1：我觉得买到喜欢的东西很开心，同时感受到了记账的重要性。

生2：我明白了别人付钱要当面点清，否则会亏钱。

生3：我明白了出去买东西要收好自己的商品，否则会丢失。

生4：我学会了卖东西，尤其是卖不出去的时候，要调整价格。

生5：我听到同学说买了一个东西，可以用几倍的钱卖出去。

生6：如果没有钱就不能花钱买东西了，所以要爱护钱……

在基于项目式学习的"大单元整体教学"中，不仅学生有成果，参与项目的教师们也有自己的成果。教师们在这样的教学活动中深刻体会到活动过程有序性的重要性，并进行了分享。

【片段2】

师1：活动前，教师要给孩子们介绍项目驱动单怎么填写。买东西和卖东西要边买卖边填，如果你买卖了一样东西不记录，后面很有可能会忘记。

师2：给孩子们说清楚怎么计算还剩多少钱，用你带的钱和赚的钱减去买东西的钱就是你还剩的。最后要强调对账,把实际的钱数一数,看看是不是和计算的一样。

师3:活动感想这一部分可以给孩子们说说教师的评价标准。活动感想也是活动的一部分,让孩子们一定要把自己的想法表达出来。

最后,我们将学生和教师的作品——心得体会,汇集成册,形成了作品《"芳草钱掌柜"心得集》。学生将作品带回家与家长共同翻阅,这不仅增进了亲子关系,也加强了家校之间的联系。

(五)评价伴随,促进师生共成长

在活动评价中,我们构建了全程评价体系。该体系包括教师通过项目式学习对自身建构大单元、大概念能力的自我评价;教师帮助学生分析问题、设计问题环节的自我评价,及时修正在问题分析与设计中存在的偏差;教师对学生的评价、学生的自评以及生生互评的评价单。在最后的"芳草钱掌柜"情境探究一级指标中,我们进一步根据二级指标设计了学生评价表,并对各项指标等级进行赋分:"优秀"赋5分,"良好"赋3分,"合格"赋1分(见表7-3和表7-4)。

表7-3 情境探究二级指标评价表

评价指标	优秀	良好	合格
活动倾听度	能全程认真倾听同学发言	偶尔没有倾听同学发言	经常没有倾听同学发言
活动合作度	能与同学愉快合作	偶尔没有与同学合作	偶尔与同学合作
活动交流度	能与同学充分交流想法	经常与同学交流想法	经常不和同学交流想法
活动参与度	能全程参与活动	大部分时间参与活动	大部分时间没有参与活动
活动乐助度	同学有困难,很乐意帮忙	同学有困难,可能会帮忙	同学有困难,很少帮忙

表 7-4　情境探究学生端评价表

类别	优秀（5分）	良好（3分）	合格（1分）	自评	互评	总分
我会倾听						
我会合作						
我会交流						
我会参与						
我能乐助						

教师在平时的教学中，可以依据指标对学生进行评价，让学生明确自己在课堂中需要优化的行为，并告知学生评价等级和要求，以便学生在课堂中的表现得到自我与他人的监督，并能给予自己与他人公正的评分。教师通过学生自评、互评的评价表，汇总计算该生在该项目活动中的得分，然后与其他评价表按比例综合计算出学生的整体表现，最终评选出"芳草钱掌柜"项目的最佳掌柜奖，并在班级里进行表彰。

在这次基于项目式学习的"大单元整体教学"的最后，我们还让年级组教师从"我的感悟"与"我要吐槽"两个视角反思此次基于学生问题而开启的项目式"大单元整体教学"。此次项目式大单元的学习时间跨越了大半学期，因此在制订基本要素与流程的过程中，我们需要根据实际情况边做边思考，边思考边修正。在推进学生项目式学习的过程中，教师自身也完成了一次自我教学能力与教学思想转变的项目式学习，实现了师生的共同成长。

二、"年历中的奥秘"案例解读

"年历中的奥秘"是一项跨学科的基于项目式学习的"大单元整体教学"活动，它需要多学科教师的协同合作。由于它同样是基于项目式学习的"大单元整体教学"的一个案例，我们仍然从几个关键点对这一案例进行阐述（见表7-5）。

表 7-5 数学教材"年、月、日"单元基本情况

单元主要内容	单元学习目标	单元前后联系
认识年、月、日；认识平年和闰年；认识 24 时计时法	结合已有的生活经验，认识年、月、日，了解它们之间的关系，了解平年和闰年；会看日历，能够从日历中找到指定的日期，认识 24 时计时法，并能计算简单的经过时间。 会看简单的作息时间表，能根据作息时间表中呈现的信息解决简单的实际问题。 在学习交流的活动中，初步体会合理安排时间和惜时守信的重要性	已学过的相关内容： 认识钟表； 认识时、分、秒； 体验时间的长短

（一）学科交叉融合，确定大单元项目问题

"年、月、日"是北师大版数学教材三年级上册第七单元的内容。教师在对三年级的一个班级进行教学时，发现学生们不仅对教科书中的内容感兴趣，还对教科书以外的内容表现出了兴趣。

【片段1】

师：同学们，学习了"年、月、日"这个单元，你有什么想表达的吗？

生1：用好时间有什么好处？

生2：时间单位还有哪些？

生3：年历上，每个大日期下面小的日期和我们学习的日期为什么不一样呢？

生4：我们可以自己做年历吗？

……

为了充分收集学生对年、月、日感兴趣的问题，我们借助问卷星平台，向三年级学生发布了问卷。在问卷中，我们筛选出具有情境性、统整性、互动性、探究性、建构性的问题，并确定以"年历中有什么奥秘吗"作为项目研究的核心问题。在问卷中，学生还对制作年历、计时工具及计时单位的历史等话题表现出了兴趣。因此，我们确定了以"年历中的奥秘"为主题，将数学、语文、英语、美术四门学科融合，进行跨学科的"大单元整体教学"的项目。

（二）寻找链接，建构大单元内容体系

1. 学科联动，分析学科知识体系

在实施基于项目式学习的"大单元整体教学"之前，我们对数学学科及其他学科中关于年、月、日的内容进行了分析：学生在日常学习生活中已经对年、月、日有所认识，但这些认识并不系统，也不够准确。教材将学生这些不完美的经验作为学习本单元的重要起点和认知基础，逐步完善学生对年、月、日的知识体系，并建立起学生已有的生活经验与新学知识之间的有效联系。现行教材设计的练习中包括让学生制作月历并进行分析，但对于全年日历的制作及其内部联系、外部学科融合的内容涉及较少。基于此，我们与各学科教师一起研讨，探寻跨学科融合的切入点（见表7-6）。

表7-6 "年历中的奥秘""大单元整体教学"基本架构

教材教学内容	课时数/个	项目子问题	项目内容	项目活动	项目学习方式	项目作品
看日历	2	你会看日历吗	认识年、月、日	知道年历的基本项目，理解年、月、日的计算方式	线下（数学）	年历
古今计时法	2	你知道古人与现代人的计时方式吗	了解古人与现代人的计时方法	学生线上查阅并整理资料，线下在教室与同伴分享	线下线上（数学）	
"活日历"的奥秘	1	你能口答星期几吗	知道一年的年、月、日，说出当天是星期几	用半节课的时间介绍制"活日历"的方法，半节课的时间进行比赛	线下（数学）	
古诗	1	关于年、月、日的古诗有多少	了解《元日》《九月九日忆山东兄弟》《清明》三首古诗	语文教师线上展示三首古诗，上课时带领学生初步了解古诗中的年、月、日	线上线下（语文）	
二十四节气	1	你知道中国传统节气吗	知道二十四节气的一些内容	线上查阅二十四节气的相关知识，线下与同伴分享	线上线下（语文）	
英语月份、日期	2	你会用英语说日期吗	能掌握年历中的基本要素，并能拼、读、写相关单词	学习与年、月、日有关的英语知识	线下（英语）	
年历设计	1	你会做年历吗	了解年历设计的知识，学习制作年历，设计制作台历	开展年历制作活动	线下（美术）	

续表7—6

教材教学内容	课时数/个	项目子问题	项目内容	项目活动	项目学习方式	项目作品
售卖	3	你能卖出自己的年历吗	制订售卖计划，出售年历	全班分享售卖计划，再进行售卖活动	线下（综合）	

【片段1】

师1：我们语文教材三年级下册有传统节日的综合单元，里面有《元日》《九月九日忆山东兄弟》《清明》这几首与本次数学主题契合的古诗，但是这三首古诗是三年级下册才学习的内容，所以在这个时间点需要降低要求，同时，还可以融入二十四节气的内容，更有利于学生全面理解年、月、日的知识。

师2：英语教材在三年级上册有关于月份的英文教学，并且学生在二年级已经学习了"星期"的英文表达，四年级将学习"日期"的英文内容，可以重点关注数字的表达（基数词、序数词），"月份"的表达、"星期"的表达，这样更有利于学生学习，同时也不会加重学生负担。

师3：美术教材在三年级上册中有"台历的设计"内容，正好为作品的制造创造了很好的条件，要做好融合，需要对台历的要素进行教学，这样有利于学生创作。

在深入的联动教研中，各学科教师一致认为，在数学单元的学习中融入各学科相关内容，形成"年历中的奥秘"项目是可行且具有课程价值的。

因此，我们确定了以数学学科为核心，融合语文、英语、美术的跨学科"大单元整体教学"体系。随后，我们设计了一系列基于核心问题的问题群：学生是否掌握了已学知识？如何检测他们的掌握情况？如何在项目过程中让学生了解钟表、时间的起源以及更多的时间单位？在语文学科中，古诗、二十四节气等内容应在何时学习？在英语学科中，如何学习与时间相关的英文单词？在美术学科中，如何推进年历的制作？以及如何展示制作的作品？

2. 问题驱动，构建"大单元整体教学"

根据以上问题群，我们对本项目中学生需要学习的各学科知识进行了分析，形成了"年历中的奥秘"项目的"大单元整体教学"基本架构。

各学科教师在确保不给学生增加额外负担的前提下，进行了与项目链接的顺序教学，兼顾情境性、统整性、探究性，从而在各学科项目活动开展过程中相互促进，实现互动教学，让各学科内容得以建构。

数学学科为了让日历知识深入学生内心，特别添加了"活日历"的奥秘一节。语文学科的内容涉及三年级下册，教师刻意降低了课程难度，仅让学生初步了解，不对背诵作要求；在初步了解二十四节气后，教师会对"立秋立起来"等俗语进行解释。英语学科在与年、月、日相关知识的教学中，会介绍一些国外节日的读法。美术学科在设计制作年历时，会鼓励学生加入农历及一些节气、重要日子，从而将之前学科所学的知识都汇聚到最后的年历作品上，同时也会兼顾美观性，提高学生的审美能力。在最后的售卖环节，我们设置了1节课时间用于全班分享售卖计划，全班同学听取计划后优化自己的方案，之后走出教室进行售卖。

（三）项目聚焦，推动"大单元整体教学"

基于项目式学习的"大单元整体教学"之"年历中的奥秘"的部分小项目教学活动如下。

【片段1】

1. 项目简介

项目名称："活日历"的奥秘。

项目学科：数学。

项目对象：三年级学生。

项目角色：神算子。

核心词：推算、数学与思维、解决问题。

2. 项目目标

（1）运用年、月、日相关知识进行计算。

（2）学会运用所学方法与同伴"神算"。

（3）提高数学推算能力，促进数学思维的提升。

3. 项目过程

师：介绍年和月的基数，把年基数、月基数、日期数三个数相加后除以7，除尽为星期日，除不尽的话，余数是几就是星期几。提供纸质材料，月基数固定从1—12月按次序各为0、3、3、6、1、4、6、2、5、0、3、5。

月基数表固定后，年基数差以1995年说来应是6，以后每年的基数，不逢闰年是将上一年的基数加1；如逢闰年，这年的基数在2月28日以前是将上年的基数加1，从2月29日起到12月底将上半年的基数加2。

第七章　基于项目式学习的"大单元整体教学"

在经过以上片段的教学后，学生以神算子的身份开展小组"活日历"比赛。如2021年4月25日是星期几……在有趣的角色扮演中，提高了学生的推算能力和数学思维水平。

【片段2】

1. 项目简介

项目名称：二十四节气。

项目学科：语文。

项目对象：三年级学生。

项目角色：古代人。

核心词：语文与数学、生活中的日历。

2. 项目目标

(1) 知道二十四节气的一些内容。

(2) 探讨数学学习的日期与二十四节气的区别与联系。

(3) 讨论生活中的日历。

3. 项目过程

(1) 学生分享线上学习所得，介绍二十四节气与二十四节气歌。

(2) 教师带领学生了解农历与阳历的联系与区别。

(3) 探讨生活中的日历

话题1：为什么有的人每年过两次生日？

话题2：你对日历中的哪个节气印象最深刻？

话题3：老人们说的立秋"立起来"与"立不起来"，你相信吗？

话题4：你会在日历上标注特别的日子吗？为什么？

在较为轻松愉悦的教学活动中，学生畅所欲言，拓宽了眼界。

【片段3】

1. 项目简介

项目名称：年历设计。

项目学科：美术。

项目对象：三年级学生。

项目角色：设计师。

追求更好的教学
——"大单元整体教学"的行与思

核心词:设计审美创造。

2. 项目目标

(1) 了解年历设计的知识,学习制作年历,设计制作台历。

(2) 用不同的形式制作年历。

(3) 在活动中,经历收集、设计、创造的过程,提升审美能力。

(4) 将前期所学融入年历制作过程中。

3. 项目过程

学生课前自主梳理前期所学,在课中进行简单分享。教师介绍年历的历史,并让学生欣赏部分年历,了解制作年历的要素。学生尝试制作。

片段3项目点是此次项目作品的呈现点之一,学生在各学科的联动学习中,对设计年历有了更丰富的认知。

(四)作品多样化,提升学生素养

"年历中的奥秘"这一基于项目式学习的"大单元整体教学"的部分作品,见图7-8。

图7-8 "年历中的奥秘"作品

学生在制作年历作品时，有的制作了前几年的年历。小组交流后，他们发现平年中 1 月与 10 月，2 月与 3 月、11 月，4 月与 7 月，9 月与 12 月的"几日是星期几"完全相同。通过计算，他们发现 1 月到 10 月、2 月到 3 月、到 11 月，4 月到 7 月，9 月到 12 月的间隔天数分别为 273 天、28 天、245 天、91 天、91 天。计算正确的学生大多能够发现，原来这些间隔天数都是 7 的倍数，也就是说，这些月份之间间隔了整周。因此，1 月 1 日与 10 月 1 日的星期几是相同的……比如，2015 年和 2014 年都是平年，月份之间的间隔天数相同，所以"几日是星期几"的规律是一样的。而 2016 年是闰年，需要重新观察，但闰年只有 2 月多 1 天，3 月与 11 月、4 月与 7 月、9 月与 12 月之间的间隔天数与平年相同，这些月份的"几日是星期几"肯定也相同。这一发现，也是此次学习的重要成果之一。

最后，年级组分班分享售卖计划，年级组与学校德育处合作，利用放学前 2 个课时的时间，全年级在校门口进行年历售卖活动。学校提前通知家长到达校门口，让活动在真实的环境中进行。售卖活动结束后，师生回到班级商议如何使用售卖收入，对学生做好相关教育。

（五）评价多级化，尊重学生个性化发展

本次基于项目式学习的"大单元整体教学"是跨学科的，因此各学科的过程性评价显得尤为重要。各学科根据基于项目式学习的"大单元整体教学"评价指标体系，分别设置了自己的评价表。在最后的售卖环节，数学教师根据完成作品的一级指标来设计二级指标，并形成了以下三个评价表（见表 7-7 至表 7-9）。

表 7-7　作品完成作品端评价表

评价指标	优秀	良好	合格
作品完成度	能完成一个完整的作品	能较好地完成一个作品	完成作品有一点儿困难
作品表达度	能清晰表达自己的作品	能对自己的作品进行简单表达	在表达自己的作品时，有一点困难
作品推广度	能很好地推广自己的作品	能较好地推广自己的作品	在推广自己的作品时，有一点困难

表7-8　作品完成学生端评价表

评价指标	优秀（5分）	良好（3分）	合格（1分）	自评	互评	总分
我能完成						
我能表达						
我能推广						

表7-9　作品完成教师端评价表

评价指标	优秀（5分）	良好（3分）	合格（1分）	自评	互评	总分
我能设计						
我能落实						
我能反思						

教师在平时的教学中会根据评价指标对学生进行指导，让学生明确自己需要优化的行为，并告知学生评价等级和要求，以便学生的表现得到自我与他人的监督，并能给予自己与他人公正的评分。教师通过学生自评、互评的评价表，汇总计算该生在项目活动中的得分，然后与其他评价表综合计算出学生的整体表现，最终评选出"年历中的奥秘"的最佳探秘者，在年级中进行表彰。

此次基于项目式学习的"大单元整体教学"是跨学科的，因此在项目结束后，对各学科教师进行教学评价追踪也显得尤为重要。此项目设计了"我的感悟"与"我要吐槽"两份教师端的反馈表，让数学学科教师从不同视角评估以本学科为核心的项目是否能被其他学科接受，同时也为下一次更深入的融合做好准备。

基于项目式学习的"大单元整体教学"实践，让教师将理论与实践紧密结合，显著促进了学生综合素养的提升。

下篇

激活三力:「大单元整体教学」的成效

第八章　激活学生学习力

学习力多指一个人的学习动力、学习毅力、学习能力和学习创新力的总和，即人们获取知识、分享知识、运用知识和创造知识的能力。关于能力发展的相关理论指出，"力"作为学生学习力发展的重要推动作用，主要为"学习力"各要素的形成、发展以及外部现象和具体结果的表现。因此，学习力即学习者在知识建构过程中追寻、获得意义时所需具备的能力，主要表现为探究力、记忆力、理解力以及创新力（简称"四力"）。

著名教育家叶圣陶认为，中国现代教育的过程和本质是"教是为了不教"。教育过程是教师引导学生自主学习，让学生学会本领，以至坚持终身自学、自强不息的过程。教育就是教人自我教育，同时教学相长，互相教育[①]。

第一节　学习力培养的困境与缺失

一、学生学习力培养的困境

在传统教学模式下，学生学习力的培育和发展大多只停留在知识层面，注重知识表层的概念理解和记忆。当今时代对人才培养和发展的需求则是希望学生学会学习、自主学习，并通过有意义的学习来实现对知识的整体把握与意义建构。然而，在实际的课堂教学中，学生学习力的培养与达成却面临着一定的现实困境。

首先，教师在教学目标的设定上，还过多地停留在知识层面的机械记忆与积累，学生所习得的是大量与实际生活关联甚少的符号标识。这导致学生无法

---

① 任苏民. 试论叶圣陶教育思想里的"中国教育学"[J]. 中国教育科学（中英文），2020，3(5)：25—32.

形成自主灵动的学习态度以及系统明了的学科知识体系，无法实现知识学习的真正意义。

其次，教师在教学内容的安排上，对教学目标的设定略有偏颇，导致教学内容主要围绕大量事实性知识的强化与深化。由此造成的知识碎片化、割裂化学习无疑给学生增添了大量的学习负担，学生学习负面情绪不断增加。

再次，传统的灌输式、一言堂的教学方式也让学生在学习中处于被动地位，学生缺少主动学习的动力，更不会创造性地进行反思和质疑。

最后，由于评价思想的落后和定量评价的易操作性，教师较多注重结果性评价，而忽略或较少关注学生在知识学习过程中得到的收获，难以实现对学生学习力的培育和发展。

总之，学生在整个学习过程中处于被动状态，学什么由书本和教师决定，怎么学由教师说了算，学得如何只有唯一的评价标准。可见，实际教学中学生学习力的培育和发展的现实困境，主要表现为传统教学模式难以真正促进学生成长。

在进行"大单元整体教学"初期，学生总有这样的疑问：今天我们学习的内容是书上的哪一课？我们学到数学书上的哪里了？如北师大版数学教材三年级下册"乘法"单元，整合后的课时与教材编排的课时有交叉重叠的部分，但又跟原来的教材安排很不一样。即使给出了"学习地图"，学生仍执着于寻找某一课对应的是教材上的哪一课或者哪几课。可见，学生在前期课时教学的影响下，缺少创新力，难以颠覆原有的认知习惯。

二、学生学习力培养的缺失

首先，随着时代的发展和互联网技术、教育信息化的普及，教育技术在课堂教学和学生学习过程中得到了广泛应用。技术工具的便捷性在给教学带来方便的同时降低了知识获取的难度。然而，这使得学生获取有效知识、整合以及应用知识的能力不仅没有得到提高，甚至还有所下降；知识的碎片化也在逐渐消解学生的创新力。

其次，尽管素质教育已经推进了很多年，但由于很多教师和家长的固有观念难以改变，以分数论能力的思想仍然占据重要位置。受分数导向的影响，学生学习力呈现普遍弱化的趋势，集中表现为：学习目标被分数取代，信心的多寡取决于分数的高低。这些问题造成了学生学习力的内生性不足。

最后，学习毅力是学习能力和创新力得以提高的有力保障，学习毅力的欠缺主要表现为学习目标和计划的反复更迭，缺乏持续的自我监督和持久的约束性。

学习动力、学习能力和学习毅力的弱化，使得学生的学习创新力日渐萎缩，被局限在书本知识和分数的界限内，限制了学生学习力的长远发展。

第二节 学习力的积淀与生长

"大单元整体教学"可以促进学生学习力的发展，其作用主要体现在横向和纵向两个维度。

从横向维度来看，学生学习力发展的主要条件包括两个方面：一是学习者主动的学习态度，这一点也是学习者探究力培养的起点；二是学习者在认知建构过程中迁移能力的形成。迁移能力运用的关键在于对知识或相关学习技能的上位概念的掌握。只有掌握了学科的基本思想与方法，才能调动所学资源对不同情境中的相同学习内容进行有效学习。

"大单元整体教学"是一种行之有效的教学方式，它体现了对学科知识的整体架构。要使教学实现其真正的目标，就应当教会学生在某种程度上掌握并获得一套有关学科知识内容的基本思想或原理，基本思想和原理的掌握有利于学习者调节其自身的理解能力并创建最佳的知识结构体系。

从学习力发展的纵向维度来看，学生学习力要素形成阶段的关键在于教师为其提供有利的条件支撑和环境资源保障。例如，从单元教学的整体架构来看，"大单元整体教学"具备完整的教学体系。与传统教学模式不同的是，"大单元整体教学"的基本思路与学生意义学习的发展模式相一致，它是为实现和促进学习者意义学习而展开的教学模式。其基本思路是以主体为核心引领单元教学模式的建构，是以单元整体内容结构形成的思维模式。意义学习的发生最终体现于学习者的学习要超越已有信息，形成新的认知结构，或在原有基础上进行补充与完善。

一、调动学生学习自主性，提高"四力"

（一）培养探究力

意义学习发生的条件之一是学习者应具备主动的学习态度。因此，学习者

追求更好的教学
—— "大单元整体教学"的行与思

学习动机的激发和探究愿望的达成，是学习者意义学习的前提条件。

探究力作为学习者意义学习的前提条件，对学生后续的学习与发展具有重要意义。探究力在学习发展中的内涵主要表现为以下两个方面：一是发现，二是发展。

发现指的是学习者具备主动的学习意愿，具有探索和探究的愿望与能量，能够敏锐地意识到学习材料的意义性及可用之处，具备良好的探究精神和相关能力。

发展指探究力是贯穿于学习力发展过程中的重要因素，对学习力发展的整个运行机制起着调节和促进作用。探究力在意义学习中的作用不仅在于为学习者认知结构的形成提供驱力，使学习者养成探究意识，关注事物背后的意义，寻找知识之间的相关联系，还在于使学习者的学习更为持久和深刻。

探究意味着情感与理智的双重投入，当学习者自觉主动并负责地投入和参与学习时，学习者意义学习的情感就会被调动和使用，最终形成探究未知的积极态度以及乐于探究的积极品质。

在案例"认识方程"中，教师们意识到这部分内容不仅是初中代数知识的提前学习，更是学生体会代数思维的起点。教师们在进行"大单元整体教学"设计时，主要突出了以下两个特点。

第一，以"对比认知"贯穿每个课时。

"认识方程"这个单元是学生数学思维的重要转折点，这个单元涉及的概念众多（用字母表示数、代数式、等量关系、方程、方程的解）。因此，如何让学生感受到这种转折，充分理解这些概念，并初步建立起学生的代数思维，成为教学的重点。

理解概念的最基本模式是拆解概念，通过对某类事物的抽象，归纳出新概念并与过去的概念进行对比辨析。这种认识概念的模式能帮助学生建立完整的概念知识体系，发现知识间的关系，形成知识框架。因此，该单元将"归纳抽象—对比分析"的方法贯穿整个单元。

第一板块"用字母表示数"被拆解为"用字母表示数"和"代数式"。教师引导学生将用字母表示的数与之前的数进行比较，将用字母表示的数与代数式进行比较，在比较中认识到用字母表示的数是一类不确定的数，有的还有范围。"代数式"既可以表示数，也可以表示关系。

第二板块"比较正方形周长和边长的变化"，意在让学生发现周长随着边长的变化而变化，感受量和量之间的变化关系。

第三板块"找等量关系，认识方程"，注重比较数字算式和方程算式等量关系的不同，例如3+2=5和3+x=5，认识到它们都是等式，数字算式更能体现计算结果，而方程则关注左右两边的等量关系。

第四板块"整合解方程（一）（二）"，比较算术思维和应用等式性质解方程的思维的不同，例如3+（　）=5和3+x=5，以前学生用加减互逆关系算出（　）=5-3，等式性质解方程则是3-3+x=5-3。

第五板块"猜数游戏"让学生比较以前解决问题的方法和现在用方程解决问题的不同。学生会发现以前是一步一步求出未知数，是程序化的思考，而方程则是利用等量关系解决问题，思维路径是不同的。

在这五个板块的对比学习中，学生始终处于探究者的地位。教师通过提出有意义的问题吸引学生进入探究情境，再通过评价等方式肯定学生的探究成果，帮助学生保持探究的热情。

第二，尽量整合资源，对后续学习内容进行合理渗透。

在设计案例时，教师应尽量考虑对后续会学习素材的整合。例如，教师将五年级上学期的"发现规律"放在这个案例里，这对四年级下学期的学生来说可能有一定的难度，但是教师可以尝试对教材中的素材进行修改，降低难度，给学生搭建一个"脚手架"，以便对后续学习内容进行科学合理的渗透。

如在学完"用字母表示数"后，让学生用字母表示正方形周长、面积公式，代入数值，求周长、面积，边长和周长、面积之间的正比例关系。为了丰富学生对变化规律的感受，教师在设计案例时也应尽量将加减乘除各种模型呈现出来。通过整合和渗透，学生能够探究更多相关知识，在一定程度上提高学习效能感。

通过这样的对比认知和前后知识的整合渗透，学生在学习过程中就不仅是探究单一知识点，而是遨游在知识点的结构网中。在学习过程中，学生能发现新知识与旧知识之间的关联，明白生长点在哪里，激发自己的探究力。

（二）增强记忆力

记忆力基于感知，位于感知与思维之间，具有直观性、形象性等特征，能够实现对事物的基本认知，建立起符号、名称与它们所指称对象之间的对应关系。它为学习者后续的学习活动提供了一定的感性基础。大量研究表明，对于学生的意义学习与发展来说，只有那些真正与学生实际生活相关联的信息和知识才能较好地被学生记住和识别。

在传统的知识教学模式中，记忆常常被看作是对即时性知识的简单指认与识别。有研究者举例说明，在小学阶段进行数学微积分教学是不可能的。知识的具体传授过程中，无论是教学内容还是教学形式，都需要基于学生的认知发展水平来进行。学习是一个逐步发展的过程，教师可以在不同学习阶段围绕同一教学内容进行不同程度的讲解。以数学学科的计算教学为例，无论是在小学的低年级、中年级还是高年级，都包含相关的学习内容。然而，对许多学生来说，计算的准确率仍然不理想，关键在于学习者对 20 以内的加减法和乘法口诀不够熟练，对计算原理的理解不够深入。学习者记忆中的知识仍然是零散的、单一的，对他们来说，这些知识只是教科书中的文字，缺乏实质性的意义。如果基础性的认知工作未能形成，学习者后续的知识体系也将无法构建。

《义务教育数学课程标准（2022 年版）》在"数与运算"部分对乘除法的描述是，探索乘法和除法的原理与算法，掌握简单的整数乘除法。计算乘除法的关键在于熟练掌握乘法口诀，因此，许多教师将这一内容的核心目标理解为能够熟练背诵乘法口诀。与其他学科相比，数学中需要纯记忆的内容很少，但乘法口诀这样的内容确实需要记忆。然而，无论是哪种内容的记忆，从心理学角度来看，最有效的方法都不是死记硬背，而是通过各种记忆策略来达到良好的记忆效果，如复述和联想等。

在"乘法口诀"的项目案例中，我们将教材中的两个乘法口诀单元进行了课时整合，重组为 7 个课时，每个课时的教学活动都旨在实现以下单元目标：①结合具体情境，体验编制乘法口诀的过程，理解每句口诀的含义，认识到一句乘法口诀通常对应两个乘法算式，感受使用乘法口诀计算的优势，培养学生的数感，提高学生运算能力。②能够正确、熟练地使用乘法口诀进行表内乘法计算，并掌握乘法口诀的排列规律。以下是具体的课时安排。

1. 单元开启课：我爱阅读（绘本《数学家阿汤的苦恼》）

"什么是乘法口诀？乘法口诀包括哪些内容？乘法口诀能帮我们解决哪些问题？我们为什么要学习乘法口诀？"这些是学生在学习乘法口诀单元之前最原始的疑问。在这节课上，教师通过绘本，带领学生从单元视角整体感知乘法口诀，并在有趣的故事情境中体验乘法口诀的作用，激发学生的学习兴趣和探究欲望。随后，学生将进入单元的种子课程"5 的乘法口诀"。

2. 单元种子课：5 的乘法口诀

本单元的核心教学目标之一是让学生经历编制乘法口诀的过程，并理解每句口诀的含义。作为种子课，我们需要解决两个核心问题："如何编制乘法口诀"和"乘法口诀的意义是什么"。教师在本节课中的引导和辅助，能够帮助学生打破认知障碍，学会编制乘法口诀、理解口诀的含义，并探索口诀的规律，进而将这些方法应用到后续学习中。本节课主要包括以下几项活动。

(1) 编制 5 的乘法口诀。

从数松果的情境出发，引导学生经历编制 5 的乘法口诀的过程，并梳理编制乘法口诀的方法。在前几句口诀的学习中，开始建立图、意义、算式、口诀之间的联系。对于建立这些联系的必要性，教师最初有过疑问：既然乘法口诀是一种计算工具，与图、意义、算式、口诀建立联系，会不会让学生的学习更复杂、负担更重？但随着思考的深入，教师意识到，要将乘法口诀融入学生已有的认知结构，并与之前的知识建立深入联系，就必须进行这样的关联。理解了口诀的含义后，学生才能更好地进行推理，从一句口诀推出所有口诀。

(2) 发现乘法口诀的规律。

编制完口诀后，在理解其意义的基础上，学生将整体观察 5 的乘法口诀，纵向发现规律，进一步加深对口诀意义的理解，并为后续的推理和口诀记忆打下基础。

(3) 根据图、算式、意义编乘法口诀。

教师设计了一个具有挑战性的环节：请学生根据变化后的图、算式、意义来编口诀。例如，松果数量的增减导致算式中的乘数变化。

(4) 编制 2、3、4 的乘法口诀。

请学生运用所学的方法，尝试编制 2、3、4 的乘法口诀，每人选择一个数字进行编制，最后在全班范围内交流。关于口诀意义的理解，将在下一节课中继续学习。

3. 单元生长课：2、3、4、5 乘法口诀的熟记与应用

在编制完 2、3、4 的乘法口诀后，学生已经接触过 36 句口诀。本节课通过设计观察、思考和探索等活动，引导学生深入理解 2、3、4 乘法口诀的含义，观察每组口诀之间的纵向和横向联系，并对手头的 2 至 5 的乘法口诀进行初步整理，为后续整个单元的整理课打下基础。此外，教师还设计了乘法口诀记忆 PK 赛这一游戏活动，帮助学生记忆口诀，并应用口诀解决问题，进一步加深学生对 2 至 5 乘法口诀的理解。

4. 单元探究课（一）：6、7 的乘法口诀

考虑到 6、7、8、9 的乘法口诀抽象程度较高，这些口诀的得数较大，记忆难度相应增加，为了进一步展现点子图、数线图模型的价值和几何直观性，

教师决定不将 6、7、8、9 这四组乘法口诀合并为一节课，而是分为两个课时进行教学。

涉及 6、7 的乘法口诀的课程，重点在于建立点子图、数线图与口诀之间的联系，使学生利用这些图形工具来推理和记忆口诀，以此促进学生抽象思维能力的发展，使其进一步体会数形结合的思想对记忆口诀的辅助作用。

5. 单元探究课（二）：8、9 的乘法口诀

在 6、7 乘法口诀学习的基础上，教师可以参照教材，对 8、9 的乘法口诀进行教学。教学重点在于利用乘法口诀解决生活中的实际问题，这样学生不仅能在解决问题的过程中记住这些口诀，而且能深刻体会口诀在乘法运算中的优势。

6. 单元整理拓展课：乘法口诀的整理与文化拓展

至此，我们已经完成了 2 至 9 的乘法口诀学习。在这节课上，教师引导学生回顾并梳理所学过的乘法口诀，将它们整理成表格，在整理过程中从横向和纵向中寻找规律。学生将发现许多口诀存在重复，这有助于减少需要记忆的口诀数量。在随后的文化拓展环节中，教师播放"九九歌"微视频，讲解中国特有的"九九歌"在乘法计算方面相较于其他国家的优势，并再次感受乘法口诀的音律之美。这一过程不仅增强了学生的民族自豪感，也提高了他们记忆口诀的积极性。

7. 单元应用课：乘法口诀的记忆与运用

通过单元整理拓展课，学生对乘法口诀有了最直观的整体感知。本节课将以游戏形式加深学生对乘法口诀的记忆与运用。例如正向记忆游戏"看乘法算式说得数"的掷骰子 PK 赛，反向记忆游戏"看得数说乘法算式"的扑克牌 PK 赛。教师通过游戏形式帮助学生记忆 1 至 9 的乘法口诀，并引导学生自行创设这些口诀的生活应用场景，让学生在解决问题的过程中加深对乘法口诀意义及作用的理解。

通过梳理这些课程之间的联系与各自的作用，教师发现各课程是相互衔接、层层递进的。每一节课的教学目标都必须落实到位，这样才能让学生更好地掌握下节课的内容。"5 的乘法口诀"作为本单元的种子课，是打通乘法意义与乘法口诀之间"隔断墙"的关键。在这节种子课中，一旦学生理解了"乘法口诀是什么、它与乘法算式有什么联系、它是怎么来的、它的作用是什么"，

那么后续口诀的编制与规律探索的过程就会变得畅通无阻。

由此案例我们可以看到,虽然乘法口诀看似以记忆为主,但学生在记忆乘法口诀的过程中,经历了寻找规律、理解意义、参与游戏、数形结合、实际情境应用等活动,通过多种方式提升了记忆效果,这与传统的记忆方式有很大区别。学生在学习过程中不仅获得了知识,还领悟了记忆方法,在潜移默化中提高了他们的学习力。

(三) 加深理解力

理解力培养的关键,在于掌握事物的概念和原理。意义学习的实现实际上是学习者抽象概括能力的获得。概念学习通常包含两个层面:一是概念的形成,二是概念的同化。概念形成是个体通过直接经验获得的,而概念同化则是个体将新事物与认知结构中已有的适当观念匹配,从而产生新的认知。因此,理解力在学习者知识学习中的作用主要表现为整合与加工。理解是学习者根据所呈现材料建立连贯一致心理表征的能力,主要表现为学习者的学习迁移能力,即将呈现的材料应用到新情境中。理解对学习者的持续学习起着至关重要的作用。此处以"两、三位数乘一位数的乘法"课程为例,介绍其大概环节。

1. 第一环节:研读课程标准

教师们首先研读课程标准,随后一致认为,在课程实施过程中,应根据学生的特点突出算理的教学,注重让学生在实践操作的基础上理解算理,逐步归纳出计算方法。这有助于学生经历计算方法的习得过程,渗透数学思想方法和数学学习方法,注重在解决问题的过程中帮助学生获得解决问题的经验,逐步掌握解决问题的策略。

2. 第二环节:梳理学情

教师对乘法在整个小学阶段的学习进行了梳理。学生第一次接触乘法是在二年级上册,乘法和乘法口诀也是学生学习的一个生长点,可将其划为第一层次;第二层次是在三年级上册到四年级上册,学习整数的乘法计算及运算律;第三层次是小数、分数的乘法计算,数域从整数拓宽。第一层次到第二层次的知识关联点,是利用位值的意义和数的分与合来理解算法和算理。第二层次到第三层次的关联点是积的变化规律,通过乘数的变化判断积如何变化。

通过对教材的研读,教师发现前三课两、三位数乘一位数的乘法(不进位、一次进位、连续进位)的计算方法相同,学生理解算理的模型也相同——

都是将多位数拆分,分别与一位数相乘,再把所得的积相加。

3. 第三环节:沟通算法,体会思想

教学过程第三环节的重点是沟通不同算法之间的联系,这是本课的难点。无论是两、三位数乘一位数的不进位笔算还是进位或连续进位笔算,其算理相通,算法相同。吃透算理相通点,单元整合基础也就有了。这里的设计要点是在掌握竖式算法后,明确核心问题研究的是竖式每一步与点子图和表格的对应。教师重点追问:"竖式中的 3×3, 3×10,你在点子图、表格或小棒中找到了吗?"学生一一指出后,教师板书连线演示相关联系,之后以回顾的形式展示解决 13×3 的多种方法,引导学生整体观察,提出问题:计算 13×3 的时候,这些方法有什么相同点?学生会发现它们都是把 13 拆成 10 和 3,再分别与 3 相乘,引导学生理解先分后合方法的好处。

4. 第四环节:内容整合,建构知识

将两位数乘一位数的算理算法迁移到三位数乘一位数,这里抛出问题:①三位数乘一位数可不可以用刚才的方法计算呢?这里讨论算法也是为了逐步帮助学生建立健全的知识结构。问题①完成后,设计了"练一练"巩固算法并带领全班总结两、三位数乘一位数的计算方法:用一位数分别去乘另一个乘数的每一位,再把所得的积相加。算法的掌握可以帮助学生迁移至多位数乘一位数的算法上。问题②是将不进位乘法推广至进位乘法,理解满十进一,帮助学生建立知识学习的顺序。问题③组织讨论三道算式相同和不同的地方,把算式分类。这里会按照"两位数乘一位数"和"三位数乘一位数"的分法,以及按照是否进位来分类。这个活动的目的是帮助学生体会知识发展顺序,进一步巩固知识结构。

5. 第五环节:总结

在这一环节,教师需引导学生梳理整节课的收获,重点突出对两、三位数乘一位数算理的理解,以及算理相通的迁移等,并鼓励学生猜想之后会学习什么乘法。学生可能根据两、三位数乘一位数推广至多位数乘一位数,甚至两位数乘两位数、多位数乘多位数等,这样更有利于学生将算理算法结构化,形成一个有机的整体,而不是将算理和算法分开,变成两个独立部分。

经历了这样的学习过程,学生就不会觉得点子图、表格、竖式是三种不同的方法,他们会意识到这些方法只是形式不一样,但其核心都是先分后合,都用到了转化的思想。

在进行了一段时间的"大单元整体教学"后,教师有意在"除法"单元回归原来的分课时教学。以下是学生的一篇数学日记节选。

"这两周我们在学习除数是两位数的除法,我很好奇老师为什么还要一节课一节课地上,不是说有些有联系的知识可以放在一起学习吗?我觉得除数是两位数的除法,老师上了六七节课了,但是说来说去用的都还是一个方法呀,一节课就可以学完了。而且,这跟除数是一位数的除法计算方法也是一样的,都是先比较除数和被除数前几位的大小,确定商在哪一位,然后背口诀,找到商,再乘回来,最后相减就行了,没除完就继续除呗。要是以后我当老师,就要这么给学生上课。"

通过学生的日记可以发现,他们已经能够主动建立起知识之间的联系,理解、关联知识背后的本质,并且已经体会到了"大单元整体教学"的好处。

(四)发展创新力

创新是人类寻求对自身、自然和社会认识的突破与重构的过程。创新主要表现为学习者在知识学习中认知结构的发展与重构,并在此基础上实现事物意义的延伸与发展。创新力是人类实现自我、发挥潜能的倾向。所谓创新并不只是发现或对某项具体事务的分析与分类,而是指向对事物的新建和认知。创新力在学生知识结构发展过程中的主要表现是学习者在原有认知结构基础上形成新概念,主要关注的是其认知过程和概念结构创新性观点的产生,主要特征是"超越所给信息"。创新力的实现主要在于学习者个体的参与和体验,仅注重知识之间的内部关联与发生是不够的,创新力要求学习者在实践与体验中发现真知与自我。

在进行"大单元整体教学"时,如果总是由教师来安排单元的整合内容,学生长期处于被动学习的地位,将不利于学生创新力的培养。在经历了一年的"大单元整体教学"后,教师尝试让学生自己根据教学内容进行整合,培养其创新能力。例如,有教师将四年级上册"线与角"的任务全部交给学生进行组织教学。首先由12位小组长在一起讨论,提炼出单元重要知识点,再进行课时划分,最后各小组分领任务,以小组为单位带领全班同学学习。

在提炼知识点阶段,学生提炼出的知识点有:认识三种线(特点、读法、长短),相交(垂直是相交的一种特殊情况),画垂直的线,平行,画平行线,认识平角和周角,认识量角器,用量角器量角和画角。

在安排课时时,学生并没有将提炼出的8个知识点直接确定为8个课时的

追求更好的教学
——"大单元整体教学"的行与思

内容，而是将单元内容进行了整合，重新确立了 8 个课时的内容。具体分布为：单元开启课（了解本单元的重要知识点）；认识三种线；认识相交和平行（垂直属于相交，所以垂直也放在一起学习）；画垂线和平行线；认识另外两种角和量角的工具；用量角器画角和量角；算角；单元复习。

在提炼知识点阶段，学生对知识点的提炼基本上是按照课本的编排一课一课寻找的，再将其一一罗列，这与开始实施"大单元整体教学"单元开启课中学生的表现类似，但提炼深度有明显进步。虽然学生提炼的知识点有部分遗漏，比如平移和平行的关系，再比如用三角板画角等，但本单元最重要的知识点学生都已罗列出来，教师只需要在最后阶段简单加以补充。

从课时划分来看，学生受到平时"大单元整体教学"的影响，不但有"单元开启课"和"单元复习课"的安排，而且单元开启课的目标非常明确，就是要了解本单元的学习内容，制作学习地图。学生将对平面内两条线的两种位置关系的探讨放在了一节课学习，而把画垂线和平行线单独放在了另外一节课学习。旋转与角本来在课本上是单独的一课时，学生却将它与量角器的认识放在了同一节课，在教材已有的课时安排上，还增加了一节"算角"的课。学生这样安排是出乎教师意料的。经了解，学生是因为看了练习册和其他资料上有这样的习题，觉得这应该是同学们的一个难点，因此专门增加了这样一节"算角"的课。

课时安排好了，接下来就是小组分领任务。有的小组单独认领一个课时，有些则是两个小组合作完成一个课时。两组合作完成的，也会在一节课中进行责任划分：前半段的知识点由第一个组来组织学习，后半段则由第二个组来组织学习。在具体的学习之前，小组内会开几次小会，确定学习目标和重点，以及具体的任务分工。在所有小组都准备就绪后，便开始了学生当老师的一个单元的学习。

这个单元的学习花了一周半的时间。从课堂反馈来看，台上的学生很珍惜当老师的机会，备课很充分，台下的学生也积极参与。学生的积极性空前高涨，学习效果也非常好。这不单是因为台上的老师都是学生，更是因为在这个过程中学生学着老师的样子，对单元进行了一定程度的整合。这种整合无关对错，但却是学生深度研究教材后的成果。

探究力、记忆力、理解力、创新力并不是相互孤立、独立存在和发展的。因此，在教学中往往会通过某项活动激发学习力的各方面发展。

例如在案例"以'术'攻'数'——分数（小数）、百分数、比的单元复习"中，教师从学习兴趣、学习习惯、学业成果三个维度对学生进行评价，以达到促进其学习力发展的目的。

学习兴趣主要从活动兴趣、阅读兴趣和合作兴趣三个方面进行评价。其中活动兴趣的观测点是学生在课前完成前置学习单及课后完善思维导图的主动情况；阅读兴趣的观测点在于学生是否能主动进行错题和易考题的收集，进行及时的反思；合作兴趣的观测点在于课堂中小组内进行知识点梳理及完成题目分析和辨析的情况。

学习习惯主要从听说习惯、书写习惯、课堂专注度、合作意识以及作业专注度几个方面进行评价。听说习惯侧重于观察学生在课堂上回答问题时语言是否完整且有条理。书写习惯侧重观察学生书面作业的书写情况。课堂专注度和合作意识主要以学生在课堂上是否能积极思考、积极参与讨论、上课不走神为主要观测点，以教师观察为主，并用"课堂优化大师"积分等方式进行实时的评价记录。作业专注度主要以学生作业完成情况和效果为观测点，用等级进行评价。

学业成果考查学生是否对概念理解透彻、能熟练运算、能高效运用知识并解决实际问题，以单元阶段性检测题为主要观察点并实施评价。

学生参与教学活动的过程中，所付出的努力能被看见，学习成效能被肯定，将会以更大的热情投入后续的学习中。在组织实施评价时，教师通过以下方法激发学生的学习兴趣、探究欲望，并检验学习效果。

（1）评价贯穿整个单元学习的全过程。

（2）对学习兴趣和学习习惯的评价主要采用课堂观察、作业分析和口头访谈的方式，评价要注意及时，要注重学生自评和教师评价相结合。

（3）对课堂知识掌握情况进行评价时需要提供情境，情境要具体，难易程度有层层递进的关系。提的问题要明确，可以是开放的问题，也可以是计算题、填空题或判断题。要求学生能通过小数、分数、百分数的互换，以及除法、分数、比之间的关系，灵活选择方法，进行数的比大小及相关运算；能有条理地进行数量关系的分析，并采用恰当准确的方法解决问题。

（4）对学生的阶段性检测中，既要关注学生基础知识的掌握情况，也要注意拓展提升部分的情况。此外，教师还要关注对学生的审题能力、打草稿的规范性、检查习惯、反思总结能力的培养。

二、拓宽学习空间，积淀发展底蕴

思考能力、研究能力和创造能力是核心素养的主要表现形式。在核心素养

追求更好的教学
——"大单元整体教学"的行与思

的背景下，小学数学课程的变革可以通过"大单元整体教学"有效地培养学生的思维，激发学生的学习兴趣，提高学生的认知迁移能力，从而拓宽学生的思想空间，推动学生的全面发展。

在"大单元整体教学"中，我们强调教师要积极调动学生学习的自主性，让学生在学习的过程中学会学习，为终身学习打下坚实的基础。

在"认识方程"的案例中，教师们打破了教材单元和年级的限制，将学生的学习空间向前和向后延伸，从一年级上册的"3+2=5"延伸到五年级下册的"用方程解决问题——合并同类项"。当学生在五年级真正学到这一内容时，他们不仅会感到熟悉，还能够迁移最基本的思想和方法。

有教师在教完"分数的认识"后写道：

"询问学生想要从哪些方面研究分数，发现学生对分数的关注点与整数的认识过程相似，便和学生一起回顾整数的认识过程，如什么是整数？它们表示什么意思？怎么读、写？如何组成？怎么比大小？怎么计算？……分数也是一种数，可以借鉴整数的认识过程来认识分数。通过沟通整数和分数的联系，从学生熟悉的对整数的研究迁移到对分数的研究，学生在知识体系和学习方法、学习途径上都获得了支撑，知道可以从哪些维度研究分数，这便是搭建了一个学习的'脚手架'。"

可见，"大单元整体教学"经过一段时间的课堂实施后，学生的结构化思维已经初步显现，而且这种结构化思维将会延伸到后续的学习内容中。

任景业在《走进孩子的课堂：研读课标的建议》一书中有这样一段文字[①]：

曾和孔企平教授一同审阅新世纪小学数学教学用书的初稿。

我打开书稿便一字一字往下读。一看孔教授，他已看到文稿大半了，还在快速拨动鼠标向下查看。

"你在找什么？"我好奇地问孔老师。

"看小标题。它的框架。"

火箭发射要有一个稳定初始轨道的发射架为基，思维也需要一个校对思维轨道的基础架构。我是一线老师出身，与我们的数学专家、学者、大学研究人员相比，我深深体会到，除了自身专业知识方面的欠缺外，最重要的是缺一个科学的思维框架。我的观点和判断常常来源于自己粗浅经验的、一时的想法，

---

① 任景业. 走进孩子的课堂：研读课标的建议［M］. 长春：东北师范大学出版社，2014：1.

而很少有经过深入思考的过程。我的框架是含混的，而专家们的思维框架是经过深入思考的，是清晰的。

缺少思维框架，这似乎是我与专家们的最大区别。

这段话强调了"思维框架"的重要性。在这里，"思维框架"与"大单元整体教学"所提倡的"结构""联系"和"整体"等关键词在很多方面都有着共同的意义。通过"大单元整体教学"，学生能够获得构建思维框架的经验，这将成为他们未来学习和工作中的一项重要素质。可以说，"大单元整体教学"为学生的终身学习打下了深厚的基础。

第九章　激活教师生长力

为了在区域内落实和推广"大单元整体教学",2020年9月,成都高新区启动了小学数学大单元研究的周期性项目班。项目班从全区40所学校中遴选了100位骨干教师,作为"大单元整体教学"的先行军,其中包括区级学科带头人和教研组长。

该项目班在形式上建立了基于"四个一"的学习共同体,即"一个小组＋一项任务＋一名指导专家＋一个先行团队"。培训以学员小组为单位,分为10个小组,每组10人,在不同阶段开展任务驱动的研修活动。通过完成任务,促进学习小组的建设。

教师的生长力包括"外生长力"和"内生长力"。其中,"外生长力"指的是外部推动力,"内生长力"则是指因自身价值认同而产生的内驱力。外力的影响能够激发内力。

首先,通过项目班培训,我们重建了有价值的改革生态系统。在多元研训策略的助推下,形成了多方发展共同体,共同突破困境(见图9-1)。

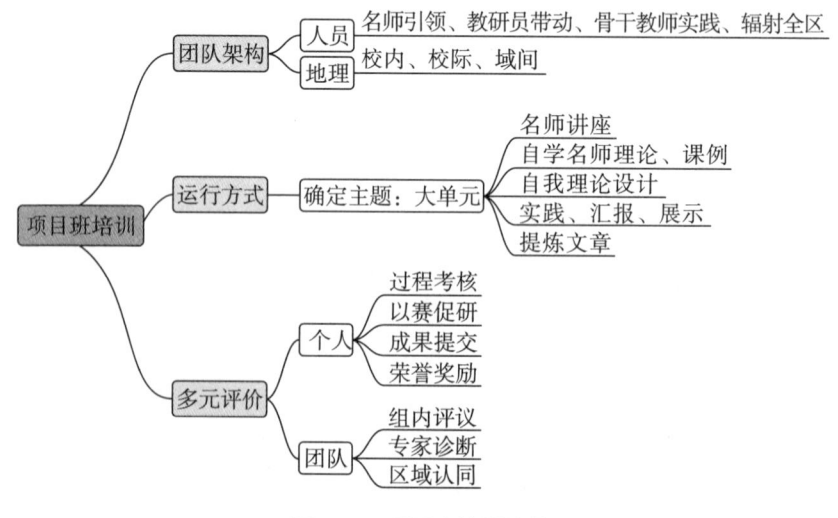

图9-1　项目班培训结构

其次，通过共同愿景的价值引领，重建了教师生长的自觉性。教师能够预见"未来的样子"，在对"为什么做"的价值认同中，逐步探索"怎么做"。同时，他们自觉地思考如何"做得更深"和"做得更透"。在这个过程中，教师不仅被吸引，也影响着他人，从而被簇拥着向上生长，形成发展势能，并期待实现从"小白"到"骨干"再到"专家"的华丽转变。

第一节　困惑与突破

问题的存在为人提供了成长的机会。2020年6月10日，来自各个学校的项目班学员们汇聚一堂。在开班仪式上，领导满怀期望地寄语，期待通过"有前瞻性规划、有明确目标、有严谨实施步骤"的层级递进、系统完备的学习，实现区域可见的成效。教师们对前沿理论的未知恐慌，在肩负成长使命的压力下被数倍放大；但是，随着22场线上指导和专家的解惑明思，以及数十场线下指导的深入探究和实践应用，教师们借助这些资源，忧虑逐渐消散，顾虑逐步得到解决。

一、借力于"难"，突破"困"

难题的出现，是突破困境的契机；找准问题的症结，是突破困境的基础条件。

周雪妃老师总结了本次培训面临的三大难题：观念转变难、执行实施难、团队合作难。

观念转变难。教师在备课时缺乏整体意识，仅仅针对单一课程准备，不考虑课程之间的前后联系，导致教学出现断层和片面性；同时，长期处于舒适区的教师对新理念抱有抵触和质疑。

执行实施难。理念的实施需要创新和磨合。即使计划看似完美、设计看似合理，也不能保证在课堂上的执行没有问题。教师常常发现，尽管付出了长时间的努力，最终却感觉还在原地踏步，甚至效果与预期背道而驰。

团队合作难。学习小组由不同学校的成员组成，城市间的距离、校际的差异、教学方式的不同，都增加了小组合作的难度，使得成员间存在物理距离、心理距离和合作难度的问题。

追求更好的教学
——"大单元整体教学"的行与思

(一) 观念转变难

1. 问题见于阅读时的真实困惑

彭彦萍老师在阅读《小学数学单元教学设计指南》时遇到了一些困惑。

首先,单元规划属性表中的部分内容与单元教材教法分析属性表中的一些内容出现了重复。例如,前者的"单元划分依据"对应后者的"知识编排体系";前者的"重点渗透的数学思想方法"对应后者的"主要思想方法";两者都包含了"单元主题"这一项。

其次,单元教学设计时应该先确定教法还是先确定单元目标?单元规划属性表中虽有"单元目标"一栏,但注明了"可在单元教学目标设计完成后填写",这意味着在单元规划阶段可以不预先确定单元目标。然而,根据小学数学单元教学设计结构图,单元教学目标设计应在分析单元教法之后进行,选择有利于达成教学目标的教学方法。这似乎存在一些矛盾。针对这些问题,彭彦萍老师提出了自己的改进建议,待进一步验证:即将教法分析调整到单元教学目标设计之后,与单元学习活动设计合并进行。

2. 问题见于理想与现实的交织

李丹老师将自己的疑惑问题分为"何谓""为何""何为""如何"四类。李丹老师将黄晓玲、李思帷、邱云婧、刘佳佳、邹莎、冯莲、邓罗沙、李燕、粟煜斯、唐雪梅、梅寒飞、文大成、许慧秋、肖向葵、阳建怡、赵芡、钟砚老师提出的问题按这四类梳理如下:

(1) 何谓(什么是)。

"大单元整体教学"究竟要干什么?课型是什么?特点是什么?与日常单课时教学对比,区别在哪里?"大单元整体教学"要"大"到什么程度?真的要跨学段吗?

"大单元整体教学"和整合、融合教学是一脉相承,还是另有玄机?"大单元整体教学"和深度教学有关系吗?也是培养学生的高阶思维吗?

(2) 为何(为什么)。

为什么要进行大单元设计?单元整合的价值何在?优势体现在哪里?为什么"大单元整体教学"能实现学生的深度学习?是否否定现有教材?既然要整合,为什么不直接编教材?以往习以为常的单课时教学错了吗?有了单元教学设计,还用单课时教学吗?

对于小学起始年级，有没有实施"大单元整体教学"的条件和必要？

（3）何为（怎么做）。

是不是每节课都需要整合？哪些内容可以整合？怎么整合？怎么有效整合？整合是否意味着内容只减不增？整合后怎么让学生掌握知识？单元开启课、种子课、复习课的目的是什么？重点是什么？操作方法是什么？呈现的效果怎样？

如果每个单元教学设计都按《小学数学单元教学设计指南》的七个板块进行全文本分析与设计，是否会增加教师的工作量，从而使理论的学习与实践的教学无法并行？照葫芦画瓢的单元教学设计有40多页，如何协调一线教师的时间分配？这么多的量表是否可以简化？怎样精简？如何将"大单元整体教学"落实在常态化课堂中？"大单元整体教学"课程的深度开发与教师的日常工作在时间、空间上的矛盾和冲突如何解决？

如何建构"大单元整体教学"主题？年轻教师如何把握"统"和"整"的度？如何精准地"取"和"舍"？如何在现行40分钟一节课的课时环境下开展相对完整的"大单元整体教学"？

在"大单元整体教学"中怎样维持学生的数学学习积极性和主动性？

（4）如何（效果如何）

教师能做到"大单元整体教学"吗？学生接受不了这么多内容怎么办？教学之后，学生不会解题怎么办？如何评判教师的"大单元整体教学"设计是否合理？"大单元整体教学"的作业设计如何体现"大单元"？

这些问题的提出，是在"大单元整体教学"过程中不断产生与积累的。可以发现，教师们的问题从"什么是"到关联概念，从"为什么"到"怎么实现价值"，从"怎么做"到"这样做行不行"，再到"还可以怎么做"，从"能做到吗、有效果吗"到"怎么判断效果"再到"怎么促进效果"。问题演变的背后正是学习研究正向推进的动态过程，是在质疑中挑战、在接受中进阶的过程。教师们正是借助于一次次提出问题、解决问题，实现最真实的成长。

（二）执行实施难

理想丰满，现实骨感。尽管经过个人的细致思考和团队的多次讨论，教师在执行"大单元整体教学"时，仍然发现不少困难。

1. 背景不同

实践发现，来自不同学校的教师尽管都是挑选出来的骨干，但受限于时间、精力，他们对课程标准、教材和教学内容没有完全系统地学习与研究，并不足以把握数学课程教学的整体性。

2. 理论不足

实践发现，表面上看教师进行的是"大单元整体教学"，但背后所需要支撑的理论体系包括教师观、学生观、教材观。"大单元整体教学"需要教师对现今的教育改革趋势有明确的认知与构建，需要对教材体系以及数学本质有明确的概念认知与判断。以上，对少则只有 3 年经验，多则 15 年经验的教师群体来说是很大的挑战，对带领这个团队向前走的领导层来说是很大的考验。

3. 标准不一

实践发现，大单元整合是否恰当，作业设计是否合理，每个教师的想法都不一样。现实中，专家也没有给出明确的标准。教师在团队讨论时，容易陷入困惑。

4. 舒适圈难跳

实践发现，并不是所有挑选出来的骨干教师都具备探索与创新意识，有的教师自我发展意识和动力匮乏，不易跳出舒适圈。

（三）团队合作难

项目学习小组来自区域不同的学校，相聚一次并不容易。组长召集大家线下听课，往往出现有人要出差、有人要带班、有人要开会等现象；召集线上会议常常会出现有人要进餐、有人要带孩子的情况，只能将研讨时间一延再延，甚至延到晚上 11 点。尽管教师们努力突破时空限制，在思维上还是难以契合。执教的教师会因个人素质、个人理解、学生差异而无法理想地呈现"大单元整体教学"设计，这也迫使教师在研究教材、研究方法的同时，走向了研究自我、研究学生。

二、借力于团队文化，突破"困"

教师借力于难，走出"困"；也借力团队文化，突破"困"。

（一）破冰行动助推

通过每次所有学员相聚时的破冰行动，教师得以释放郁结的情绪，不断尝试解决遇到的困难，承受压力，并感受到团队的支持与力量。

（二）团队文化助力

黄婷老师在每一个人都按时高质量地完成 20 多页作业的那一刻，就意识到自己是在一个优秀的团队里学习成长。

徐周亚老师所在的团队自然形成了"大胆质疑、勇于实践"的团队精神文化。他们发现，当你融入团队时，时间仿佛具有伸缩性。他们说，只要有健全的运行机制和团队秩序保障，有坚定的共谋发展目标和团队共识，跨越地域、突破校际关系、形成新的学习和成长共同体只需一个任务。

三、借力于领域专家，突破"困"

像透视镜一样，把精力集中在一个焦点上，困难终将成为进阶之石。笃信诚明，学有所得。在具体实施中，参与培训的教师先接受陈洪杰、顾亚龙、王圣昌、姚建强等专家的定期指导，又通过网络以及书籍学习，梳理吴正宪、张丹、王永春等专家的观点，解决困惑，再在区域教研员杜琳、曾亮、王晓明、周波、廖敏教师的分组指导下落实具体事宜。

（一）专家观念指路

项目班罗立冰、毛晓峰、任美全、孟丹老师梳理了数位专家的观念，为学员们点亮心灯，指明路径。

吴正宪老师指出："单元学习主题"的教学重点，一是找准"大问题"，确定合适的"单元学习主题"；二是确定具有挑战性的学习任务，以任务驱动、开启主题学习，进而引发儿童的深度思考与主动探究，提升数学核心素养。

张丹老师强调"大单元整体教学"设计要从核心概念、大观念视角进行思考；在梳理"大单元整体教学"知识内容时，要与课程标准上的核心概念相结合，重读教材，根据需要重组教材。

袁晓萍老师认为单元整体教学是基于核心概念和学习者需求，按照单元、领域、项目视角进行单元内或单元间的纵横联结，把内容相近、结构相似的课时有机整合起来，统整单元学习内容，通过整合、重构、重组，以主题、单元、课时或项目等形式，以结构化教学内容、学习资源、学习活动推进组织教学。

姚剑强老师给出了单元教学模板，包含单元规划、单元教材教法分析、单元教学目标设计、单元学习活动设计、单元作业设计、单元评价设计、单元资源设计。

顾亚龙老师指出单元教学是以教师有结构地教，引导学生有目标、有结构、有联系地学。顾老师从"初心、追问、方式、路径、核心问题"五个方面分享了自己的思与行：路径一，绘制各单元知识学习思想地图；路径二，以所有互相关联的单元知识为单元学习主线；路径三，以数学思想方法为单元学习主线和以主题研究为单元学习主线；路径四，以课题组整体结构设计为单元学习主线；路径五，以项目化单元学习思想方式为单元学习主线和以大纲主题为单元学习主线。

曹培英老师从辨析"计算"与"运算"两个数学名词出发，从实际应用价值、基础教育整体、小学数学本身等方面深入剖析了"运算"在小学数学教学中的重要地位，引导教师研究数的运算教学的课程论、数的运算教学的心理学及小学生的运算错误。

高萍老师从落实新课标、关注数学核心素养、课程等维度剖析了我们为什么要实施基于主题的大单元整体教学及大单元整体教学是什么。高老师提出，想做好单元整体教学，要经历分阶段、设计、实施和评价四个阶段的工作。

王永春老师从高中数学核心素养和课程目标与小学数学核心素养的对比、联系，引出小学数学认知中数学概念的重要性，强调了数学概念是命题、思想方法、认知结构的基础。从数的认识、算理算法、数学模型、问题解决等方面，深度解读小学数学核心素养与思想方法，号召教材与教学改革行动。王老师指出，追根溯源，从数学历史文化方面加深学生对数的认识，了解分数、带分数、假分数产生的时间、原因，从概念的外延理解数学。王老师建议从一年级开始教会学生用"数学是什么、怎么学习数学、今天学什么知识、解决什么问题、跟学过的哪些知识有关系"这样的数学逻辑、思想和方法进行思考。

陈洪杰主编、王圣昌老师的视角总是新颖别致，为教学活动打开新的思路。他们建议展示课从单元起始课、单元开启课、典型整合课、单元复习课几种课型中选择。

章勤琼和陈锡成提出基于学习路径分析的单元整体教学，以终为始，注重目标的具体化，主要有以下四大步骤，即理解单元学习目标，确定学习起点，分析学习路径，设计、实施单元教学任务（见图9-2）。

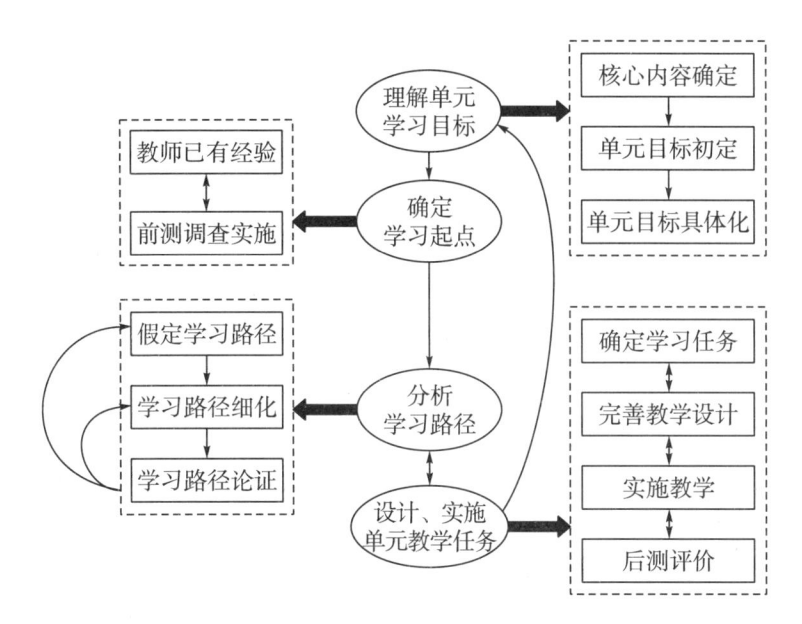

图 9-2　单元整体教学的四大步骤

（二）实践方法明路

读书虽可喜，何如躬践履。君子之学，未尝离行以为知也。教师们在专家的指导下，勇于实践、探索。

1. 以微撼大

何为"大单元"之"大"？"图形与几何"中"认识图形"这个主题够大，直接依此进行大单元整合可行吗？郭书伶老师经过专家指导，通过研读教材发现，"认识图形"按照"体—形—体"的混合螺旋结构编排，可"以微撼大"，把"认识长方形"作为同类平面图形认识的中心大任务，并聚化到三类特殊四边形。她引导学生从"边"和"角"两个维度去探索、构建、体验此类平面图形的特征，以撼动后续二维封闭图形，乃至立体图形特征的学习。

相文楠老师通过"大单元整体教学"的全局视野突破时间概念的抽象性、时刻与时段的易混性、两种计时法转换规律的理解难点，以"24时计时法"教学为例，展开基于时间常量的结构化探索，即认知冲突—观察转动钟面直观思维—化曲为直、——对应观察规律的程序思维—对比异同的抽象思维—输出语言的形式思维—分段计时实际问题、化直为曲理解时间的连续意义。

阳建怡老师认为除了从知识的纵向去沟通"前延""后联"，还可以从横向

追求更好的教学
——"大单元整体教学"的行与思

的方法迁移上着力，沟通不同板块知识间的联系（见图9-3）。

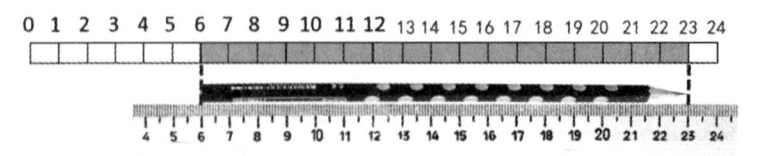

图9-3 从横向着力沟通不同板块知识间的联系

2. 从不同视角解析单元设计

周婷老师从整体视角、单元视角、课例视角解析"大单元整体教学"设计。

（1）整体视角，关注知识镶接面。

一方面，厘清面积认识和应用中的"联动"。"面积"单元知识点的学习是整个小学阶段面积体系的起始课，是从长度到面积的转变，也是从线的学习转向面的学习，是学生空间形式认识发展上的一次飞跃。面积概念是本单元乃至整个面积知识体系的起始概念，是其他知识点赖以学习的基础，是学生下一步学习的基础。平行四边形的面积计算在整个知识体系中处于核心地位，各种图形面积的计算方法都是通过割补、拼剪等手段将图形转化为平行四边形进行的，而平行四边形面积计算方法的学习则是通过将图形转化为长方形进行的。因此，"面积"单元中长方形面积的计算是整个知识体系的基础。

另一方面，厘清图形领域的"联动"。图形的测量属于"图形与几何"领域的一个重要学习内容，是小学数学核心内容之一。一般来说，一维图形的大小是长度，二维图形的大小是面积，三维图形的大小是体积。体积是用一维的长度（多条棱长度的和）和二维的面积（表面积、占地面积）来说明物体占空间的大小，体积的大小需要用"三维的块"来说明。因此面积的学习是学生认知发展的第一次飞跃，起着承上启下的作用。

（2）单元视角，思考知识生长线。

"单位"这一概念贯穿始终，无论是单位的发现，统一面积单位的必要性（见图9-4），还是长方形、正方形面积计算公式的推导，都是学生在测量活动中自然而然发生的。

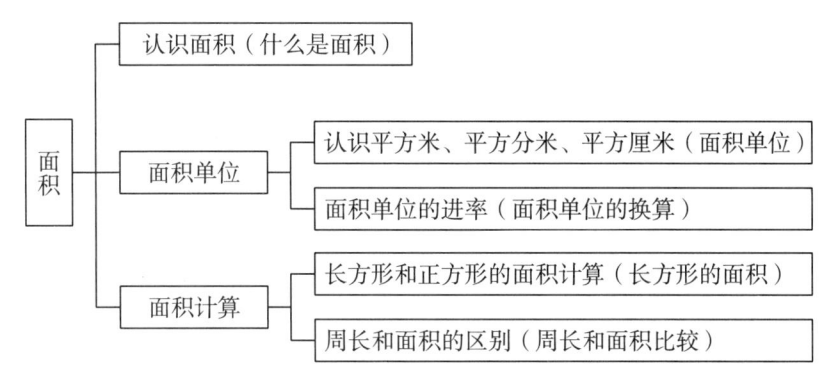

```
                    ┌─ 认识面积（什么是面积）
                    │
            ┌─ 面积单位 ─┬─ 认识平方米、平方分米、平方厘米（面积单位）
            │           │
  面积 ─────┤           └─ 面积单位的进率（面积单位的换算）
            │
            └─ 面积计算 ─┬─ 长方形和正方形的面积计算（长方形的面积）
                        │
                        └─ 周长和面积的区别（周长和面积比较）
```

图 9-4　"面积"知识的生长线

（3）课例视角，落实单元教学点。

教师通过直观比较两个图形大小的设计，让学生初步感受面积的概念；通过创设问题情境，让学生产生测量面积的需求，尝试解决生活中的实际问题。学生在测量的过程中体会到面积，也就是"单位"个数的累加，并产生统一面积单位的需要；进一步挖掘长和宽与1平方厘米小正方形个数之间的关系，从而推导出长方形面积公式、正方形面积公式；最后，在实际生活情境中综合应用所学知识，再次认识面积单位，建立面积单位之间的关系。

3. 结构化达成路径

刘冬艺老师通过专家指导，尝试基于起点结构化整合单元内容，通过类比、化归等数学思想实现过程结构化，呈现出一个"整体—分步—整体"的教学过程。首先，通过分析课时、单元、板块、领域以及不同版本教材之间的联系，整体把握教材；通过对学生心理特征、经验水平、思维层级等进行前测，整体分析学生。其次，从旧知引出新知，根据已学过的相关板块呈现内容元素。通过合理的教学环节，为各元素建立关联，由静至动、动静结合，实现学生的认知重构。最后，结构化的起点和过程最终指向结构化的达成（见图9-5）。

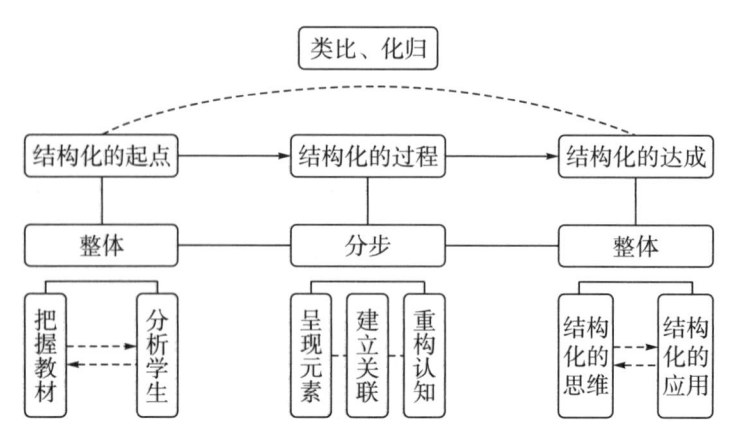

图 9-5　结构化达成路径

4. 深层分析学情

最初，教师们分析学情是采用经验式的描述。经过专家指导后，大家学会用前测单进行数据分析（见图 9-6）。

```
              《分数的初步认识》学情调查单
                              姓名：      班级：

1. 你知道除了 0，1，2，3，4，5……这些以外，还有别的数吗？
   如果知道，请举一个例子并说一说你对它了解多少。


2. 分苹果
  (1) 4 个苹果，平均分给 2 个小朋友，每人得到多少个？

  (2) 2 个苹果，平均分给 2 个小朋友，每人得到多少个？

  (3) 1 个苹果，平均分给 2 个小朋友，每人得到多少个？


3. 你认识分数 $\frac{1}{2}$ 和 $\frac{1}{3}$ 吗？试着画一画表示出它的意思。


4. 关于分数，你想了解一些什么？
```

图 9-6　前测单

对前测单的内容可以从以下五个方面进行总结：①生活经验，②思维能力，③学习需要，④学龄特征，⑤知识基础（见图 9-7）。

学情分析结构

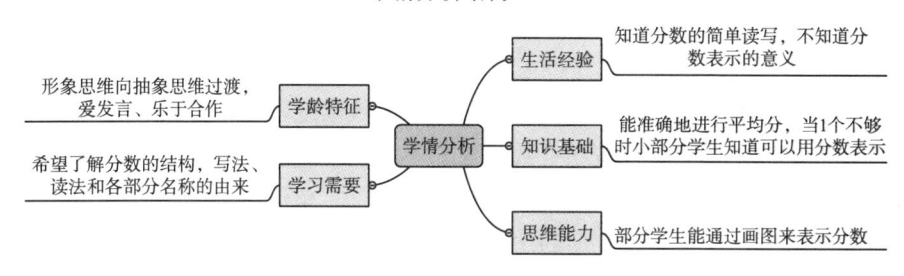

- 学龄特征
  - 形象思维向抽象思维过渡，爱发言、乐于合作
- 学习需要
  - 希望了解分数的结构、写法、读法和各部分名称的由来
- 学情分析
  - 生活经验：知道分数的简单读写，不知道分数表示的意义
  - 知识基础：能准确地进行平均分，当1个不够时小部分学生知道可以用分数表示
  - 思维能力：部分学生能通过画图来表示分数

图 9-7　学情分析结构

5. 大胆尝试不同课型

最初教师们选课不够大胆，不敢选开启课、复习课，只愿意在原课时的基础上进行小的变动。通过专家提供课例、学员讲述整合思路等方式，大家逐渐打开思路，尝试了不同课型。

陈敏老师通过自主阅读、小组合作、分享交流等活动，尝试单元开启课，初步搭建单元知识框架（见图 9-8），培养学生数学关联意识和分类整理、归纳总结的能力。

单元知识框架

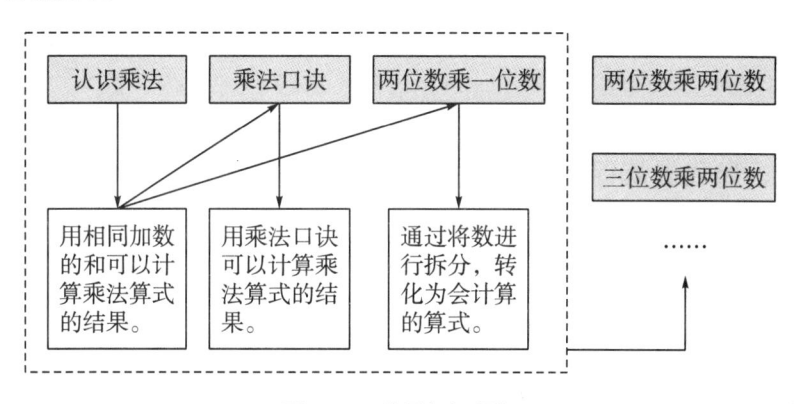

- 认识乘法 → 用相同加数的和可以计算乘法算式的结果。
- 乘法口诀 → 用乘法口诀可以计算乘法算式的结果。
- 两位数乘一位数 → 通过将数进行拆分，转化为会计算的算式。
- 两位数乘两位数
- 三位数乘两位数
- ……

图 9-8　单元知识框架

胡铃苹老师以北师大版数学教材二年级上册第二单元"购物"的内容设计操作较多的"人民币的学问"，流程是：通过前测疑问引出人民币由来—认识不同面额的人民币—分类认识人民币单位、面额设置特点—解决问题。

廖春艳老师设计种子课"5 的乘法口诀"，结合了教研员廖敏老师主张的三个观点：不要提封闭性的问题；板书要具象，小学生对抽象的板书无感；抓住问题的本质，不要纠结于形式。廖春艳老师紧抓图、意义、算式之间的横向关系，打通图、算式和口诀间的"隔断墙"，设计了两个核心问题：①你发现图、口诀、算式之间藏着什么小秘密？②读完口诀，你发现它们之间还藏着什么小秘密？

吕怡丽老师尝试选择结构化视角下的小学数学复习课，借助"思维工具"，搭建思维结构化脚手架；借助"数学思想"，助力知识结构化。从三年级的长方形、正方形的面积，到五年级的平行四边形、三角形、梯形的面积，在常规的认知经验里，这是一种有序的层层递进的排列。吕老师从梯形的面积公式入手，重构各图形之间的关系，着力"学习反思"，促进思维结构化。

第二节 自悟与成长

"鸡蛋从外打破是食物，从内打破是生命。"著名学者李政涛认为，人世间始终存在两种教育：面向他人的教育和朝向自我的教育。面向他人的教育指向他人，致力于有计划、有目的地影响和改变他人的生命，因此又称为"他向教育"。朝向自我的教育以自我为教育对象，目的在于完善与发展自我。

从迷茫到树立方向，再到拥有生涯成就感，教师们实现了从"面向他人的教育"到"朝向自我的教育"的转变，这也是高新区激活数学教师内在生长力的过程。

一、自我提炼促成长

（一）自我答疑

刘稚老师将"大单元整体教学"比作跟团游玩：上了旅游大巴，A导游说接下来要去1号馆参观，关于1号馆的具体情况到了再说；B导游把整个行程几天的大概安排先告知大家，再告知今天的具体安排以及1号馆的基本情况。显然，大家更喜欢B导游。教师要做学生学习的导游，要帮助学生先建立起整个单元的知识框架，再进行分课时知识点的学习。

文大成老师发现原来"大单元整体教学"不是一味地要把各知识内容相融合（合二为一），从而减少课时；有时候还是要根据具体的教学内容和学情，适当地把一课时的内容一分为二。

王菊老师随着学习打消了"单元整合是在否定现有的教材体系吗"的疑问,认为"大单元整体教学"是在现有教材的基础上突出"类意识"。

(二)自建概念

姜霞老师认为"大单元整体教学"的内涵需要明确两点:

第一,"大单元整体教学"中的大单元内容并非狭义的单元,不一定得集中在一起教学,而是可以根据学生的认知水平、知识难易程度,分布在不同时间、不同年级教学的。只不过在不同时期的教学应该有相通的教学目标,遵从相通的教学思路。

第二,"大单元"是在学科核心素养的指导下,聚焦核心概念、核心问题、大任务、大项目等视角的学习单元。"大单元"的"大"并非"大容量",而是根据课程标准和学生学情确立的"学习单元",所以它不单指教材编排的自然单元,还可以指在知识本质、思想方法、学习过程等方面有关联的跨自然单元。

袁开歆老师理解的单元整体教学是对课程标准、教材等教学资源进行深入的了解、学习和分析之后,根据自己对教学内容的了解以及对学生整体的学情分析,对教学内容进行整合、重组、构建,形成一个较完整的教学主题,并且以这个完整的教学主题作为一个单元的教学。这里的单元是一个教学主题,而一个单元到底应该有多大并没有严格规定,而是根据目标、内容、学生的发展等需要来确定。

(三)自通方法

1. 教材解读得法:纵向分析教材理脉络,横向对比教材抓本质

(1)"认识小数"。

李晔老师对北师大版数学教材"认识小数"展开分析。

纵向分析,北师大版教材第一个阶段中三年级上册"认识小数"单元,是教材第一次涉及小数的相关内容,是数系的一次扩展。第二阶段中四年级下册、五年级上册,是对小数进行再认识,探索小数的性质并掌握计数单位、小数的加减法、小数的乘除法、混合运算等,解决问题。

横向对比,人教版、苏教版教材的小数学习是在学生已经学习了分数的基础上进行的,所以在认识小数起始课上就将分数与小数进行沟通联系。北师大版教材是从生活中的元、角、分模型出发,直接让学生认识小数。教材编排的

不同导致在学生认识小数时的知识结构产生了差别。

基于以上分析，李老师产生两点想法：一是在做本单元教学设计时参考其他教材，提前加入认识分数的内容来进行前期的铺课，先认识分数再引入小数；二是将北师大版数学教材第一课时"借助元、角、分理解小数的意义"和第五课时"借助长度单位体会十进关系来认识小数"进行整合。

（2）"分数乘法"与"分数除法"。

周丹老师尝试了"分数乘法"与"分数除法"的跨单元教学设计。

教学设计 1.0 版利用"积与乘数之间的关系"关联"商与被除数之间的关系"。

教学设计 2.0 版对比西南大学版和北师大版教材，发现"倒数"在两个版本的教材中处于不同的单元位置，一个在"分数乘法"单元的末尾，一个在"分数除法"单元的开始。受到启发，周丹老师在"分数除法"的教学设计中就用复习一个数的倒数来开课。倒数虽然不是两个单元的核心知识，但的确是借助分数乘法来计算分数除法的一个工具。对比不同版本的教材教参，找到相似点，即借助分数乘法的意义来理解分数除法的计算道理，算理相通，这才是两个单元知识最本质的联系。算理最好的呈现载体是格子图、线段图等直观方式，以图助理。

教学设计 3.0 版"除以一个不为零的数等于乘这个数的倒数"与"如何连接分数乘法与分数除法之间的关系"是两大难点。从"整数乘法"到"分数乘法"，从学生对乘法意义的理解出发，引出分数除法，一方面抓"乘除互逆"，另一方面借助分数乘法的意义在图示的基础上理解分数除法计算的道理。

2. 学情分析四落实

杨丽老师通过不断实践，从四个方面落实学情分析：想调研什么，用什么来调研，调研的结果如何，怎么做出调整。

教师对教材进行不同维度的分析后，结合学生之前学到了哪里，学生可能在哪里制订学情调查单，可以通过学生"做一做"或访谈来了解情况，再通过数据分析形成图、表等方式展开对比分析。最后根据调研结果，说明调整方向。

3. 反复模拟再试教

在具体执教"大单元整体教学"设计前，教师们均会进行多次讨论，再正式面向学生教学。如梅寒飞老师的"大单元整体教学"设计就经历了多次调整。

教学设计1.0版：课前检测—揭示课题—表示二分之一（折、涂、判断）—创造分数（利用学生作品进行渗透）—生活中的分数—总结。

教学设计2.0版：感受自然数的局限性，揭示课题—折纸、涂色初步感受二分之一—再度感受二分之一（形状、大小、多个物体的二分之一）—创造分数（设置3关挑战）—生活中的分数—总结。

教学设计3.0版：感受自然数的局限性，揭示课题—折纸、涂色初步感受二分之一—再度感受二分之一（形状、大小）—创造分数（设置2关挑战）—多个物体的二分之一探索—生活中的分数—总结。

4. 单元设计多维度

关于单元教学设计从哪些维度展开，教师们在教学实践中，也慢慢地有了自己的体悟。罗利君老师归纳出五个大单元整合切入口。

（1）在数学本质处整合，构建"大单元整体教学"核心。

通过抓住"树木"的"太阳"形成"森林"，促进学生联想迁移，形成学习方法的结构化（见图9-9）。比如设计"对比不同数的算理、算法"的活动，促进学生理解运算、实施运算、解决问题。

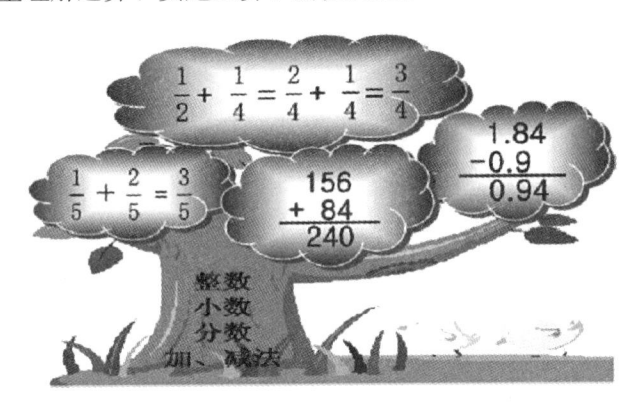

图9-9 形成学习方法的结构化

（2）在思想一致处整合，进行专题教学。

例如在整数乘法部分，教师可以基于乘法的意义和数的意义对数进行拆分，探索计算多位数乘法的方法。而在对多种拆数方法的持续学习中，整十数拆数法被多数学生接受，因为它是数的十进制及位值制的体现。利用点子图等模型，教师可以帮助学生对数进行拆分，从而寻找合理的算法，并追求简洁、通用的算法。教师应抓住乘法中的"变与不变"。变的是形式上的两位数乘两位数，两位数乘三位数，多位数乘多位数。不变的是，整数乘法都蕴含基于乘法分配律先分再合，把"未知转化成已知"的思想方法。

(3) 在方法相同处整合，进行类比教学。

例如"乘法分配律"一课所在的单元，强化了"情境引入、多元感知——提出猜想、举例验证——合情推理、验证规律——沟通联系、建立模型——练习巩固、应用反馈——回顾反思、深化结构"这六个环节。整合方法、类比教学示例如图9-10。

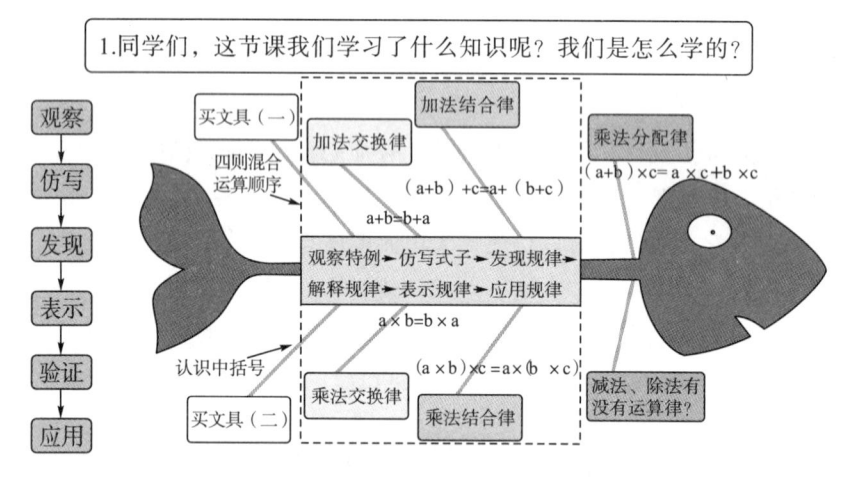

图9-10 整合方法，类比教学

(4) 在学科应用处整合，开发综合实践课程。

锦城小学的"智趣数学"课程建设方案中提到了二年级"认识人民币"单元重构，从货币历史到购物交易，到锦城数学币，再到发展中的付款方式，有效地融合了货币文化、辨别人民币面额、付款策略和生活中的数学等内容。"大单元整体教学"让课堂更多维、更高效，这种多维和高效体现在钱币的由来（历史）、钱币的设计（美育）、钱币的面额选择（数学）、钱币的演变（经济）……

(5) 在学科联结处整合，开发多学科融创课程。

数学学科中的容积和容积单位的教学，与科学的认识量筒密切联系；数学学科的"密铺"一课、图形设计和欣赏，与美术学科息息相关；北师大版数学教材"'重复'的奥妙"一课在主题图中观察、发现不同物体重复的规律，在探索、总结规律后进一步到生活中寻找重复的现象。学科融合能帮助学生深刻理解、运用规律。

文潇老师先以自然单元为整体，确定整个单元的主要课型，比如单元开启课（文化课）—单元种子课—单元习题课—单元拓展课—单元复习课，根据单元需要，将文化课放到单元开启课或者单元结束后；再以"绘制单元知识导图"为依托，让学生体会从整体到细节、再到总体的学习途径，经历"提出问题—解决问题—提炼数学思想方法"这一从具体到抽象的学习过程，培养学生善思、乐思的能力。

5. 评价多元化

教师们最初对于如何展开大单元评价感到迷茫。通过专家的指导和教学实践，教师们开始将原本以习题形式进行的作业评价，转变为学业评价，并将过程性评价与总结性评价相结合。过程性评价可以通过思维导图、课堂测试、课堂表现和作业等方式进行；而总结性评价则可以通过纸笔测试来整体监测，并通过学科实践活动来进行综合评价。

谭静老师对学生的数学学习效果进行了价值判断，并针对教学活动设计了相应的评价体系。在活动一中，识别小数由整数部分、小数部分和小数点组成属于水平一；能够正确读出小数属于水平二；能够用语言总结出小数的读法属于水平三。在活动二中，能够正确读出每种文具的价格，并说出它是几元几角几分属于水平一；能够理解小数点前面的数表示元，小数点后面第一位表示角，小数点后面第二位表示分属于水平二；能够理解同样的数字，因为所在位置不同，表示的意义也不同属于水平三；能够通过对比整数的例子说明同样的数字，因为所在位置不同，表示的意义也不同属于水平四。在活动三中，能够把一张纸分成 10 份，并找到其中的 8 份属于水平一；能够理解 0.8 元是 8 个 0.1 元，即 0.8 有 8 个 0.1 属于水平二；能够掌握 1 角等于 0.1 元，1 元里有 10 个 0.1 元属于水平三；能够得出满十进一的结论，并举出整数中的例子属于水平四。

刘泳老师认为，在评价主体上，应该改变教师作为评价主体的地位，重视评价主体间的多向互动，例如学生自评、学生互评、家长评价等。评价人员应根据评价内容来确定，可以是任课教师、科代表、小组学生代表、小组内学生、辅导教师、家长等。评价流程可以是：先让学生进行自我评价，然后由小组进行评价，接着由学习委员或班长进行评价，最后由教师进行评价。评价维度包括学习兴趣、学习习惯、学业成果。学习兴趣可以进一步细分为活动兴趣和阅读兴趣。对学习兴趣的评价，主要通过日常观察法，以及在大单元中的自评和他评来进行。对学生学习习惯的评价，则主要从听说习惯、计算习惯（包括草稿习惯、观察习惯、细致习惯、分析习惯、规划习惯、检查习惯这六个方面）、书写习惯等方面进行。学业成果涵盖概念掌握、计算掌握和简单应用；对学业成果的评价通常采用单元作业分析评价、单元完成后的测验评价、口头分析评价等方式。

二、写作反思促成长

为促进教师的成长，在每一次活动之后，教师们积极用文字的方式进行反思，将碎片化的思考系统化，用亮点固化成果，提炼方法，改进不足，不断地在观念上、行为上做出转变。

钟茗婧老师在听完"整数乘法"课后的反思有两个角度。

一是观课有感：上课教师通过"自主尝试—沟通联系—练习巩固—总结提升"四个环节，沟通口算、点子图、竖式之间的联系，并渗透转化思想、迁移思想，基于位值原理将两位数乘多位数、三位数乘三位数转化为表内乘法来解决。通过这样的整合设计，将三年级上下册、四年级上册的知识一以贯之，促进了学生的深度学习。在此后的连续课中，教师专门设置了一节数学文化课，给学生呈现了古今中外计算两位数乘多位数的方法，如古代的格子法、国外的划线法，极大地开阔了学生的视野，增强了学生的学习兴趣，丰富了数学知识。

二是自我实践反思：钟老师反观自身，认为自己的教学中缺失了数学文化方面的内容，从未大胆尝试过专门用一节课来呈现数学文化，后期需要改进。

唐雪梅老师在尝试与学生初步构建思维导图时发现，原本的教学设计是在单元结束后让学生自己完善单元思维导图，以期待学生能够较明显地体现知识之间的联系。但结果显示，能明显表现出这种联系的学生只有为数不多的几个，学生对单元系统的感悟不是很深刻。她在反思中分析出原因有三：首先，教师自身对单元内容的理解不够深刻，整合不够系统，整体性不强；其次，教师在单元开课前对本单元学生学情的了解不够深入，学情调查的问题设置得不够具体，或者不能准确反映学生的真实学情；最后，思维导图的完善应该在每一课时的教学完成后逐步进行，而不是在一个单元结束后才完善。

杜玉老师在跨单元整合分数加法、减法、乘法实践后的反思有两点。

第一，目标定位不准确。关于复习课的目标，回顾知识点是次要的，沟通联系、建构知识结构、发展解决问题的能力更为重要。复习课的主体当然是学生,但课后建立的知识结构到底是教师的还是学生的?是优秀学生的还是全体学生的?收效如何尚未考证。

第二,授课存在不足之处。整节课的授课时间分布不合理。课前教师未充分了解学情,在复习加法时用力过猛,导致分数乘法只复习了两类算式意义和对比练习,分数乘法的其他内容和练习未能完成。教师课前应收集学生自主整理的题单,这样既能了解学情,又可以生成需要的内容。课程后期,教师应将分数加法、乘法知识点整理的任务都前置,课中重点沟通联系,并渗透建构知识结构的方法。教师课前预设不足,现场随机应对能力有待提高。

三、团队再建促成长

(一)形成新的学习研究共同体

炊颖男老师认为"大单元整体教学"的每个环节都颇具挑战性,工作量巨大,对教师的专业素养要求很高。对于已经完成的单元教学设计,需要不断地进行改进和完善,但具体如何完善,还需要专家的指导和团队的共同努力。

在实际操作中,每个单元的设计完成都经历了"项目组团队分工与讨论—校内集中研讨—项目组集中学习讨论—专家团队指导—项目组再次讨论"的过程。因此,研究的共同体既包括固定的人员,也包括新加入的人员。

以杜玉老师所在的项目学习小组为例,他们通过几次线上讨论将视角聚焦在跨单元内容整合上,课例设计方向定为承上启下的复习课,并选取了五年级下册第一、第三、第五单元的分数运算内容。前期,项目组共同收集和分享资料,寻找跨单元整合的理论支撑。开学后,由五年级的两位教师组成学习小组,进行单元教学实践,共同收集和反馈信息,逐渐确定将种子课定为分数加减乘单元后的复习课,并在校内进行实践。

第一阶段,教师进行了试讲,并形成了校内的年级研究共同体。在课堂上,通过表格现场梳理加、减、乘三种运算的四要素时,发现在没有引导的情况下,学生对表格的理解存在困难,整理四种运算费时且沟通时间不足。

随后,尚阳学校的教研团队助力,形成了两校研究共同体,提出以问题促进分数加法运算的沟通,打通整个课的设计思路;同时指出,在分组整理、汇报某种运算时,未参与整理的学生缺乏思考基础。

第二阶段,在教研员周波老师的点拨下,教师们发现对各种运算平均用力是不合理的,没有抓住学生的困难点,也没有沟通运算间的联系。周波老师提出，应从学生最困难的地方出发，将重点放在乘法意义、解决问题的对比和联系上，这样既能解决复习新奇点不够的问题，又能体现课程的层次性。

周波老师还指出，可以借助分数墙直观图理解分数加法是分数单位的累加，异分母加法不在分数墙的同一行；加减互逆，一个加法算式不能体现相互关系；可以利用加减同质设计减法环节；分数乘法之后，不再是几个几的问题，而是涉及一个数的几分之几，比如 $2 \times \frac{1}{3}$ 就是 2 的 $\frac{1}{3}$；分数乘法解决问题的重点是"量率对应"，这是今后除法问题的重要基础。这些点评很重要。

第三阶段，项目班课例展示之后，在李秋菊老师和古德英老师的指导下，教师将加、乘运算知识点的整理调整到课前，再次明确本课目标是沟通联系，不再纠结于学生整理时的知识点错例，而是将其放在课后单独辅导；以一个情境串联加法结构，将加、减的"同质"结构图合二为一，细化分数两类乘法的对比目标。

经过这一轮探索，形成了本校、跨校、跨区域的长久学习研究共同体。

（二）借力培训，辅助成长

为了使培训效果最大化，项目班的学习面向区域，并结合区域之前的研究成果，展开"大单元整体教学"设计。

成都高新区在 2019 年末开展了"以赛促研"的"结构化"活动。教师通过对全套教材的学习，读懂教材背后的逻辑联系，找到各册各单元知识的链接点，找出每个知识点在不同学段不同单元的重难点，梳理数与代数、图形与几何、统计与概率、综合与实践四大板块，并以思维导图或图谱形式呈现（见图9-11）。

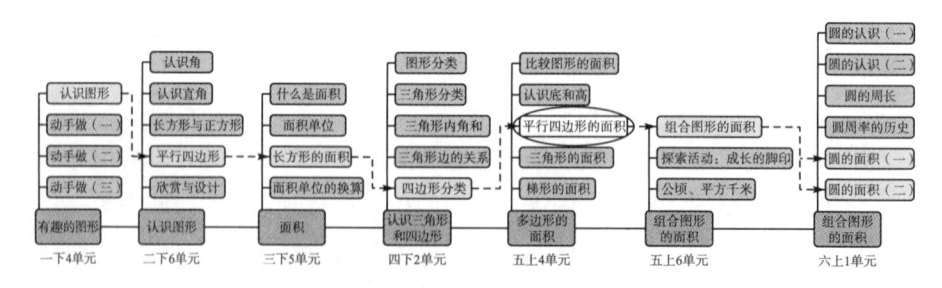

图 9-11　小学数学中的教材逻辑联系

在这次"大单元整体教学"的尝试中，许多教师常常思考"这节课从哪儿来？要到哪儿去""本单元的知识在整个教材体系中处于什么位置""学生在本堂课学习的知识点前后有什么关联？前后的接口分别留在什么位置""课本上的知识在生活中有哪些实践与应用"等问题。多学科共同进行"大单元整体教学"，可以打通部分学科间的壁垒。

项目班整合了区域教材分析和区域数学培训，展开了两次成果汇报，这两次汇报在6个区域点同时进行。所有的成果汇报均由项目班的教师承担，并邀请了区域学科带头人参与点评，以此扩大辅助范围，带动区域发展。全班共形成了24份课例和12个单元教学设计研究成果。

（三）校内教研借力促成长

成都高新区的不少学校借助项目班的研究力量，同步开展教学活动，并形成了各自的研究特色。许慧秋老师所在的学校逐渐摸索出了适合自身发展的教研模式——三维教研模式（见图9-12）。

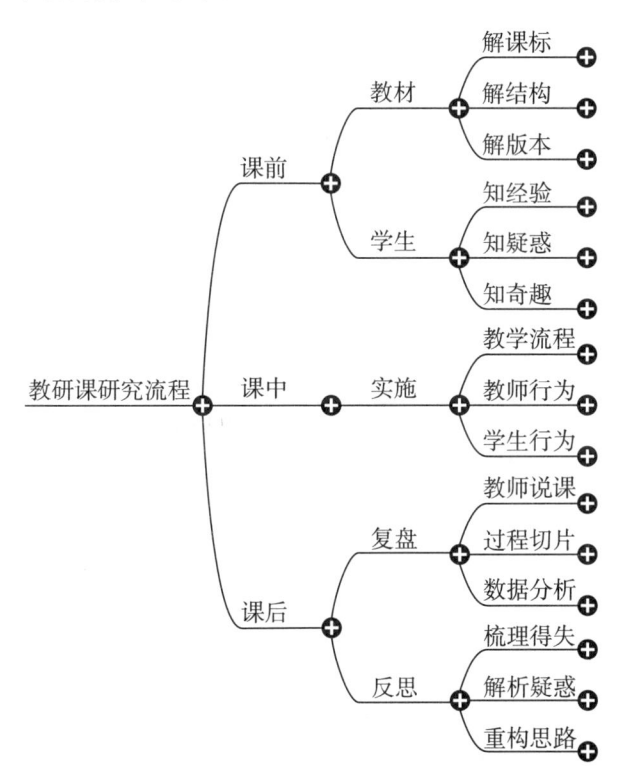

教研课研究流程：
- 课前
  - 教材
    - 解课标
    - 解结构
    - 解版本
  - 学生
    - 知经验
    - 知疑惑
    - 知奇趣
- 课中
  - 实施
    - 教学流程
    - 教师行为
    - 学生行为
- 课后
  - 复盘
    - 教师说课
    - 过程切片
    - 数据分析
  - 反思
    - 梳理得失
    - 解析疑惑
    - 重构思路

追求更好的教学
——"大单元整体教学"的行与思

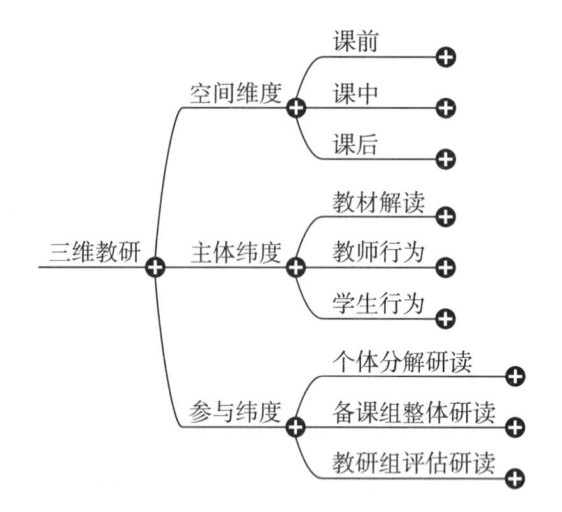

图 9-12 三维教研模式

李丹老师所在的数学组试行了三种形式来呈现大单元的思维与结构，分别是"开学前的思维导图"、"开单元前的流程图"和"开课前的核心问题串"。

"开学前的思维导图"指的是在开学前，教师通过梳理本册单元内容与前后册或学段内容之间的逻辑关系，做到心中有数、脑中有图。以北师大版数学教材小学阶段有关分数的知识内容为例，可以梳理出如下的板块结构图（见图9-13）。

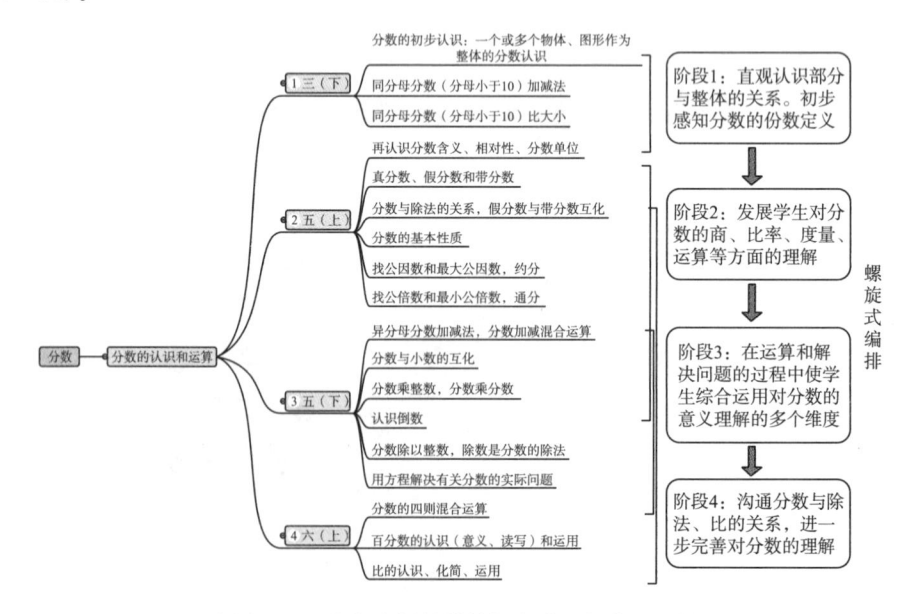

图 9-13 北师大版数学教材小学分数内容结构

"开单元前的流程图"指的是在新的单元教学开始之前，教师需要明确本单元的活动群设计，清晰地把握单元的核心内容与结构，确保教学活动能够前后呼应、灵活自如。以北师大版数学教材三年级下册"认识分数"单元为例，可形成图 9-14 的开单元前的流程图。

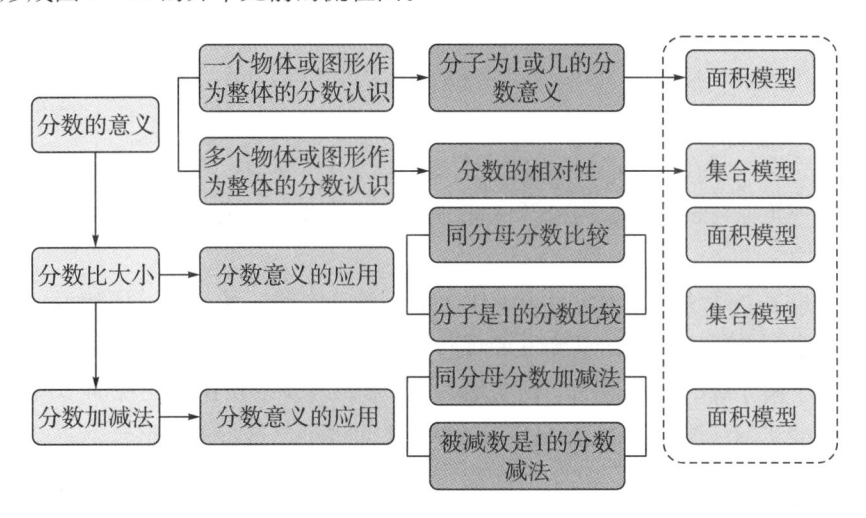

图 9-14　开单元前的流程图

"开课前的核心问题串"指的是教师在教研活动中应该探讨哪些问题，如这堂数学课的核心问题是什么？教学主要围绕哪一个或多个核心问题展开？设计的问题是否能够从核心问题发散出去，并展现出层次递进的关系？围绕这些核心问题，教师设计了哪些教学活动？这些教学活动之间是否具有逻辑联系，可以促进学生数学认知结构的建立……这些问题可以在课堂教学实施前，帮助教师深刻理解"建构什么"和"怎样建构"的问题。

四、如春芽般悄然生长

总之，"大单元整体教学"犹如成都高新区小学数学人的旗帜，引领着区域小学数学的发展，促使教师们如春芽般悄然成长。

步步寻往迹，处处有余韵。我们在知行合一的过程中收获了观念的转变、认识的提升、方法的启迪，收获了志同道合的团队，更收获了新的问题与下一个更深更远的起点。

陈洪杰主编说：整合的意识是一种素养，当你不得不去整合时，发现某个东西可以整合起来教，你的思维层次已经发生了不同的变化。

追求更好的教学
——"大单元整体教学"的行与思

黄晓玲老师感叹高新小学数学人的工作能力，他们一晚上就能制作出精美的 PPT，并组织好语言进行准确表达。她对"大单元整体教学"有了突破性的认识。

肖雨含老师说，"没有一个英雄在上战场之前是想好了要做英雄的"，"教师有一桶水才能给学生舀出一碗水"。她自己遇到了"舀不出来"的窘况，所以找学校借了一整套的 12 本教科书和 12 本教师用书，在备课时随时翻阅，随时研究。

丁秀娟老师在设计课时自发地对比教材、分析学情，在课堂取舍时会从大单元的视角抓住核心，校内公开课评课时也有了大单元视角，培养学生自信表达的能力。

赵珞辰老师认为教学设计要从纸上谈兵转为实践，从简单模仿转为自主设计。考虑到低年级学生的认知发展规律，有的知识本质教师不能点破，可以等学生到了高年级时带着他们"回头看"；教师要改变平均用力的课时节奏，根据学生的实际情况进行调整，学科与学科之间也可以进行关联整合。

刘佳佳老师以"平行四边形面积"作为"大单元整体教学"的种子课例进行实践研究，在区域比赛中获得了一等奖。

黄晓玲老师在高新区教师团队技能大赛"图形与几何结构化毕业课程设计"比赛中，不仅对教材内容进行跨自然单元整合，还结合了学校的课程体系，将毕业总复习按照数学思想方法进行单元分类，获得了比赛一等奖。

周婷老师获得了市级赛课一等奖，还有很多教师的论文在比赛中获得了一等奖。

草率做还是认真做？排斥还是悦纳？态度决定高度，只要大胆迈开步子，就会看到不同的风景。项目班的小伙伴们经历了从抗拒到沉迷，从被动打卡到主动学习、实践，从团队协作到独当一面的蜕变。不管最开始的疑虑有没有被消除，项目班的小伙伴们都爱上了边做边思、先做再说的行动模式。

项目班培训的结束不是句号，一切才刚刚开始。

黄谦梓老师认为目前的具体实践还是局限在小学数学的部分单元，结构化教学存在不足，教师需要持续不断地思考和总结。

屈唯唯老师常常追问自己：是否具备把握课标、解析课标、对标大单元内容、分析学情、叙写目标、围绕目标设计评价标准的能力？是否具备统筹大单元作业、设计作业和按照大单元目标设计检测试题的能力？

观念已生根，但要壮大枝干，开出更艳丽的花，结出更芳香的果实，还需持续研究。

第十章 激活区域教研领导力

随着课程改革的不断深入，面对一线教师专业发展的挑战，成都高新区小学数学团队在区域学科教研中聚焦关键人物和关键事件，有效促进了教师教育教学理念的转变，助力教师在课程教学领域的提升，并激发了区域教研的活力。

第一节 聚焦关键人物：激活区域教研领导力

2019年10月，《成都高新区关于推动教育高质量发展的实施意见》提出了教育高位均衡的目标。2020年4月，随着成都高新区《中小学学科课程综合化实施指导意见》等文件的发布，学科课程综合化实施被提上日程，其推进的关键在于教师。同样，学科发展本质上要解决的核心问题也是教师的专业发展问题。从区域教研的角度来看，教师专业发展的关键在于构建一个有利于教师专业成长的平台。

成都高新区小学数学团队以教研员和学科中心组成员为核心进行整体策划，聚焦名优教师，充分整合区域名优教师和名师工作室团队的力量，引领区域教改方向；聚焦教研组长，强化教研组长的课程领导力，夯实学校校本教研的基础；聚焦新师骨干，搭建专业成长平台，促进教师的专业提升（见图10-1）。

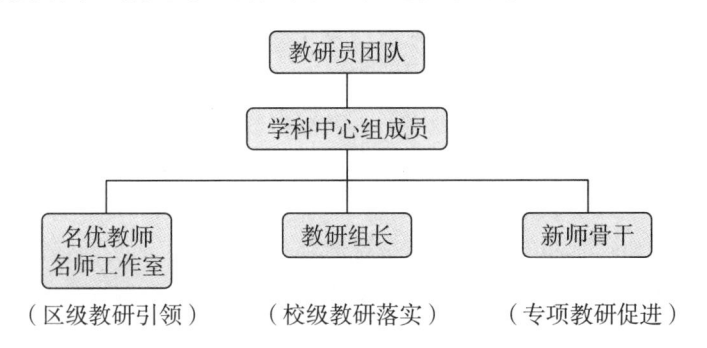

图10-1 成都高新区小学数学团队研修架构

追求更好的教学
——"大单元整体教学"的行与思

一、聚焦名优教师，引领区域教改方向

"学生发展核心素养"和"学科核心素养"的提出无疑是教育领域最深刻的思想变革、理念转变和实践转型，这是一项长期而艰巨的教育改革工程。这项工程的推进需要依赖具有一定学术水平、教学经验及影响力的教师先行先试，进而引领和带动整个区域的教育改革进程。

（一）编制课程纲要，倒逼名优教师自我成长

成都高新区发布的《中小学学科课程综合化实施指导意见》指出，学校应以"学科基础课程—学科拓展课程—跨学科综合课程"为主要线索，推进学科课程的综合化实施。各校的学科课程应与学校的办学理念相辅相成，呈现出百花齐放、百家争鸣的局面。为了避免各校在追求"数学+"的过程中过度放大"+"后面的内容，而忽视对数学本质的研究和教学，我们计划从区域的角度进行指导，帮助各校强化国家课程意识，扎实推进国家课程的校本化实施，强化学科基础课程的根本地位和课堂的主阵地作用。

在这种情况下，课程纲要的研制显得尤为迫切。如果能设计和完善1至12册教材的课程纲要，就能搭建起从课程标准到课堂教学实施的桥梁，为教师明确课程实施的程度，为学校提供教学管理和改进、学生学业评价的理论框架和依据，为区域学科课程改革提供强有力的支持。

那么，谁来完成这项艰巨而富有创造性的工作呢？我们由教研员牵头，以区域名优教师为主体，分年级组建了6个研究团队。通过多轮学习、研究讨论，最终确定了基于"教—学—评"一体化的基本编写思路，评价先行，以评促学，以评促教；以纲要的形式回答并呈现数学课程某学期的目标、内容、实施与评价四个基本问题；旨在引导区内数学教师整体把握课程的内容与要求，思考如何从"一节课"走向"一门课程"，形成学科观，强化课程意识，为学校开展课程审议与质量管理提供依据。纲要编写完成后，为了让全区数学教师更好地理解和使用，名优教师又录制了纲要的产生背景及分册解读视频，投放线上供全区小学数学教师学习。

课程纲要的编制与解读，促使名优教师走出舒适区，关注最新的教改前沿动态，不断学习新的教育教学理论，勇于尝试探索与创新实践，在实现自我突破的同时也引领了区域教改的新风向。

（二）创建工作室，带动骨干教师共同发展

名师工作室不仅是教师专业发展的共同体，也是名师成长的摇篮。2020年9月，经过严格遴选，成都高新区教育文化和卫生健康局批准成立了7个小学数学名师工作室，每个工作室由1至2名国家、省、市级名师领衔。通过双向互选，各工作室分别由15至20名市、区级骨干教师作为核心成员，以及15至20名区、校级骨干教师作为学员组成。据不完全统计，本届小学数学名师工作室的成员和学员近260人，覆盖了全区所有小学及九年一贯制学校小学部。

这7个工作室既有各自鲜明的主张和发展方向，又围绕"大单元"教学这一区域共同的研究主题进行实践与探索；既有各自独立的教育教学研究活动，又有联合的研究项目与实践。在导师的指导和工作室的培养下，青年骨干教师崭露头角，例如游琼英名师工作室的张利成老师、林方全－曾亮名师工作室的钟砚老师、王晓明－周波名师工作室的周婷老师、杜琳名师工作室的肖维肖老师等数十位教师先后在省、市、区各级活动中进行了"大单元整体教学"的展示和成果分享。

二、聚焦教研组长，提高校本培训质量

"学生发展核心素养"和"学科核心素养"的落实一定是通过一节节课、一次次活动逐步实现的，这就需要我们每一位教师都能接受新思想、认同新理念，并能将其转化为自觉的、实际的教学行为。这种思想和实践的转型离不开各校教研团队充分而扎实的校本教学研究，而在这个过程中，教研组核心人物——教研组长的课程领导力会直接影响整个教研团队的发展。

（一）精准"把脉"，"明"教研组长课程领导力之"困"

2020年9月，我们向成都高新区全体小学数学教研组长及九年一贯制学校小学部数学教研组长共发放了40份问卷，回收了36份。经过查阅和分析，最终确认有效问卷为34份。问卷的主体部分包含6个维度，即教研组长对课程领导力的认知、意愿、能力、信心、执行和外在影响因素，共30个题目。

问卷和访谈调查的结果表明，目前我区小学数学教研组长的课程领导力整体处于中等偏上水平，但在课程领导力的发挥上还存在不少问题，提升课程领导力也面临许多困难。具体的困难及成因分析如下。

1. 课程领导意识待加强

随着"三级课程"管理体制的实施，小学数学教研组长对课程领导的认知有了显著提升，他们意识到课程领导需要学校、团队以及社区的支持，也认识到学习和课程创新对自身专业发展的重要性。但是，我们通过访谈发现，仍有部分教研组长在课程领导认知上存在以下偏差。

（1）课程主体意识不强。在调查过程中，有的教研组长认为"课程领导"是上级主管部门、学校行政和教研员的职责，自己只需负责组内的教研工作，对于"教研组长课程领导力"感到比较陌生，难以将其与自己的工作紧密联系起来。

（2）课程研究意识不足。由于长期受到应试教育的影响，部分教研组长在实际工作中教学意识根深蒂固，而课程研究意识却很薄弱，甚至完全没有课程研究意识，他们认为只要自己上好课、指导团队上好课就足够了，简单地将课程理解为"按照教学计划教授教材中的知识"。

2. 课程领导力不强

小学数学教研组长需要带领团队对国家和地方课程进行二次开发，甚至要引领教师共同开发课程并实施、评价，这要求他们具备较高的专业知识和课程领导力。但通过调查发现，小学数学教研组长的课程领导力情况并不乐观，主要原因如下。

（1）课程理论知识不足。部分小学数学教研组长缺乏课程理论知识，其中有些是非师范生毕业后选择成为教师，没有系统学习过教育教学理论、课程理论；此外，还有非数学专业背景转行执教数学的教师，他们在课程整体认识上显得较为薄弱。

（2）课程领导力不足。小学数学教研组长在课程领导方面应具备相应的领导力，但大多数组长的工作仍停留在上传下达等事务性工作上，导致大部分教研组长成为被动的执行者，缺乏独立思考能力和领导力。

（3）指导程度不高。教师团队参与课程规划、设计、决策会直接影响课程设计的结果和实施进程。但目前，小学数学教研组长在课程设计、决策、开发方面大多处于被动状态，在指导团队成员共同进行课程研究方面更是不足。调查显示，完全符合"能带动教师团队研发课程"一项的比例仅为 5.88%，比较符合和完全符合的累计比例为 58.88%，刚刚超过一半。

3. 课程领导执行力欠缺

调查结果显示，在教研组长课程领导力的六个维度中，课程执行的得分排名最低。除了课程领导认知、意识、能力等主观因素外，问卷和访谈也揭示了一些客观影响因素，主要表现在以下几点。

（1）缺乏系统培训。课程领导力是一个相对较新的研究领域，虽然有关校长和教师课程领导力的培训较为常见，但针对处于中间层级的教研组长的课程领导力培训却缺乏经验借鉴。教研组长的课程领导力培训需要课程理论的支持，同时也需要本学科课程实践的辅助，但大多数教师培训项目无法同时满足这些条件，甚至很难找到专门针对教研组长课程领导力进行培训的专家。

（2）评价方式单一。尽管近年来"唯分数论"已逐渐退出历史舞台，但部分学校对课程的评价仍然侧重于成绩。这种评价导向导致教研组长将更多精力和时间投入课堂教学和考试成绩提高上，而对于课程研究则显得力不从心。由于缺乏研究与实践，教研组长的课程领导力得不到有效提升。

（3）课程建设氛围不浓。国家和地方课程的校本化实施是课程实施的最终目标。学科课程建设既要基于学科本质，又不能脱离学校课程建设的顶层设计，即学科课程建设需要传承和创新学校文化。我们在实地调研和访谈中发现，许多学校缺乏自由的课程领导氛围，尤其是新建的学校还处于常规状态，课程建设才刚刚开始。

我国长期的课程管理高度集中，教研组长往往被排除在课程领导之外。我们在前期调研中发现，我区绝大多数教研组长仍然忙于上传下达的事务性工作，并认为课程领导是教育主管部门、教育专家、学校领导的工作范畴。由于对"课程领导力"感到陌生，以及时间、精力等多方原因，小学数学教研组长在挖掘和培养自身的课程领导力方面稍显不足，这种现实困境不足以支持学校及区域的教育教学改革。

（二）对"症"下药，"破"教研组长课程领导力之"局"

课程领导力的提升不是一蹴而就的，它不仅需要理论培训，还需要通过不断的实践来实现。那么，如何提升小学数学教研组长的课程领导力，使他们从"事务管理者"转变为"课程领导者"呢？我们根据前期调研结果，策划并开展了"教—研—培—评"一体化的小学数学教研组长课程领导力提升系列活动，总结起来主要有以下两条途径。

1. 专题培训

我们组织教研组长团队赴华东师范大学进行课程领导力提升的专题培训，并从学科课程和课程领导力两个维度，策划并开展小学数学教研组长课程领导力提升的系列专题活动。这些活动让所有教研组长从理论角度认识学科课程中课程目标、课程内容、课程结构、课程实施、课程评价、课程资源等各要素的内涵，并侧重于对课程领导力中的领导意识、领导认知、领导能力、领导执行等重要环节进行培训和指导。

2. 基于项目式比赛

"我听了，我忘了；我看了，我记住了；我做了，我明白了。"这句话体现了"做中学"理念的基本原则。"做中学"旨在让学生在参与活动的过程中自己动手解决任务，在掌握知识的同时掌握学习方法，真正做到理解知识、运用知识。回顾高新区以往对教研组长的培训，大多停留在前两个层次，因此我们尝试运用"做中学"理念，将单一封闭的教研转向集体开放的教研，让每一位教研组长都成为教研活动的主体。

我们运用 BIG6 模型（见图 10-2），采用"线上+线下"相融合的团队竞赛方式，让教研组长在活动过程中不仅要听、要看、要讲，还要带领团队成员共同完成一系列任务。这种模式迫使教研组长在实践中成长与反思，从而促进其课程领导力的提升。

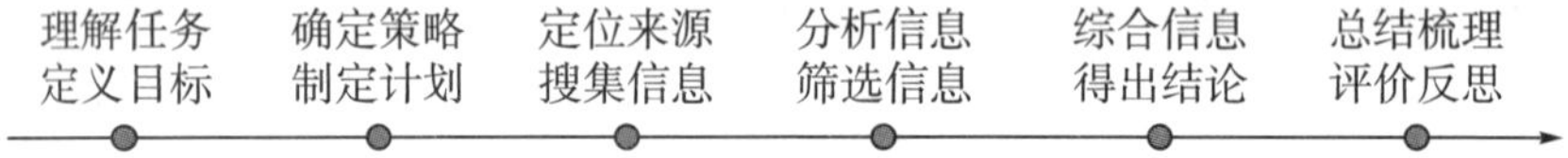

理解任务　　确定策略　　定位来源　　分析信息　　综合信息　　总结梳理
定义目标　　制定计划　　搜集信息　　筛选信息　　得出结论　　评价反思

图 10-2　教研活动 BIG6 模型

第一，理解任务，定义目标。对团队需要完成的任务进行梳理，明确任务的具体内容、目标达成的程度以及任务的边界。

第二，确定策略，制订计划。设计任务完成的路径，根据现有条件选择最有可能成功的方式去完成任务。

第三，定位来源，搜集信息。寻找可用的信息资源，并设计出可靠的方案来获取和存储信息。

第四，分析信息，筛选信息。对获得的信息进行分类、整理、比较和计算，转换成更易于阅读和判断的信息，并根据任务需求选择相关信息。

第五，综合信息，得出结论。对不同途径和不同维度获得的信息进行整合，找出相关性或因果关系，用以解释问题、证明观点，并以他人易于接受和理解的形式表达出来。

第六，总结梳理，评价反思。对完成任务的过程及结果进行总结和评估；通过对档案的整理，将完成任务所使用的信息转化为信息源；审视完成任务过程中所使用的信息处理方法和流程，归纳出影响质量和效率的因素，并设想解决方案。

我们采用上述方式进行了"大单元整体教学"教材结构化解读系列比赛，并通过问卷了解到95.6%的教研组长认为这一系列比赛非常有价值，对自身课程领导力的提升起到了积极的促进作用。

三、聚焦新教师骨干，搭建专业成长平台

（一）大单元骨干班

有了前期基于课程标准的学习以及教材结构化解读之后，"大单元整体教学"如何落实，以及如何在区域内进行推广呢？2020年9月，我们启动了成都高新区小学数学大单元研究周期性项目班，从全区40所学校中遴选了100位骨干教师作为"大单元整体教学"的先行军，其中包括区级学科带头人和教研组长。

项目班在形式上建立了基于"四个一"的学习共同体，即一个小组、一项任务、一名指导专家和一个先行团队。培训以学员小组为单位，分为10个小组，每组10人，在不同阶段开展任务驱动的研修活动，通过完成任务的过程促进学习小组的建设，每个小组安排1名学科教学指导专家进行指导。同时，在学员中遴选10名专业较为突出的优秀教师组成本次研修活动的"先行团队"，带领学员共同完成研修任务。

在研究进程上，项目班实行基于"学、做、评、改"的学习进阶之路，采用项目式学习的方式，在专家带领下边学边做边改。在各课程板块的学习中，通过"学、做、评、改"四个主要环节[①]，将参加培训的过程作为推进项目研究的过程，在边学习、边研究、边实践的过程中实现小学数学教师课程教学能

---

① 学，专家就课程模块的核心内容进行专题讲解和指导；做，围绕课程模块的主要内容，在专家的带领下开展工作坊研修，进行实操；评，对课程学习的作业任务进行展评，专家现场点评和指导；改，分小组对课程模块的关键任务进行集中交流和专家指导修改，形成团队成果。

力的提高，同时积累和共享团队的研修成果。

在为期一年的大单元周期项目班学习研究中，全体成员围绕基于自然单元的"大单元整体教学"、跨自然单元的"大单元整体教学"、基于数学思想方法的"大单元整体教学"等主题开展了深入细致的研究，证实了"大单元整体教学"在不同层次、不同学段教学的可行性和可推广性。

项目班面向全区全体小学数学教师开展了2次成果推广活动，每次活动分5个场地同步进行，采用"单元课程设计解读＋单元课例展示＋现场辨课"的形式，共计推出20项解读、20节典型课例供教师学习借鉴。100位大单元项目班的骨干教师，也在2场活动中全数登场。

据不完全统计，大单元项目骨干班的成员们在一年的培训研修期间获得国家级奖项40项、省级奖项19项、市级奖项66项、区级奖项194项。他们不仅是参培者，更是培训者，他们犹如一颗颗散落在各校教研团队中的种子，在发芽生长的同时也深深地影响着周围的伙伴。

（二）新教师培养机制

随着成都高新区基础教育的快速发展，每年都有数以百计的新教师加入高新教育。如何帮助新教师适应新岗位并助力他们的专业成长？我们进一步完善了教师培养培训体系，秉承"为新时代教师赋能，助力中国教育现代化"的理念，推出了"赋能新师，成长启航"的小学数学新教师培训三年计划。

1. 导师领航

高新小学数学团队在区域层面为新教师提供学习成长的平台，使他们能够在身边找到模仿的对象和解惑的教师，互相成就。导师领航的主要措施包括，从高新区小学数学名师（获区学科带头人及以上荣誉）中为每位新教师匹配一位领航人，从教材解读、教学设计、课堂教学、微研等方面带领新教师成长。新教师需要每月定期观摩导师的课堂，加入导师工作室，梳理跟岗成果。

2. 阅读修身

阅读是教师自我成长的重要途径，优秀的数学教师同时也是优秀的阅读者。阅读修身计划旨在帮助新入职教师缩短成长周期，开阔视野，提炼教法，养成阅读修身的习惯。计划采用"共读＋自选＋笔记"的形式，新教师每学期完成一本指定的专业书籍阅读以及一本自选的跨界书籍阅读，每学期完成相应的读书笔记，并在新教师年级群中通过打卡和自主交流的方式进行阅读分享。

3. 校内任务

一线教师成长的第一环境是学校，因此完成学校布置的任务，主动提升在校任务的效率，将更大程度帮助新入职教师成长为一名合格的数学教师。"区校联动"，每一位新教师除了有一名区级导师外，还有一名校内导师。新教师在校内导师的指导下适应学校教育教学环境，完成校内教育教学任务，聚焦现实问题，进行微研究。

4. 区域活动

为加速新教师的成长，区域小学数学教研团队为新教师"量身定制"活动，以赛促培，以研促培，每学年为新教师组织专场汇报活动：第一年，入职教师说课比赛与镜面微视频（上传至云平台）；第二年，入职教师教材解读比赛；第三年，入职教师赛课活动。同时，团队也鼓励新教师勇敢走上区级教研活动的平台，与老教师同台竞技、展示提升。

5. 任务驱动

为了让新教师快速融入成都高新区小学数学团队，全方位熟悉高新区小学数学团队的发展动向，向区内名师、名优团队学习，锤炼自己的专业功底，提升整合资源解决问题的综合能力，在新教师成长的第二年，他们将全面参与"高新小数成长营"微信公众号的建设工作，成为高新小学数学"名师荟""团队萃""新师慧""小精灵""云伴读""成长志"等不同栏目的负责人，并全程参与创意、采编、撰稿、编辑、审阅等一系列活动，全面提升专业素养。

第二节　聚焦培训转型：激活区域教研领导力

本书凝练的成果主要源自"成都高新区小学数学骨干教师周期性项目班"。该项目班的组建与实施体现了四个核心聚焦点：课程内容专注于小学数学"数与代数"领域；课程目标致力于"大单元整体教学"的概念、设计与实施；课程时间集中于一个学习周期；课程实施对象则是我区的 100 名中青年骨干教师。为了尽可能提升该周期性项目班的培训效果，我们以此为契机，致力于培训模式的转型：通过以点带面、以培训带动研究，从而激活区域教研的领导力。

一、促进教师团队整体性专业发展，是培训转型的目标

马尔科姆·诺尔斯在他的成人学习理论中提到，成人学习应遵循以下四个原则。一是效果法则。他指出，成人学习需要在愉快的环境和氛围中进行，舒适、安心的环境和受欢迎、受尊重、得到鼓励的心理氛围有利于增强成人的学习效果。二是练习法则。成人学习需要大量的练习来加深印象。三是联想法则。成人在社会生活中积累的经验是其进一步学习的宝贵资源，因此，采用理论联系实际的联想法则有利于成人对认知对象的掌握。四是有备法则。成人在开始学习之前需要知道学习某个内容的原因，他们的学习不应该是盲目的。成人意识到学习能够满足需求时，他们的学习动机将会被激发。根据这四个原则，马尔科姆·诺尔斯进一步总结了成人学习的过程：形成学习氛围—建立合作规划的学习结构—诊断学习需要—形成学习目标—设计学习活动模式—组织学习活动—评价学习结果与再诊断学习需要。而对于学习方法，他主要总结了自我导向学习、契约学习、小组学习、非正式学习。

在网络信息技术的支持下，学习资源大量涌入我们每个人的生活中，终身学习不可避免地成为全人类共同的生活状态。而教师的职业身份，使得他们比一般成人更具有学习发生的积极因素，他们更主动地学习，更善于学习，更容易在学习过程中获得成功的体验。无论是在课堂上与学生互动，还是听课、评课或者参加专家讲座，乃至与家长交流，他们已经不自觉地在碎片时间中通过自我导向的方式展开非正式学习。学习虽无处不在，但由于缺乏系统性的培训和学习群体的相互激励，教师整体往往难以共同提升。

唯有教师整体得到专业发展才能直接有效地促进区域整体教学质量的提升，从而让整个区域的学生都能获得更优质的教育。因此，培训转型的基本原则是促进教师整体性的专业发展，培训方式不仅要关注教师的个体差异，也要尽可能覆盖全体教师。那么，在策划培训形式时，就不得不考虑如下几个问题：①培训是否符合教师的现实需求？②每个参训者是否都清楚培训目标？③培训是否能持续吸引每个人的参与？④培训是否有有针对性的指向课堂教学的具体行为？⑤培训是否触发了教师固有观念的改变？⑥培训效果是否可诊断？⑦培训是否能触发未参训者，从而促进教师整体专业发展？

二、项目班的设计与实施撬动区域培训向线上线下融合式转型

经过分析，本次项目班培训的目标主要集中在三个方面。

第一，旨在提升全区教学质量的整体水平。项目班的研究主题是成都高新区小学数学教学研究的统一方向，最终目标是提升全区教学质量的整体水平。因此，项目班只是一个起点，项目班学员是一批先行者，最终目的是吸引全区教师共同参与。

第二，旨在改变数学课堂教与学的行为。项目班研究的大单元整体视角下的教学是对原来仅局限于"单课时"教学思维的颠覆。因此，培训内容中单向输入式的培训讲座远不能达成培训目标，更需要学员深度思考与实践，学员之间、学员与导师之间、学员与所在学校教研组之间要进行深度互动，将输入式学习与转化输出式学习充分融合。

第三，指向小学数学课程的全部内容。为了研究的聚焦性，本次项目班只对"数与代数"领域进行学习研究，希望通过这个领域的深度聚焦性研究形成我区"大单元整体教学"的一致性表达范式和实施工具，最终覆盖小学数学课程的所有内容。

将这些目标与成人学习理论结合分析，我们不难发现，通过传统的线下培训难以实现这些目标。随着信息技术在教育领域的发展，线上教学、线上培训越来越受关注。在这个过程中，教师的信息素养突飞猛进，大家发现线上培训更能满足教师个性化学习的需求，网络学习社群的组建更有利于满足教师之间相互学习的需求，在线学习问卷的设计与使用让学习诊断和需求分析成为可能……总之，线下培训受限的不少因素通过线上培训可以得到解决。

在筹备该项目之前，我们对线上、线下融合培训也进行了一些尝试，发现有可能解决传统培训中的培训形式单一、培训内容针对性不强、培训效率不高、教师参与深度与广度不够、培训效果难以评估等典型问题。因此，从项目班组建开始，我们就始终通过线上、线下融合的方式展开培训，主要做法包括：①设计并使用伴随性问卷；②组建网络学习社群；③开展线上协作学习；④"集中授课和一对一指导"的混合式培训；⑤聚焦于课堂改进的线下课例研磨；⑥指向学习效果评价的线下测评与组队展示。下文将分别对这六方面的内容进行介绍。

（一）设计并使用伴随性问卷

在本次项目班培训中，我们共设计并使用了 10 余次线上问卷。问卷对象涵盖学员、导师以及全区数学教师。问卷类型包括学员原始学情调研问卷、学员学习效果反馈问卷、学员作品评估问卷、学员现场展示效果问卷等。尽管每种问卷针对的受访对象有所不同，但随着培训的进展，这些问卷确保了不同身份的参与者始终有发表观点的机会。在这个过程中，学员不断强化学习目标、调整学习状态、把握展示机会、主动寻求合作交流，从而促进整个项目班学习的深入。授课教师和教研员可以通过问卷了解学员学习的真实状况，进而及时实施干预。例如，在一次学习问卷的反馈中，有学员反映自己在学习中遇到了很大困难。得知这一情况后，教研员主动联系了该学员，通过充分的交流与沟通，及时帮助其解决问题，突破困难。"学员现场展示效果问卷"是面向包括项目班在内的全区所有小学数学教师的，为了让自己的点评和反馈更具专业性，教师们会自发学习"大单元整体教学"相关内容，这样的问卷促使全区小学数学教师统一研究方向和领域，推进以点带面的目标。

总之，伴随性问卷的使用不仅有利于学员坚定学习信心，还促进了学习效果的持续提升。全区小学数学教师也逐渐从被动参与转变为深入参与，慢慢从思想意识层面认可"大单元整体教学"研究的必要性，从而逐步产生自我学习的强烈需求。

（二）组建网络学习社群

网络学习社群的组建有助于"建立合作规划的学习结构"，进而促进小组合作学习。线上社群可以分为全体项目班学员、学习小组、项目班班委三种不同类型，每种类型在不同学习阶段发挥着各自的作用。例如，在不同的学习小组中，组长可以个性化地组织小组成员共同制订学习目标、学习计划、学习步骤，分配学习和展示的角色，营造尊重和认可的团队文化，激励小组成员在学习中不断取得进步。而由班委组成的学习社群，由于学习意愿和学习能力相对较强，有利于高效推动整个项目班学员学习的进程。

（三）开展线上协作学习

在项目班的学习过程中，线上协作学习无处不在，并且深受学员们的欢迎。学员们可以通过阅读打卡、作品互评等方式交流各自在自主课程学习中的收获、困惑以及形成的独特思考，还可以通过协作编辑来完成小组作业的设计、修订、补充和完善。当小组成员进行线上展示或承担线上课程主持任务时，这种协作学习所形成的默契总能让每个人感受到自己的价值。

（四）"集中授课和一对一指导"的混合式培训

"集中授课和一对一指导"灵活地采用了线上、线下融合的培训方式。"一对一指导"在线上进行时，授课专家会根据不同小组提交的作业进行针对性的指导。一般步骤包括：每个小组线上协作完成作业、班委收集作业并打包提交给授课专家、小组准备作业展示、线上一对一指导、再次修订作业、专家通过反馈评价结果。值得一提的是，为了实现从项目班教师到全区所有数学教师都参与进来的目标，无论是集中授课还是一对一指导，我们都向全区所有小学数学教师开放，以吸引大家参与学习。

（五）聚焦于课堂改进的线下课例研磨

"纸上得来终觉浅，绝知此事要躬行。"根据项目班最初的目标，学员们所学习的课程和制订的教学方案最终都需要在课堂中实施，真正通过教与学行为的改变来有效提升教学质量。因此，当各小组的教学方案在专家指导下进行修改完善后，教研员的职责是指导教师们磨课改课，在真实的课堂环境中检验方案的可行性，并与教师们一起根据发现的问题进行调整和改进。每个教研员负责指导两个小组，每次两个小组的 20 名教师全员参与磨课。每次展示的课例在教研员的带领下，磨课次数都超过三次。除了现场磨课，我们还广泛利用线上形式开展研讨。

（六）指向学习效果评价的线下测评与组队展示

对学习效果进行评价有助于促进成人学习效果的提升。在项目班学习过程中，我们组织教师们进行了"小学数学本体知识"的纸笔测试。尽管没有公布测试结果，但参与测试的经历足以激发学员进行反思和自我激励。"组队展示"则是对大单元整体视角下如何开展课堂教学的系统示范。全区教师都会自主选择 1 或 2 个场地，观摩 2 至 4 个小组的研究成果，并通过问卷给出自己的评价。除此之外，我们还邀请了区级名师进行现场点评。

六种不同的培训方式适用于不同的培训场景，线上、线下的培训相辅相成，培训参与者队伍不断壮大，从 100 名学员拓展到全区大多数教师，教师也从被动学习走向主动研讨。在这样的实践探索中，我们惊喜地发现，单纯的培训方式正向着"培训与教研融合"的方向发展，信息技术的助力使得线上、线下融合式的"研培"模式已然成型。

三、从"培训"到"研培"的跨域

通过项目班培训的转型探索，我们发现，表面上看似是组织方式的转型，即线上、线下融合，其实其真正的核心意义在于指向区域教师培训领导力的转型，即培训与教研的融合。因此，线上、线下"混合式研培"成为推进区域教师整体性发展的新路径。

"混合式研培"能够发挥线上和线下培训各自的优势，将"培训"和"教研"这两种促进教师专业成长的方式进行有机整合，整合的基础是教师的实际需求；整合的手段是信息技术；整合的内容是教师专业成长课程（包括理论与实践）；整合的形式是线上培训和线下（现场）教研。因此，"混合式研培"是将线上培训与现场教研深度融合的一种教师专业培养模式。制订整体性的"研培计划"，涵盖需求调研、方案设计、评价反馈、后续效果等方面，既能保障教师学习的自主权和积极性，又能提供协作交流与实践操练的机会，使研培更具针对性、公平性和吸引力。

（一）"混合式研培"的特征

混合学习需要教师重新思考教与学的关系。混合式教师培训不应仅局限于某种媒介，而应超越媒介本身，形成一种多元、立体的培训方式。因此，中小学数学教师的混合式研培应该在主体、形式和关系三个层面实现线上与线下的融合。

主体层面：导师指导与自我进修的融合。导师指导指培训组织者规定培训内容与活动，推进培训进程；自我进修则是指受培训者根据个人需求在线上或线下选择适合自己的学习方式和内容。这两种培训方式应保持平衡，使受培训者在主动参与中寻求自身专业的发展。

形式层面：线上培训与线下教研的有机融合。尽管两者各有优势和局限，但它们的融合应将理论与实践相结合，精心设计情景、资源、活动等，确保线上培训与线下教研构成一个连续性的过程。

关系层面：个体研修与群体研修的融合。在教师的专业发展中，教师个体与所在的群体相互依存、相互影响。教师个体的发展需要从群体中汲取养分，同时，教师个体的成长也能推动群体的进步。因此，在设计培训活动时，应同时考虑个人和群体两个层面，促进个体与群体的知识建构。

(二)"混合式研培"的优势

1. 提升目标达成度

实践是教师职业的基本属性,是"混合式研培"的起点。实践融合旨在强调教学实践本身所包含的促进教师反思与改进的丰富内涵。"混合式研培"有效地将教育实践与教育理念融合在一起,让教师在理念的学习中提高自我意识,在实践操作中提高教师的专业素养,从而促进区域教师的职业发展,使培训效果达到最大。

2. 实现培训模式多元化

"混合式研培"将线上培训与线下教研相结合,将自主学习与导师指导相结合,将协作交流与个人反思相结合,将过程评价与结果评价相结合,通过多形式、多级别、多层次的培训方式,促进培训课程、教育资源和教育经验的交流和积累,从而实现培训模式的多元化。

3. 助推教师培训个性化

《国家中长期教育改革和发展规划纲要(2010—2020年)》对继续教育提出了"为学习者提供方便、灵活、个性化的学习条件"的发展要求,教师作为成人学习者,具有自主学习能力,能自主选择学习的内容、学习的时间与地点。混合式教师培训能更好地在时间、地点、内容、评价上满足受训教师个性化的需求,在培训模式、培训方式上给予受训教师个性化的支持。

4. 改善教师培训生态

"混合式研培"强调将培训过程中的各种相关要素,诸如培训方式、培训内容、培训手段、培训过程、培训评价等在继承、改革与创新的思路下进行融合,这体现了生态系统的发展理念与教师的发展利益共存共赢、共建共享的发展取向。"混合式研培"需要以教师专业发展规律为依据,以教师培训机构与地方教研组织的深度合作为保障,以整合各方资源实现优势互补与互动协同。

5. 促进教师培训公平性

人人皆学,处处能学,时时可学。混合式教师培训为教师培训提供了丰富的线上培训资源，每个受训教师可以根据自身情况选择适合自己的培训内容与方式，从而增加了受训教师在不同阶段、不同活动中的参与机会和程度，促进了教师培训的公平性。

（三）"混合式研培"的设计原则

1. 以人为本，个性发展

人是发展的根本目的，也是发展的根本动力。人不是静止不变的，不同的人有不同的想法，人在不同阶段有不同的追求，每个人都有自己独特的思考和经验，我们尊重人与人之间的差异。因此，"混合式研培"要充分理解不同层次、不同阶段教师的培训需求，将培训内容与教师的实际学习需求、兴趣相结合，客观、科学地反映教师的学习反应和学习效果。这样，培训才能真正满足教师的需求。

2. 目标导向，评价伴随

没有目标就没有方向，目标是开展一切活动的指南。偏离了目标导向的活动几乎不可能达到既定目标，甚至可能适得其反。因此，"混合式研培"的设计要以培训目标为导向，确保培训在目标的引导下沿着既定的方向前进。评价是所有教育教学活动的归宿，培训也不例外。合理的评价方式和方法可以激发教师参与培训的热情，让教师始终保持积极的学习态度。同时，合理的评价手段可以检测教师的培训效果，为后续的培训设计提供依据，从而达到培训效果的最大化。

3. 知行合一，深度融合

实践是检验真理的唯一标准。充分融合线上培训和线下培训的不同优势，有利于教师将线上培训中学到的教学理念与方法及时应用到线下真实的教学实践中。通过自觉的联想和迁移应用，教师能有效改进教学行为，实现培训学习的效果。同时，在与同伴的交流合作中，教师不仅可以提升自身的实践操作能力，加深对理念和方法的深度理解，还能促进教师团队的共同发展。

（四）"混合式研培"的基本模型

通过对理论、政策、实践的深入研究以及对区域小学数学教师专业水平发展的评估，我们初步构建了一个由需求分析、方案设计、评价伴随、学研追踪四个策略组成的四阶段式培训基本模型。

1. 需求分析

区域组织的培训活动面对的教师来自不同学校，他们之间存在一定的文化差异。同时，由于学校之间的差异，即使是同类型的培训活动，也可能因学校不同而在专业层次上表现出差异。混合式培训可以利用网络平台提前进行需求分析，通过需求分析促进教师统一思想，提前做好参研准备。

一般需求分析可以包括：① 参研教师的基本情况；② 参研教师在教育教学中遇到的实际问题；③ 参研教师自主学习基础及本次学习目标的自我描述；④ 教研员对本次培训目标达成现状的调研。前三点来自参研教师的自我评估，而第四点则是从组织方的角度设计的一种引导性调研。

需求分析可以视为培训员与参研教师之间的提前交流，有利于激发参研教师的学习欲望，鼓舞他们朝着目标努力。同时，培训员对教师的差异性有预先的把握，为进一步细化培训组织工作提供依据。

2. 方案设计

方案设计是基于需求分析结果进行的。它主要涉及对培训内容的线上和线下合理分配，以确保"混合式研培"目标的一致性、培训督导的互补性以及培训效果的可测性。通常，实践性强、组织机构稳定、参与人员范围较小的内容会安排在线下进行，例如课堂教学研究、学校学科培训组研讨、学校学科组研讨、年级组研讨等。而理论性强、针对性强、时间灵活、需要跨组织机构、参与人员范围较大的内容则安排在线上进行，例如专题报告、作业评价、互动点评、覆盖多个学校的教师培训等。

3. 评价伴随

"评价伴随"是指在区域层面统一组织的培训活动中，会根据内容设计并发放评价性问卷。对于周期较长的培训活动，则会根据内容节点不定期发放评价性问卷。

评价对象涵盖三方：参研教师、授课专家和活动组织者。评价内容一般包括：培训效果的自我评估、对培训中重点内容的掌握情况、培训的学习收获、培训中产生的问题或新需求、培训前后自我变化的反思总结。

评价伴随如同"混合式研培"的第三只眼，无论培训活动是通过线下还是线上开展，都能够覆盖全过程。这有助于强化培训目标的实现，促使教师深入学习、积极反思，并使学习效果得以可视化。评价反馈不仅可以帮助培训员及时了解每位教师的想法并及时沟通，还为培训活动的改进提供了依据。

4. 学研追踪

学研追踪，顾名思义，是对学习研究过程进行跟踪管理。混合式培训能够充分利用线上和线下不同模式的优势，采用学研追踪策略将两种培训的目标、过程、效果、评价始终紧密地结合在一起，就像一款培训的黏合剂。

学研追踪首先要确保参研教师始终有学习内容、有任务驱动、有合作需求，这是学与研的基础。其次，它需要进行时间管理，以保证参研教师能提前规划好自己的时间，有充足的时间进行学习与研究。

线上培训可以采用学习日志接龙、即问即答等方式。具体的实施形式可以由组长组织，要求每个组员都必须按时完成。每个阶段学习结束后，要进行日志分类整理，最终形成一个项目研修的整体成果。线下培训则可以追踪到每个教师课堂教学的行为改进，并及时给出评价与反馈。学研追踪并不随着培训活动的结束而结束，它可以根据具体情况延长，有利于锁定骨干教师，对他们进行长期培养。

四、迁移运用：用"混合式研培"开展区域教研活动

"全区小学数学教材解读活动"是一项全员规范性培训，通常在同一时间段内，6个年级分别在6个不同地点进行。这种培训每学期都会举行，但在教材内容保持不变的情况下，重复的培训内容占比较高。同时，由于全员培训规模庞大，新学期中那些未曾教过该年级的教师期待值很高，而已经多次教授过该年级的教师不仅缺乏兴趣，还常常抱怨这种培训浪费了自己的时间。

传统的培训缺乏差异化的课程内容设计与实施，也缺少对培训效果的反馈，这给承担培训任务的教师带来了很大的压力。传统培训往往从假期就开始准备，但效果并不理想。借鉴项目班的培训经验后，我们将线上、线下混合式培训模式应用于"全区小学数学教材解读活动"中，取得了显著的效果，有效提升了培训效益，并获得了全区教师的广泛认可。

（一）基于教师差异，设计培训任务

根据成人学习理论和教师专业发展阶段理论，我们针对不同阶段的教师，根据教材解读活动的目标和课程内容进行任务设计，并通过任务驱动来实现不

同层次教师的专业发展。例如：专兼职教研员负责活动的整体性设计，专家型教师负责准备课程内容，教研组长作为教学熟手，可以负责本校线上活动的组织和反馈活动情况。胜任水平教师和熟练水平教师可以承担现场课的教学或举办现场讲座，专家型教师也可以在现场进行点评和指导。新手教师则可以通过撰写学习反思来突破自我教学中遇到的困难。各阶段教师的任务分配情况详见表10-1。

表10-1 不同阶段的培训任务设计

教师阶段	任务	评价
专兼职教研员	活动整体设计	满意度调查
专家型教师	课程文本及视频录制/现场点评	教研员审核、教师满意度调查
教学熟手（组长）	组织本校线上教研	活动简报
胜任水平/熟练水平教师	现场课教学/现场讲座	现场评课、活动问卷反馈
新手教师	撰写学习反思	学习社群互动打卡

由于任务差异，不同发展阶段的教师获得的能力提升匹配度更高，相应的研培效益也得到了充分提高。下面我们将根据本书中线上、线下"混合式研培"的模型，具体描述在活动中教师们如何各司其职、各取所需，以及如何获得专业发展。

（二）基于需求分析，研发区域学习资源

"教材解读活动"作为一种全员规范性培训，有助于每位教师理解本册教材各版块设计的意图，提供有效的教学策略，分享优秀的教学案例。每学期，各学科都会组织教师按年级开展该活动。但是，随着近些年教育教学改革的发展，师生可选择的学习内容与学习方式变得更加丰富，教师个性化专业发展的需求也更加强烈。课程改革的方向指引着教师们从零散的课时教学向整体的单元教学转变。

由此可见，原有的教材解读内容与教研方式逐渐不能完全满足教师发展的现状，进一步收集的教师对"教材解读培训活动"的反馈意见也印证了这一点。基于课程标准与教师用书的教材解读活动，通常是在固定场所、固定时间段进行的标准化、输入式的培训，青年教师难以一下子消化培训内容，而有经验且对教材非常熟悉的教师又感觉浪费时间，效率低下。为此，我们自主编写了《成都高新区小学数学课程纲要》（以下简称《纲要》）。教师们在线上自主学习《纲要》后，再参与线下的培训，形成了线上、线下"混合式研培"开展教材解读活动的新形态。

《纲要》被视为教材解读的重要载体。《纲要》是"课程标准""教学用书"与"教材"之间的桥梁，让师生共同明晰新的学习旅程的目的地、路径。它消除了师生之间的障碍，使教学相长、共同提升成为可能，同时也对教师专注于学习设计和学情分析提出了更高的要求。《纲要》具有四个典型的思维特性：整体思维，即从碎片式课时思维向整体式单元思维转变；完整思维，即从单一的教学设计向教学评一致性的设计扩展；课程思维，即从课程实施者向课程研究者的角色突破；全育思维，即从学科教学向学科育人的境界提升。

"混合式研培"的方式为教师的自主学习提供了可支配的空间与时间，满足了不同教师对教材解读方面的差异化需求，为教研组实施有针对性的教研活动提供了指导，增强了可操作性，有利于各教研团队改进教研计划，提升教研组长的课程领导力，并促进教师的深度参与。

（三）"混合式研培"的方案设计

1. 编写《纲要》，录制教材解读视频

教研员通过线上教研方式组织召开《纲要》编写工作会，研讨确定了《纲要》的统一格式及人员分工。参与编写的教师与教研员按年级分组，通过线上研讨的方式协作完成《纲要》的编写及教材解读视频的录制。在这个过程中，每个参与者都获得了既灵活独立又深度合作的工作空间，激发了自身工作的创造力并提升了效率。

2. 确定教研组长

教研组长是教研员与广大教师之间的桥梁，相较于普通教师，教研组长具有更敏锐的教育视角和更扎实的专业功底。我们十分重视这支专业团队的建设，定期开展小学数学教研组长课程领导力专业研修。在这次解读活动开始之前，我们也通过线上"组长课程领导力专业研修"介绍了《纲要》的产生背景、研究意义及准备用其作为教材解读载体的设想与意图，并强化沟通，充分征求组长的建议，积极改进，以获得组长们的高度认同，携手推进我区规范性培训变革进程。

3. 教师独立学习与集体研讨

《纲要》文本资料和教材解读视频投放至"高新区智慧教育云平台的小学数学教师课程资源库"后，教师开启了线上自助学习模式。他们可以根据自己的专业基础选择学习的重难点，已经熟悉的部分可以快进，不熟悉的部分可以反复观看，《纲要》文本也可以结合视频进行批注和修改。总之，每位数学教师都拥有了充足的时间和空间安排自己的学习。独立学习之后，教研组长可组织一次校内分年级的教研，让同年级教师相互沟通交流，确定集体备课的基本思路。而教研组长、备课组长在实际组织工作中，可以充分施展个人的管理才能，发挥团体智慧，促进自我能力的提升。我们也鼓励教师们联系自己教研组的实际情况修订《纲要》，使其更加适合本校师生的实际情况，更能适应各校的实际情况。

4. 落实课堂实践

通过前阶段的学习，教师们已经根据自己的实际需求较为扎实地完成了传统培训中"研读课标、研读教材"的部分。在进行线下培训时，我们就提供聚焦典型的实践样例，指向中观视角的单元设计和微观视角的课时教学。此时培训课程的主体就是"项目班学员"，他们在教研员的指导下组队完成一个典型单元的设计报告，展示两节单元连续课，让全区教师都能理解从文本到实践如何落实单元整体视角下的课堂教学。

（四）评价伴随

"教材解读活动"作为一项规范性全员培训，其特点在于"规范性"和"全员性"。因此，从该教研项目启动之初，就将"规范性"和"全员性"作为评价的重要指标。首先，围绕《纲要》，项目组对《纲要》模板的制订、各册《纲要》的编写、基于《纲要》的教材解读视频都进行了伴随性评价。其次，围绕教研活动的开展，项目组分别针对教研组长、教研组、各年级教师进行了伴随性评价。在这些过程中，项目组致力于确保教研活动在原有基础上得到有效提升。

表10-2是面向全体教师的教研效果评价问卷分析。

表 10-2　教研效果评价问卷分析

问题	满意率	均分
1. 学习本册教材的《纲要》，能否辅助您通览教材结构与重点内容？	98.21%	4.77
2. 学习本册教材的《纲要》，能否协助您明晰每个单元的重点内容，从单元视角整体设计教学方案？	98.66%	4.77
3. 学习《纲要》能否协助您准确把握评价要素，充分预知如何验证教学是否达到目标？	98.21%	4.72
4. 师生共同学习《纲要》，能否协助师生都更加清楚学习旅程的目的、路径及学习需要达成的效果？	98.21%	4.71
5. 为了满足个性化学习需求，我们对《纲要》进行了录播，同时提供了文字版的《纲要》内容，请根据自己的学习需求使用。请为本册教材的《纲要》提供的学习材料评分。	99.11%	4.79
6. 线上线下融合式的教材解读活动是否更有利于您把握教材，提升教学水平？	99.66%	4.86

问卷选项分为"非常满意""满意""一般""不满意""很不满意"五个等级，赋分从高到低为 5 至 0 分，其中"非常满意"和"满意"计入满意率。

全区共收到有效问卷 447 份，占问卷总数的 74.5%。参与问卷调查的教师年龄结构均衡，其中普通教师占比 91.72%。问卷反馈情况如下。

一方面，数据显示教师们对本次研培的满意度普遍较高。问卷前四个问题均围绕《纲要》展开，高得分率表明教师认为培训内容效果较好。第五个问题是针对培训内容设计的，可以看出教师们非常满意，这证实了基于《纲要》的课程解读更符合教师目前的学习需求。第六个问题是针对培训方式设计的，满意率达到最高点，这证实了线上、线下融合式研培能有效推动区域教师整体学习力的发展。

另一方面，教师们对项目班学员呈现的六个年级的单元分析及单元连续课例也给予了高度认可。最关键的是，我们设计的主观问题"您对大单元视角下的教学有哪些新的认识？"得到了教师们的积极回应。在这些回应中，"单元""教学""学生""内容""整体""教材""方法"等成为高频关键词，表明教师们对"大单元整体教学"有了越来越清晰的认识，对其带给学生和课堂的变化越来越关注和认可。

(五) 学研追踪

该教研活动"学研追踪"的对象从"项目班学员"到"区级名优教师"，

再到"教研组长",最后扩展至"全区数学教师",是一个不断发展和扩散的过程,其目的始终指向培训的根本目标:提升全区教师整体教育教学水平。

从上述案例不难发现,尽管以"大单元整体教学"为主题的项目班只进行了近 6 个月的集中学习,但其引发的"研究内容的深化"与"研究形式的转型"对成都高新区小学数学教师团队的专业发展产生了深远影响。

一方面,项目班学员成为全区"大单元整体教学"研究的推动者,他们通过亲身示范和引领,带领全区数学教师经历了"观念重述—实践探索—经验分享—持续研究"的过程,使得"大单元整体视角下的教学研究"成为全区教师的共同方向。

另一方面,项目班线上、线下融合式的培训方式促进了区域教研的转型,使培训与教研深度融合,形成了具有特色的区域线上、线下"混合式研培",全区教师乐于接受并积极参与其中。

在此基础上,我们建立了区域教师学习课程的数字资源库,为教师们打造了系统的泛在学习空间,营造了人人愿意学,人人可以学,人人能为师的区域教研文化。在成都高新区的所有小学数学教师都能在区域"混合式研培"中获得有效的专业提升。

附　　录

附录一

成都高新区大单元理念下的主题教学设计案例

成都霍森斯小学　　李思帷

"两、三位数乘两位数"单元实践案例解读

单元名称：两、三位数乘两位数。

设计人员：成都高新区小学数学骨干项目培训班第1组学员李思帷。

课时来源：北师大版数学教材三年级下册第三单元第3课时及四年级上册第三单元第1课时。

通过对教材知识的分析，我们发现：在"数的运算"领域中，学生在三年级下册要学习的两位数乘两位数的乘法计算和四年级上册要学习的三位数乘两位数的乘法计算是紧密相关的，核心的联系都是先拆后合，可以进行迁移学习、类比学习；学生在三年级下册和四年级上册阶段的理解能力差异也不大，对这部分知识进行整合，不仅具有很强的可行性，也有利于帮助学生领悟整数乘法计算背后的本质。

一、精准分析教材，确定数学思想方法

我们已经决定将三年级下册的两位数乘两位数和四年级上册的三位数乘两位数的算理和算法进行跨自然单元整合。具体来说，就是整合北师大版数学教材三年级下册第三单元的"队列表演（一）""队列表演（二）""电影院"，以及四年级上册第三单元的"卫星运行时间"。

（一）教材整合前各课主要内容（见附表1-1）

附表1-1　教材整合前各课主要内容

教材单元	主要内容
队列表演（一）	结合具体情境，利用点子图探索两位数乘两位数的方法，理解算理→体验算法多样化→理解表格法（是点子图的抽象形式）
队列表演（二）	结合具体情境，探索竖式计算方法，并能利用点子图说明竖式中每一步的意思，理解算理
电影院	在解决实际问题的过程中，选择适当方法估算，并能解决两位数乘两位数的实际问题。计算方法不限，可以横式笔算、列表、竖式
卫星运行时间	在问题解决的过程中，选择合适的方法进行估算；结合现实问题，经历三位数乘两位数计算方法的探索过程，体会算法的多样化，理解竖式计算的道理，能用竖式正确进行计算

（二）整数乘法知识编排体系

整数乘法的学习从二年级上学期开始，一直持续到四年级上学期结束，总共历时两年半。在二年级上学期，学生们学习了乘法的意义以及表内乘法；到了三年级上学期，学生们开始学习简单的一位数乘两位数的乘法口算，以及一位数乘两、三位数的乘法计算；三年级下学期，学生们进一步学习两位数乘两位数的乘法计算；而到了四年级上学期，学生们则学习两位数乘三位数的乘法计算。在这个过程中，学生们结合解决问题的实践，从直观运算逐步过渡到算法运算，理解算理；同时，教学中也重视探索乘法的运算规律，引导学生运用这些规律进行正确的运算，以发展他们的运算能力。

至于四年级下学期和五年级下学期，学生们将开始学习小数和分数的乘法。

（三）乘法在不同学段的联系与发展

第一学段关于乘法的学习，在小学教学中一共安排了三次。

第一次安排在二年级上学期，主要学习表内乘法，通过直观手段和情境图初步理解乘法的意义，了解乘法各部分的名称；理解每一句口诀的含义，并熟练运用口诀计算表内乘法。

第二次安排在三年级上学期，主要学习一位数乘两、三位数的乘法，能够口算一位数乘整十数、整百数以及简单的两位数乘法；这是学生首次学习乘法竖式，重点在于理解一位数乘两、三位数乘法竖式的算理，发展学生的数感，提高学生的运算能力。

第三次安排在三年级下学期，主要学习两位数乘两位数的乘法，进一步理解乘法竖式计算的算理，能够运用乘法解决相关的实际问题，进一步提高学生的运算能力。

第一学段关于乘法的学习全部集中在整数乘法上。

第二学段的整数乘法学习安排在四年级上学期，主要学习两位数乘三位数的乘法。其中包括竖式计算，使用乘法策略估计大数，探索有趣的乘法算式规律，学会使用计算器进行大数的四则混合运算，进一步提高学生的运算能力。而学生在四年级下学期和五年级下学期则会学习小数和分数的乘法（见附图1-1）。

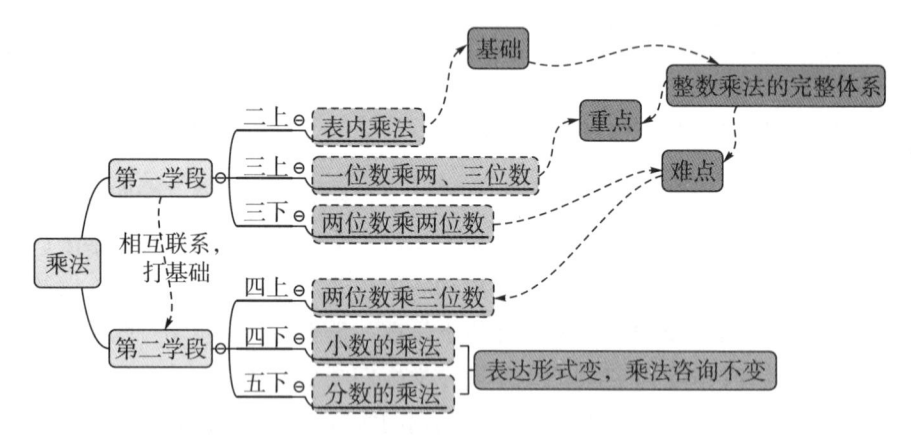

附图1-1 乘法在不同学段的联系与发展

"转化"思想是一种基本的数学思想。在学习新知识或解决新问题时，我们首先需要对新知识或新问题进行深入理解和分析。在这个基础上，有意识地联想和回忆旧知识，采用某种手段将新知识、新问题通过变换进行转化，将其转化为已有的知识、已能解决的问题，进而达到理解新知识、解决新问题的目的。通过以上教材分析，我们发现两位数乘两位数以及三位数乘两位数的教学中体现了"转化"思想。无论是两位数乘两位数还是三位数乘两位数，都是将数拆分成多位数乘一位数、多位数乘整十数这样的模型，然后将每次乘得的积相加，体现了先拆分后合并、将新知识转化成旧知识的思想。

二、全面分析学情，设计单元内容结构

（一）前测调查情况和分析

为了准确把握学生的学情和认知起点，教师在课前进行了学情前测。我们发现学生已经完全掌握了多位数乘一位数的口算和笔算。大部分学生能够进行整十数乘法的口算，只是解释其算理较为困难。对于两位数乘两位数的竖式笔算，学生的经验明显不足，大部分学生直接在竖式下面写出答案，而不能将计算过程完整地表征在竖式中。随着数位的增多和计算任务的复杂化，学生就容易漏乘和乘错。

基于以上分析，为了帮助学生理解算理，我们将口算和笔算方法有效联系起来，让学生明确竖式中积的位置定位。接着，我们整合两位数乘两位数乘法和三位数乘两位数乘法，建立"承重墙"，打通"隔断墙"，沟通方法之间的联系并进行迁移，帮助学生在心中建立多位数乘多位数的计算模型，构建完整的整数乘法的知识结构网，形成纵向的串联结构。

（二）单元整合前后内容对比（见附表1-2）

附表1-2 单元整合前后内容对比

整合前内容		整合前的课时/个	整合后内容		整合后的课时/个
三年级下册	找规律	1	单元开启课	乘法知多少	1
	队列表演（一）	1	起始课	找规律	1
	队列表演（二）	1	种子课1	多位数乘两位数	1
	电影院	1	练习课	算理与技能	1
四年级上册	卫星运行时间	2	种子课2	估算	1
	有多少名观众	1	文化课	两位数乘两位数	1
	—		复习课	复习	2

三、制订教学目标和重难点，实施突破策略

（一）制订教学目标和重难点

基于单元教材整体认知和学情分析，我们制订的教学目标如下：
(1) 探索两位数乘两位数的口算和竖式计算方法，理解算理。
(2) 能结合点子图、列表等方法交流各自算法的过程。
(3) 体验算法的多样性，选择合理简洁的运算途径。
(4) 以迁移、转化为载体，在观察、推理、比较、分析等数学活动中发现各种算法之间的联系，进一步理解算理。
(5) 以乘法的意义为纽带，通过归纳两、三位数乘两位数的计算方法，建立多位数乘多位数的方法模型，培养学生将数学知识结构化的意识与能力。

教学重点：探索两位数乘两位数的计算方法，经历交流多种算法的过程，沟通多种算法之间的联系，理解算理，并将其迁移类推到多位数乘多位数的乘法计算中。

教学难点：将两位数乘两位数的算理迁移类推到多位数的乘法计算中。

（二）重难点突破策略

数形结合是一种有效的教学方法，通过利用点子图来探索两位数乘两位数的计算方法，帮助学生理解算理。

在笔算两位数乘两位数的过程中，理解算理是一个难点。那么，如何帮助学生理解算理，实现真正的以理服人呢？我们设计了点子图，从乘法的意义出发，引导学生拆分和分解问题，将未知的问题转化为已知的知识来探索和解决。点子图在计算教学中还起到了沟通的作用。当学生不会计算时，可以借助点子图来探索计算方法；当学生能够计算但难以解释其中的道理时，可以利用点子图来阐释自己的计算过程。通过这种方式，逐步将计算过程抽象化，让学生在眼中看到"数"，在心中形成"形"，实现数形结合，沟通算理，从而构建出两位数乘两位数的竖式计算模型。

【片段1】

学校举行队列表演，一共有12行，每行有14人。请问有多少人参加队列表演？

附 录

出示主题情境后，引导学生列式"12×14"，学生分享计算方法。学生作品主要有以下三类（见附图1-2）。

| 将每行14人分成10人和4人 |
| 10×12=120 |
| 4×12=48 |
| 120+48=168 |

| 将每行14人分成10人和4人 |
| 将每列12人分成10人和2人 |
| 10×10=100 |
| 10×4=40 |
| 10×2=20 |
| 2×4=8 |
| 100+40+20+8=168 |

| 将每列12人分成10人和2人 |
| 10×14=140 |
| 2×14=24 |
| 140+24=168 |

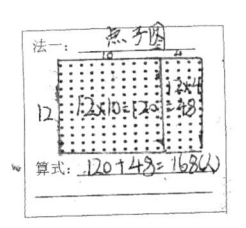

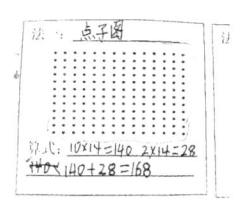

附图1-2 点子图的主要方法

算理是客观存在的规律，它是计算过程中的基本原理和思维方式，也是解决"为什么这样算"问题的根本依据。通过对比三种方法，我们向学生提出问题：这三种方法有何不同？尽管这三种方法在分解方式上有所不同，但它们实际上都运用了先拆分后合并，以及将未知问题转化为已知问题的转化思想。这种思考有效促进了学生对两位数乘两位数算理的掌握。

意义理解：结合点子图阐释竖式中每一步的含义，归纳算法。

小学阶段是学生从具象思维向抽象思维过渡的关键时期。竖式的算理隐藏在每一个计算步骤中，这使得学生不易理解，因此需要借助直观的点子图来建立联系。我们让学生思考竖式计算和点子图方法之间的共同点。基于之前的经验，学生能够归纳出它们的共同点：都是先拆分后合并，将算式拆解为两位数乘一位数和两位数乘整十数的形式。

算法是人为规定的操作方法，它是计算过程的外在表达形式，也是将复杂的思维过程转化为程式化的操作步骤的过程。学生在上述活动中已经对两位数乘两位数的算理有了一定的理解。因此，在教学过程中，教师应引导学生在理解算理的基础上总结和归纳算法，为计算提供可靠的操作性方法（见附图1－3）。

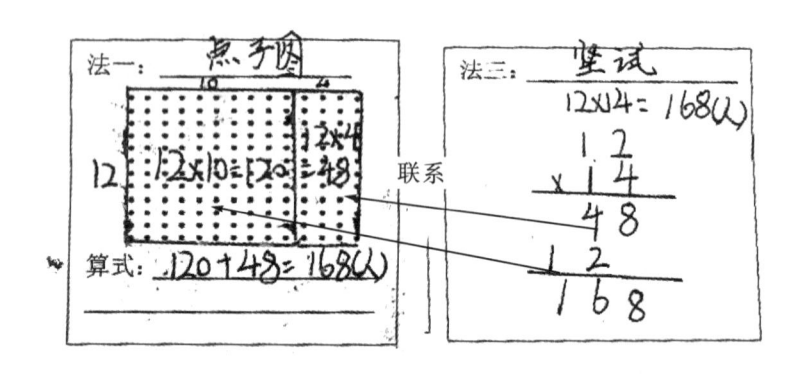

附图1－3　沟通联系图

（完成时间：2020年12月）

附录二

成都高新区大单元理念下的主题教学设计（案例）表

成都市教育科学研究院附属学校（成都市天府实验学校）　陈　宏

教学目标	（1）在具体问题中，经历由一个到一类的整理复习活动。感悟"例子—分析特征或特点—联想归类"的整理复习方法，培养学生将数学知识结构化的意识与能力； （2）理解结构化的联结点既可以是数学知识本质，也可以是数学思想、数学方法等，提升解决问题的能力； （3）在抽象、归纳、联想、类比等思维活动中，发展学生的逻辑思维能力		
教学流程	教学活动		设计意图
（一）创设情境，引入主题	1. 出示图片，快速作答 （1）比比看谁的反应快，快速作答。 谁更高？谁更重？哪根绳更长？谁跳得更远？哪科成绩更好？哪个城市占地面积更大？哪个更贵？…… （2）谁投中的多？谁投得更准？说说你的想法？ （3）比较"谁投中的多""谁投得更准"有什么不同。 2. 哪杯水更甜 （1）为了给两位小运动员补充体力，各准备一个杯子，往杯子里分别放 1 颗糖，哪杯水更甜呢？选 1 号杯还是 2 号杯？说说理由。 （2）知道糖和水的量，怎么比较哪杯水更甜？ （3）它们有什么共同特征？ 当一个量不能解决，需要找到两个量之间比的关系。 （4）生活中有什么类似的例子？四人小组合作分享。		发现一个量比较简单，有的问题一个量不能解决，需要找到两个量之间比的关系，体现找两个量的必要性
（二）核心问题，教学主题	1. 回头看 （1）由一个到一类，这个过程中经历了哪些步骤？ （2）小组回顾总结，学生汇报。 （3）小学六年需要掌握的知识很多，谈谈你的感受。 （4）揭示课题：由一个到一类解决问题的方法复习。 2. 倒数 （1）出示 $\frac{2}{7}$ 和 $\frac{7}{2}$，3 和 $\frac{7}{3}$，0.25 和 4，请再找几组像这样的数。 （2）从这些数据中可以找到什么共同特征？ 每个数都不能单独存在，相互依存。 （3）通过联想，试着找找具有这种特征的概念，学生分享汇报		在解决问题的过程中，经历由一个到一类的整理复习活动，学生初步建构"例子—分析特征或特点—联想归类"的整理复习方法的模型，培养学生运用知识结构化的意识，解决实际问题的能力

续表

（三）对应练习，评价主题	1. 自主完成 按照前面的流程，选一个例子分析出特征，通过联想找到具有这种特征的例子，学生整理汇报。 2. 微视频 梳理、呈现以前使用过的整理复习方法：树形图、列表、思维导图、知识地图、列举。 3. 回顾总结 对比以前的整理复习方法，谈谈你的想法		巩固由一个到一类的整理复习方法，培养学生迁移、归纳、整理等解决问题的能力
板书设计			

（完成时间：2020年12月）

参考文献

[1] 上海市教育委员会教学研究室. 小学数学单元教学设计指南［M］. 北京：人民教育出版社，2018.

[2] 熊梅，董雪娇，孙振涛. 学科核心素养视角下的小学数学大单元设计［J］. 教学与管理，2019（35）：51-53.

[3] 熊梅，李洪修. 发展学科核心素养：单元学习的价值、特征和策略［J］. 课程·教材·教法，2018，38（12）：88-94.

[4] 侯学萍，陈琳. 小学数学单元教学的整体设计［J］. 教学与管理，2018（29）：43-45.

[5] 马兰. 整体化有序设计单元教学探讨［J］. 课程·教材·教法，2012，32（2）：23-31.

[6] 王光勇. 基于单元知识结构的小学数学课堂教学设计［N］. 山西科技报，2023-09-12（A06）.

[7] 吴琼静，谢一玲. 抓住结构性联系 实施单元整体教学——以人教版数学教材二年级上册"认识时间"为例［J］. 辽宁教育，2021（5）：33-36.

[8] 葛素儿. 结构化学习的价值取向与路径探寻［J］. 教学月刊小学版（数学），2021（5）：12-15.

[9] 玛丽亚·M. 哈迪曼. 脑科学与课堂：以脑为导向的教学模式［M］. 杨志，王培培，等译. 上海：华东师范大学出版社，2017.

[10] 赖艳，符英. 小学数学"四课合一"单元教学一体化设计原则［J］. 现代中小学教育，2016，32（10）：37-40.

[11] 李燕. 基于核心素养的小学数学单元整体教学研究［D］. 济南：山东师范大学，2018.

[12] 张优幼. 指向认知结构生长的大单元教学［J］. 教学与管理，2019（26）：31-33.

[13] 侯学萍，陈琳. 小学数学单元教学的整体设计［J］. 教学与管理，2018（10）：43-45.

［14］高子林. 基于学力提升的小学数学单元整体教学［J］. 教学与管理, 2018 (26): 42-44.

［15］郑毓信. 新数学教育哲学［M］. 上海: 华东师范大学出版社, 2015.

［16］高艳君. 基于项目式学习的高中生物单元教学模式研究［D］. 重庆: 西南大学, 2020.

［17］马振彪, 马晓红. 基于 PBL 小学数学教学设计研究［J］. 宁夏师范学院学报, 2021, 42 (5): 90-93.

［18］刘爽, 许红梅. 项目式学习在小学数学教学中的应用［J］. 基础教育研究, 2020 (9): 19-21.

［19］夏雪梅. 项目化学习设计: 学习素养视角下的国际与本土实践［M］. 2 版. 北京: 教育科学出版社, 2021.

［20］中共中央　国务院关于全面深化新时代教师队伍建设改革的意见［EB/OL］.（2018-01-20）［2022-03-09］. http://www.gov.cn/zhengce/2018-01/31/content_5262659.htm.

［21］中华人民共和国教育部. 教育部关于加强和改进新时代基础教育教研工作的意见［EB/OL］.（2019-11-25）［2022-03-09］. http://www.moe.gov.cn/srcsite/A06/s3321/201911/t20191128_409950.html.

［22］教育部教师工作司, 教育部财务司. 教育部教师工作司　财务司关于印发《中小学幼儿园教师在线培训实施指南》的通知［EB/OL］.（2020-04-23）［2022-03-09］. http://www.moe.gov.cn/s78/A10/tongzhi/202004/t20200424_446136.html.

［23］韩倩. 马尔科姆·诺尔斯的成人学习思想研究［D］. 保定: 河北大学, 2017.

［24］沈伟. 基于区域教研规程研制与实施的主题教研［J］. 上海课程教学研究, 2019 (1): 28-33.

［25］卢卫国. 提高学科教研有效性浅见［J］. 江苏教育, 2019 (6): 44-45.

［26］张碧芬. 基于"互联网+"的中小学教师培训新思考［J］. 新课程研究, 2019 (13): 133-134.

［27］洪成文, 牛欣欣. 互联网视角下的教师培训: 效益、挑战和对策［J］. 继续教育研究, 2020 (1): 47-50.

［28］闫寒冰, 单俊豪. 从培训到赋能: 后疫情时期教师专业发展的蓝图构建［J］. 电化教育研究, 2020, 41 (6): 13-19.

［29］周步新, 任洪. 区域教师在线培训项目群的开发与实践［J］. 中小学教师

培训，2020（7）：5-9.

[30] 黄晓娜. 发达国家中小学教师培训课程的经验与启示［J］. 东北师大学报（哲学社会科学版），2019（3）：164-169.

[31] 陈晓彤，武丽志. 国内中小学教师培训模式研究综述（2010-2019）［J］. 中国成人教育，2020（10）：74-78.

[32] 唐烈琼，唐鸣. 依托网络学习空间开展教师研究性培训的意义及策略［J］. 教育现代化，2019，6（A1）：138-140.

[33] 张淇茹，孙明娟. 中小学教师培训问题及对策［J］. 黑龙江教育（理论与实践），2019（1）：114-115.

[34] 朱娅. 基于大数据分析的教师培训质量评估探索［J］. 课程教育研究，2019（31）：178-179.

[35] 屈建萍，张晓星，张英楠. "互联网+"时代教师培训优化策略研究——基于教学胜任力的视角［J］. 现代商贸工业，2018，39（25）：157-158.

[36] 赵辉. 国务院印发纲领性文件 互联网如何赋能教育［J］. 计算机与网络，2019，45（14）：14.

[37] 李永梅. 我国教师专业标准（试行）述评［J］. 教育教学论坛，2013（44）：39-41.

[38] 胡军，严丽. 区域教研课程评价研究的理念与实践——以上海市虹口区为例［J］. 现代中小学教育，2019，35（8）：62-67.

[39] 杨瑞松. 实施靶向教研，推进区域教育教学高质量发展［J］. 当代教研论丛，2020（6）：1-2.

[40] 李晓辉，朴昶彦. 韩国教师专业学习共同体的实践与启示——基于京畿道个案分析［J］. 教师教育学报，2020，7（4）：94-103.

[41] 鲁超. 面向教师的混合式培训课程设计与实施［D］. 金华：浙江师范大学，2016.

[42] 李红霞，赵呈领，蒋志辉. 匿名与量规对基于SPOC的混合式同伴互评投入度的影响［J］. 现代教育技术，2020，30（10）：20-27.

[43] 郁晓华，马立，祝智庭. 信息时代的教师继续教育：走有中国特色的"混合式"研修之路［J］. 中国电化教育，2011，（12）：54-59+64.

[44] 曾勇民，刘欣. 高职教师教育技术能力不同培训模式实施效果的比较研究——基于混合学习原理与传统培训模式的研究［J］. 考试周刊，2012（59）：147-149.

[45] 魏非，李树培. 混合式研修：内涵、现状与改进策略［J］. 教师教育研

究，2017，29（5）：26-30.

[46] 罗秀. 中小学教师混合式培训的理念和实施策略［J］. 中小学教师培训，2015（9）：23-26.

[47] 李耀民，陈颖，关晓明，等. 混合式研修促进教师专业成长［J］. 北京教育（普教版），2015（8）：42-43.

[48] 张思，刘清堂，熊久明，等. 教师混合式培训中的同侪互助模式与支持策略研究［J］. 电化教育研究，2015，36（6）：107-113.

后　　记

　　成都高新区作为全国首批义务教育教学改革实验区之一，长期以来高度重视培养一支理性自觉、勇于创新的专业教师队伍。高新区教育发展中心始终坚持"教、研、培、评"一体化的工作思路，致力于引领全区教师的专业成长。本书是成都高新区小学数学教研团队继2017年出版的《关注四种意识，培养学生的问题解决能力——成都高新区区域数学课题推进的智慧实践》、2022年出版的《以"结构化教学"为核心的小学数学课程图谱》之后的第三部著作。

　　本书是成都高新区小学数学教研团队在不断研究、培训、实践与反思的过程中逐渐形成的。在前期教研培训中，我们从全区1000余名数学教师中选拔出100名骨干教师，组成周期性项目班。教研团队始终秉持"敢字为先，干字当头"的"高新精神"，在实践中不断摸索，最终探索出了实现核心素养落地的有效路径。正是因为组建了这样一支"先锋团队"，我们的教研才能够从模糊到清晰，从初具轮廓到建构系统，从彼此独立到互相关联，从实践中来又到实践中去。

　　2022年，《义务教育数学课程标准（2022年版）》颁布。我们欣喜地发现，其中的许多新观点与我们正在开展的教研实践不谋而合。于是，我们满怀喜悦与信心，在实践中谨慎求证、反复探索，不仅更新了原有的认知，还在本书的初稿上作出了相应修改。经过几番周折，书稿终于成形。

　　感谢《小学数学教师》特约副主编陈洪杰老师为教研培训与实践设计出具有前瞻性、科学性和系统性的课程，并为本书搭建了独具匠心的编写框架；感谢成都师范学院何江老师为教研培训与实践的开展、为本书的编撰付出的努力；感谢以上海市教育科学研究院研究员为代表的多位知名小学数学教育专家给予的指导；感谢四川省、成都市小学数学教研员的悉心指导与帮助；感谢成都高新区教育体育局一级调研员匡世联同志的大力支持；感谢成都高新区教育发展中心李建萍主任、郑蕾副主任的关心与指导；感谢本区100名小学数学骨干教师及51个教研组的积极投入和创新性实践。

　　本书能够顺利编写出版，离不开所有参与成都高新区小学数学教研培训与实践的教师，在此向他们表示诚挚的谢意。他们分别是：

李思帷、段奇、黄雪垚、邱云婧、赵珞辰、傅德智、杨丽、黄晓玲、肖雨含、文大成、炊颖男、周恒、黄婷、赵青清、张婷、张天佳、梅寒飞、周雪妃、钟砚、高艳丽、李未霞、谭静、肖向葵、张春雨、张波、高小清、李晔、傅越、常军、阳建怡、罗利君、胡铃苹、袁开歆、杨雪、刘佳佳、赵苡、张乐琼、何丽君、彭彦萍、陈丽丽、廖春艳、屈唯唯、刘莹、范佳佳、丁秀娟、潘梁玉、郭书伶、梁凤香、肖雪梅、冯莲、晏燕、刘稚、王西子、张秀林、余思亮、邹莎、李丹、刘冬艺、任晓玲、任美全、吴俊妍、毛晓峰、林芝伊、刘莉、钟茗婧、邓罗沙、李燕、罗立冰、姜霞、李菲、周婷、吕怡丽、李玲莉、白天文、张育曦、刘泳、张云、唐帆、任洵洵、王菊、粟煜斯、肖维肖、杜芸芸、母琳春、黄谦梓、孟丹、刘宇、谢瑞、周丹、高梦琳、张小容、贺文敏、任婉奕、陈敏、周倩、张梦玲、徐周亚、文潇、唐雪梅、雷琳、许慧秋、杜玉、相文楠。

由于我们研究水平有限，书中可能存在一些不足之处，恳请广大一线教师和专家批评指正，以帮助我们进一步提升教学研究水平和书稿撰写水平。

编　者